U0137772

Tom Brown's School Days

# 汤姆上学记

## 拉格比公学

〔英〕托马斯·休斯　著　启蒙编译所　译

华东师范大学出版社
·上海·

**图书在版编目（CIP）数据**

汤姆上学记：拉格比公学／（英）托马斯·休斯著；启蒙编译所译. — 上海：华东师范大学出版社，2022
ISBN 978-7-5760-3298-7

Ⅰ.①汤… Ⅱ.①托… ②启… Ⅲ.①私立学校—研究—英国 Ⅳ.① G556.12

中国版本图书馆 CIP 数据核字（2022）第 185631 号

启蒙文库系启蒙编译所旗下品牌
本书版权、文本、宣传等事宜，请联系：qmbys@qq.com

**汤姆上学记：拉格比公学**

著　　者　（英）托马斯·休斯
译　　者　启蒙编译所
责任编辑　王　焰（策划组稿）
　　　　　王国红（审读统筹）
责任校对　时东明

出版发行　华东师范大学出版社
社　　址　上海市中山北路3663号 邮编 200062
网　　址　www.ecnupress.com.cn
电　　话　021-60821666　行政传真 021-62572105
客服电话　021-62865537　门市（邮购）电话　021-62869887
地　　址　上海市中山北路3663号华东师范大学校内先锋路口
网　　店　http://hdsdcbs.tmall.com

印　刷　者　北京市十月印刷有限公司
开　　本　890×1240　32开
印　　张　12.5
字　　数　266千字
版　　次　2023 年6月第1版
印　　次　2023 年6月第1次
书　　号　ISBN 978-7-5760-3298-7
定　　价　98.00元

出 版 人　王　焰

（如发现本版图书有印订质量问题，请寄回本社客服中心调换或电话021-62865537联系）

在当前积极进行教学方法改革的过程中，最好牢记一切教育的真正目的——促进品格的正确发展。重要的是，我们的孩子要获得丰富的知识，培养良好的思维习惯；他们必须变得诚实、坚定、有男子气概。作为拉格比公学的校长，阿诺德博士出色地实现了这个目标。在本书中，休斯先生抓住了他的老校长工作的精髓，并使之不朽。

——摘自本书 1902 版引言

本书自 1857 年首次出版以来，一直被公认为最好的校园小说之一……环境会变，性格展现自身的方式会变，但是，像书中描绘的马丁那样热情，像伊斯特那样勇敢叛逆，像汤姆那样结实快乐的人，在任何时代都能见到。作者在看待男孩时富有同情和洞见，使本书像所有真正欣赏人性的作品一样，具有持久的魅力和价值。

——摘自本书 1928 年版前言

# 作者简介

托马斯·休斯是英格兰伯克郡皇家郡人，1822 年出生在阿芬顿。幼时，他喜欢透过旧农舍的育儿室窗口，眺望本书开篇描述的那座著名的白马山。

和他笔下的汤姆父亲一样，托马斯的父亲也是位英国乡绅；其祖父是教区牧师，在当地颇有影响力。小时候，托马斯肯定很熟悉教区那座可追溯到"征服者"威廉时期的老教堂，里面的罗马砌砖让人回到阿格里科拉（曾任不列颠总督）率领的罗马军团在不列颠修筑城郭的年代。

托马斯少年时期的主要记忆自然与两个地标紧密相连——那座爬满常春藤、周围埋葬着二十几代教民的教堂，以及雄伟的白垩山。山北侧有一座白马雕像，是一千年前阿尔弗雷德大帝为纪念自己战胜北欧人而刻。从 10 英里 [①] 远处观望，雕像在阳光下闪闪发光。

托马斯有个哥哥叫乔治，比他没大几岁，在许多方面与他形成了鲜明对照。托马斯从乔治身上学到了很多，那些经验教训对他今后人生的塑造很有帮助。乔治动手能力很强，喜欢一

---

① 1 英里约等于 1.61 千米。——译者注（如无特别说明，本书脚注为译者注，下文不再一一注明）

切户外运动：在他眼里，越是危险的运动越有吸引力。相反，托马斯天生笨拙、胆小，连枪声都害怕。一匹小矮马很快会发现，虽然它归属于乔治，但最终托马斯成了它的主人，而且打算一直养着它。托马斯觉得自己笨手笨脚，似乎永远无法在第一时间正确掌握事物的要义和基本方向，感觉很惭愧。更让他惭愧的是，他胆子很小，始终克服不了恐惧感。但他最终表现得很出色，成功驾驭了恐惧感，让责任感代替匹夫之勇（对危险缺乏敏感的另一种说法），支撑自己勇敢面对所畏惧的事物。

七岁那年，他去特怀福德读书。在这里，他发现得到一个绰号很容易，得到之后再想摆脱就难了。他最先学习的课程涉及古希腊文学和卡德摩斯（Cadmus）的故事，据说卡德摩斯"最早将字母（letter）从亚洲带至希腊"。任课教师没有提问书里的问题，而是让学生回答"卡德摩斯是什么"。这个新的提问方式让全班仓皇失措，他们原本准备回答卡德摩斯是谁，而非他是什么。不过，小托马斯想起了阿芬顿的邮递员（letter-carrier），突然起身叫道："我知道！卡德摩斯是一名邮差，先生！"从那天起，同伴们开始称他为"卡德摩斯"，为了叫起来方便，又简称为"卡德"（Cad）——这个缩写词让人特别恼火，因为在英格兰，"cad"指很不绅士的无赖。随后这个绰号出现了很多版本，也带来各种不幸，最后快把可怜的"卡德摩斯"折磨疯了。无论走到哪个房间，他都能听到此起彼伏的嘲讽声。不过幸运的是，有一次，哥哥乔治碰巧遇见一个大个子在捉弄他，便握紧拳头愤怒地冲上去，狠狠地揍了大个子一顿，之后托马斯就彻底摆脱了这个讨厌的绰号。

　　在特怀福德待了三年后，兄弟俩被送到拉格比读中学。当时学校校长是阿诺德博士，事实证明他是英格兰最有才干的教师：并非因为他传授的知识比其他教育工作者多，而是因为他最能唤醒学生身上真正的男子气概。在博士的影响下，两个小伙子度过了八年快乐时光，本书记录的就是这段时间。从拉格比毕业后，他们入读牛津大学，托马斯·休斯在 1845 年毕业于奥利尔学院。特怀福德那个胆小的"卡德摩斯"，不仅带着在橄榄球、希腊语诗歌和彰显男子气概的防身术上取得的成绩从拉格比毕业了，而且在牛津大学拿到了"双优学位"——这是数学和古典文学的最高荣誉，在就读期间，他还入选了校板球队，并成为队长。

　　年轻的休斯在奥利尔学院读书的时候，英国社会关于《谷物法》的争议趋向白热化。《谷物法》对所有进口粮食征收重税，成千上万的英国工人因此买不起面包，家人只能跟着忍饥挨饿。约翰·布莱特①真诚地支持工人的诉求，敦促议会撤销这项靠牺牲劳苦大众的利益让少数人富裕的税收制度。"谷物法诗人"埃比尼泽·伊利奥特用慷慨激昂的诗调动了大众的情绪，在英国各地，面容消瘦的工人不断重复这些诗句：

　　　英格兰！我们所拥有的是什么，面包税为你做了什么？
　　　……

　　　诅咒你的收成，诅咒你的土地，

---

①　1838 年 10 月，曼彻斯特的工业家成立了"反《谷物法》协会"（后改为"反《谷物法》同盟"），白手起家的工厂主约翰·布莱特是其中的核心人物。

饥饿刺痛你能干的右手。

不久，自由运动成功使一项造成如此广泛的痛苦的税收制度废止，托马斯·休斯成为该运动的拥护者。从那天起，他一直同情那些被认为挣得最少、过得最苦的阶级。1848 年，他成为伦敦林肯律师学院的一员，那时他在政治领域已有"激进分子"和"改革者"之称——当时，这个名号在稳重、保守的英国绅士"乡绅布朗"看来，肯定比"疯狗"还要可怕。

但这个年轻人早就在心里克服了对恶名的恐惧，不再害怕那些只知谩骂和攻击的人。

同时，他的态度变得果断，决心亲自组织股份公司和商业企业。这些组织后来发展成为伦敦的大型联营商店和奥尔德姆的纺织厂，拥有几百万的资本，汇集了节俭工人等收入微薄者的积蓄。

对于这一切，休斯先生公开表态，自己的目标是"要让英格兰成为阳光下最适合工人生活的地方"。在当今这个时代能否做到这一点，自然是可以商榷的，但有一点不容置疑——这种尝试不会有任何潜在危害。工人显然欣赏他的努力：毕竟，正是他们，让休斯先生在 1865 年当选为议会议员。据说，进入下议院——一个没有报酬的团体——的平均费用通常是 7.5 万英镑，候选人或者他的朋友们必须准备好这么多钱。但是，在伦敦一个几乎全是穷人居住的兰贝斯区，两百位仰慕休斯先生的人自告奋勇，不收一分钱，不分昼夜地工作，一心只想看到他们的候选人取得成功。

从那以后，若不是因为本书作者是个（按他的话说）"笨拙的撒克逊人"①兼强身派基督徒，想必他会积劳成疾。在九年的政治生涯中，他不断鞭策自己，取得了双重荣誉：帮助促进人民的事业，同时得到王室的垂青，被任命为英国王室法律顾问。担任议员期间，休斯先生也在从事一项规模庞大、有实际收益的法律业务——担任他参与建立的工人大学的校长，充当生产商和雇员之间的纠纷调解人（由此得到了双方的尊重和认可），担任联营的银行、煤矿、纺织厂、机械厂、杂货店和房地产公司的主管，以及水晶宫公司的总经理和志愿步枪队的上校。

休斯先生以他的各种政治表现和博爱行为而闻名，但是最为世人敬仰的还是其著作。尽管对他而言，著书是一种消遣而非职业，然而他的成名似乎注定与写作密切相连，尤其是《汤姆上学记：拉格比公学》，这本书被誉为有史以来"在描述公学生活方面写得最好的作品，以后可能也难以超越"。这本名著出版于 1858 年②，第二年，《清洗白马山》（*The Scouring of the White Horse*）出版，书中讲述了他最喜欢的白马山的故事。三年后，《汤姆上学记：牛津大学》（*Tom Brown at Oxford*）问世，之后是《阿尔弗雷德大帝传》（*The Life of Alfred the Great*），最后是《一个兄弟的回忆录》（*Memoirs of a Brother*）、《基督的男子气概》（*The Manliness of Christ*），此外还有数以百计的杂志文章、评论文章和写给伦敦与美国报纸的短文。

---

① 原文为 "Angular Saxon"，听起来像 "Anglo-Saxon"，带有英国血统的人，此处谐音是一种幽默。

② 一说 1857 年。

　　1870 年，休斯先生到美国旅行，当时肯定像"汤姆·布朗"一样得到了许多新老朋友的欢迎。十年之后，他着手在东田纳西州的坎伯兰山建立一个英国移民区。那个地方取名为拉格比，创立的宗旨是希望帮助许多出身良好、受过教育但没法在英国本土凭借自身力量出人头地的年轻人。如他所说，"在英国许多悲惨的景象中，最悲惨的莫过于一流人才眼看着被浪费了，在很多情况下他们开始变得失望和腐化，对国民生活却无所作为"。一百年前，富兰克林用精辟的格言表达过相同的看法："空口袋，难直立。"为了用诚实的劳动和相当的报酬使生命不至于虚度，托马斯·休斯开始了自己在田纳西荒野的移民生活。在那里，农业、畜牧业、伐木业和商业开始试行联营，因此，工人群体没有那种"无法赚钱的无限恐惧"，托马斯·卡莱尔认为，如今在他同胞的灵魂深处唯一引起不安的就是这种恐惧。一个又一个毕业于成就"汤姆·布朗"名气的老拉格比的年轻人都无比热心，天真地希望西方的新拉格比可以让自己和丁尼生的"北方农民"对话，届时将听到农民骑马从市场回家，马蹄在路上踩出乐曲："啪嗒，啪嗒，啪嗒——那是我听闻的话语。"但是很遗憾，即便付出辛勤劳动，拥有一等的聪明才智，他所盼望的"啪嗒"声也并非必然会出现。田纳西的事业没有经营成功，不过正如艾迪生后来所说，它开展得已经算相当不错了——这一点实至名归。

　　这场运动开始以后，休斯先生被任命为英格兰柴郡的法官，当时寓居在郡政府所在地切斯特这座古雅旧城。他行将迈向古稀之年的人生大限，赞美诗作者常以古稀之年来形容人类的生命极限。时至今日，回顾过往生涯，很少有人比他更加忙碌且富有成效。那个笨拙胆小的男孩已经向世界证明，从一个不被看好的起点出发，战胜自己，不断成长，克服困难，取得成就，许多奇迹便会诞生，无穷无尽的力量便会延续。因此，我们必须对本书作者致以全心全意的敬意。不仅因为他写的书，更重要的是，这些书诚恳地表达了勇敢、热忱和不屈不挠的精神。

D. H. M.

# 目　录

# 第六版序言

本书第五版出版后不久，我收到一位老朋友的来信。当时我就决定，如果本书再版，我要将这封信公之于众。因为，从这封信以及其他类似的评论中可以清楚地看出，关于校园霸凌以及如何处理霸凌问题，还有很多问题需要特别说明。

亲爱的朋友：

我为自己没能早点建议你在本书另一版或别的故事中更明确地谴责学校霸凌的罪恶，深感自责。你确实谴责了霸凌行为，且处理得极为巧妙，将校园恶霸弗莱什曼刻画成最令人不齿的一个角色；但是，在"抛人游戏"这一幕或类似桥段中，你几乎没有提到应该制止这种行为，也没有提出解决此类问题的办法。

这个问题困扰了我好几年。一想到那些脆弱、紧张的孩子在学校里的遭遇——他们的健康和一生的性格因野蛮粗暴的对待而被破坏，我就感到无尽的悲伤和痛苦。

人们以前有一种错觉，认为暴力可以治愈恐惧和紧张的情绪，还认为斗争与对抗会把一个胆小怯懦的男孩磨炼得勇敢无畏。这种错觉给人一种心理安慰，可我们很清楚，事实并非如此。循序渐进地训练一个胆小的孩子逐渐做出大胆的行为是最可取的；但恐吓他、虐待他，并不能让他变得勇敢。每个医生都知道，恐惧、激动或兴奋对过度敏感的神经会产生致命的影响。勇气可以分成很多种，你在阿瑟这个角色身上就展现出了这一点。

一个男孩可能具备道德勇气，发育完善的大脑和神经系统。这样的孩子如果接受合适的教育，就会成为一个出众、聪明的有用之才，但他可能不具备血气之勇。一个晚上的"抛掷"或霸凌，可能会对他的大脑和神经造成严重损伤，使他从此荒废生命。我确实认为每年都有数以百计的高贵生命就这样被毁掉。赛马骑师们已经学聪明了，他们知道严酷只会彻底毁了一匹极度紧张的马。如果一个马夫试图用暴力手段对待一匹胆小腼腆的马，就会被当作野蛮人、傻瓜而遭到解雇。如果一个人拿根铁撬棍修理手表，人们就会认为他是头十足的蠢驴。所以，如果有人认为，霸凌会让一个体质纤弱、神经紧张的男孩变得勇敢无畏，那么，这个人也好不到哪里去。

健康的运动、体育比赛或户外活动能让他变得勇敢，但这完全是另外一回事。就连这些比赛和运动，也应该与他的力量和能力匹配。

我对小孩子是否应该和大块头一起玩深表怀疑。一群身材魁梧的小伙子在球场上横冲直撞，或者一个身强力壮的击球手击出的板球高速飞过，这种场景一定会令一个孩子惊慌失措。这个孩子在和自己身高、体形相仿的孩子们玩耍时或许能勇敢地站出来，但是在大孩子面前就会非常脆弱。

让我们看看六七个孩子凑在一起打板球的情景；你会发现他们击球时很弱，投球的速度也很慢。我们完全可以用这种方式衡量他们的能力。

汤姆·布朗和他的板球队在同一个与其实力相当的板球队比赛时，表现得很勇敢；但是我想，他们若是和11个高大健壮之人比赛的话，一定会害怕，因为这些大块头的投球对他们的身体造成的威慑，就像他们的投球对上述小孩子的身体造成的威慑一样。

再回到"抛人游戏"的话题。我必须要说，我认为可以设计出一些办法，使在校生上床睡觉时安静平和，我们本来就应该想些办法并加以实施。无论是从道义的角度还是从身体的角度，霸凌者或被霸凌者都不能从学校宿舍里发生的事情中获得好处。我相信，只要遵循正确的方向，人们凭借其聪明才智，可以找到消除这一罪恶的办法。

事实上，一个小男生在一所大型学校里的处境是非常艰难和痛苦的。他完全听凭世上最粗野之物——身高马大的在校男生的摆布。弱者在文明社会中享有的保护，他却享受不到，因为他可能不会抱怨；如果他把委屈说出来，他就成了一个叛徒——除了公众舆论外，没有人会保护他。即使公众舆论，也还是最低级别的，仍是那群粗鲁无知的男生的观点。

对于道德和身体哲学、思想和身体之剖析这些深层次的问题，在校男生能知晓多少？无可否认，涉及这些层面的问题理应得到规范与管理。

为什么文明的法则慢慢从校园消失？为什么男生聚在一起时没有规矩约束，只有暴力或诡计呢？如果社会也照这个原则组织，那会变成什么样子？不用多说，一周内就会陷入无政府状态。

不久前，我们的一位法官拒绝将法律保护的范围扩大到学校里受到虐待的儿童。假设一位弱小者被一群工人暴打一顿后将这伙人告到了地方法官跟前，如果法官拒绝保护他，拒绝的理由是倘若受理此类案件，恐怕每天只在一个城镇就可能会受理 50 桩类似的案件，那么，受害人会怎么想呢？

现在我完全同意你的观点，要求老师不间断地监督保护是不可取的，也不现实——告状或不断要求老师保护自己，只会招致仇视和更恶劣的对待。

如果我的理解正确的话，这本书是打算通过提高学校的道德层次和公众舆论来改善学校的状况。然而，这本书有力地证明了，除非有大布鲁克这类人少见的"独裁统治"，否则公学里年纪小的孩子会饱受折磨，处境非常艰难。这些在你的书中都可以找到确凿的证据。

一个胆小、紧张的男孩，他的身体从早到晚都处在一种恐惧状态。他学习功课时会受到折磨；玩耍时还要做苦工，不得不面对可怕的板球和橄榄球运动，忍受那些对他来说无异于巨人的家伙所施加的暴力行为；直到一天终于结束，他战战兢兢地回到床上——这比他可能受到的粗暴对待还要糟糕。

我认为只有一种彻底的补救办法。这种办法既不是将学校置于主管部门的监督下，也不是四处告状，更不是在学生中间制造舆论，而是要把不同年龄的孩子分入不同的学校。

至少应该开设三个不同阶段的学校——第一个阶段专门为九到十二岁的男生开设，第二个阶段针对十二到十五岁的男孩，第三个阶段则面向十五岁以上的男生。不同的学校应被安置在不同的地方。

在可能会产生霸凌问题的特殊场合，例如在漫长的冬夜，当男生都待在宿舍里时，老师也应该发挥一定的监管作用。当然，在这种时候维持秩序和保护弱者并非不可能。无论监管可能会带来何种恶果，都不会比把男生划分为暴君和奴隶的制度所带来的恶果更大。

你真挚的朋友
F. D.

如何使英国公学的教育适应紧张、敏感的学生（通常这也是教育事业必须处理的最高级别的、最高尚的主题），这个问题应该从各个角度来考虑。[①] 因此，我从一位老朋友兼老同学的信中摘录了几段话，因为在英国，在这个问题上，没有人比他更有发言权：

> 把男孩子按年龄分类有什么用呢？除非你按照力气大小分类：往往，谁才是真正的校园恶霸？对于一个人高马大的十四岁男生来说，他霸凌的对象可能比他还要大上一两岁……我认为宿舍并非问题的症结所在。有时候宿舍确乃是非之地，而且将来也会如此；但托儿所里的情况也好不到哪去——我的小女儿看上去就像个天使，但今天她也欺负了班上年龄最小的孩子，还欺负了两次。
>
> 我们必须以其他方式与霸凌作斗争——不仅要在六学级[②] 学生中间将这个苗头打压下去，还要让低年级学生对这种行为嗤之以鼻，更要将那些屡教不改的家伙清除出去。一个真正关心学生的老师当然清楚班级里谁可能会被欺负，也知道谁会真正受到伤害和骚扰，我相信如果他下定决心，

---

① 对于那些和我一样相信公学教育的人来说，从 G. 德·本森（G. De Bunsen）先生来信中所摘录的部分文字一定会受到大众欢迎，尤其是现在我们与普鲁士的联盟（对信奉新教的英国而言，这是最自然、最健康的联盟），可能比以前更加稳固、更加深入。他在谈及此书时说道："作者称公学乃英国独有，这是错误的。舒尔普福塔（Schulpforta）中学（位于普鲁士的萨克森州）在发展沿革和体制框架上与其有很多相似之处。我在那里待过五年，所以更喜欢他的书。"——原书注

② 以前英国的公学分为 6 个阶段（form），最后两年统称为"第六学级"（the sixth form，第一年也被称为 lower sixth，第二年被称为 upper sixth），相当于国内的高中，学生年龄在十六到十八岁。

一定能阻止这一切发生。确实，有许多可厌之事——有时是以正义之名的迫害——他都无法阻止。全世界所有老师可能都对此无能为力，但是他在许多方面都可以做些事情，使恶人无用武之地。

由于种种原因，我不愿看到很小的孩子在公学读书，也不否认（我真希望我能够否认）校园霸凌有时的确存在，但我认为这种现象并非校园生活的常态，而且我认为用所提议的方法也不能彻底根除它……

我并不想低估目前发生的校园霸凌事件的数量，相反，我坚信，我们必须像打击所有校园罪恶一样与校园霸凌作斗争。不过，我们并不是要拿着一根粗木棍在他们身边严阵以待，而是要采用灵活的、非机械的手段，让这些家伙在尊重自己的同时也尊重他人。

现在，我已经打破了不写序言的惯例，有两三件事我还是想说一下。

有这么几个人，我一直很尊重他们的意见，他们在称赞这本书的同时又补充说，本书最大的错误是"说教意味太重了"，如果我重写此书，他们希望这方面能够有所改进。现在，我要非常明确地表明我的态度，我不会听取他们的意见。为什么呢？因为我写作主要就是为了获得一个说教的机会！一个人到了我这把年纪，需要赚钱养家，业余时间又不多，却几乎将每个假期都花在创作故事上，难道只是为了逗乐吗？我可不这么想。无论如何，我自己是不会这么做的。

事实上，每当我去拜访与自己年龄相仿的人，总会碰见一个已经上学或正要上学的男孩。他神情明亮，四肢灵活，总会让我想起昔日和他父亲初次见面的情景。我几乎已经无法把拉丁语语法从家中清除了；看到儿子、侄子和教子在打棒球、读《鲁滨孙漂流记》，人们不禁自问，在他们首次跳入生命之河、激动不已之际，在他们离开家之前，有没有人对他们说点什么？我写作的唯一目的就是向男生说教：如果我再次动笔，就是为了向其他年龄段的男生说教。除非一个人有完全相信并想宣扬的东西，否则我真不知道他有什么可写的。如果他有话可说，也有机会把这些话说给别人听，那就让他尽力按照别人愿意听取的方式来表达；但不要让他舍本逐末，忘记其目的就是说教。

西印度军团里有一个黑人士兵，由于醉酒被绑起来。在挨打之前，他朝上尉大声嚷嚷。当时上尉正在劝他今后不要再酗酒，要保持清醒。黑人士兵喊道："上尉，你要是想训几句，就训几句；要是想打几下，也随便你。但你可别又要训人，又要打人啊！"对此，这位上尉或许会如此说道："你错了，庞培！只要我发现还有人听，我就必须要说几句，以前我可没这么做过；所以现在，你必须既要听我训话，又要受罚；我希望你至少能长长记性。"

几位评论家在评论这本书时提出了一个观点，在撰写序言的时候，我不能对这一观点置之不理。他们说，他们记得，拉格比公学的毕业生进入大学后表现得"严肃认真"，"这些男孩子比同龄人成熟"，还结成"半政治、半神职的团体"，给人的印象是阿诺德培养出了一群戴着黑色长手套、说话带鼻音的老成稳重的年轻人。我只能说，这些评论家接触的人和经历可能很有限、很特殊。因为我敢肯定，任何对从这本书所述时期直到今天在拉格比公学成长的孩子有广泛或持续了解的人都会证明，这些孩子最显著的特点就是他们和善、热情和富有青春活力的性格。他们没有失去任何值得保留的童真，却在此基础上培养了真正的男子汉品格。这就是他们作为拉格比公学的学生的"特色"。如果他们没有这种特点，或者已经失去了这种特点，那一定不是因为他们在拉格比就读过，而是因为尽管他们在那里就读，仍然失去了那种特质。这种特征在他们身上体现得越深刻，你就越能确信他们深受拉格比公学精神的熏陶。

但是，这种最高意义上的少年气并不排斥严肃——或者说认真，如果你认为这个词更恰当的话。[①] 事实恰恰相反。我深信那些漫不经心的观察者从来没有和真正的拉格比公学男生密切接触过，只是在大学的日常生活中，在葡萄酒会、早餐会等场合中遇见过他们，因此可能更容易看到他们性格中严肃或认真的一面。因为越是有少年气的孩子，越不会掩饰自己的想法或对眼前所发生的事情的看法；如果大部分想法与他们所认为的正确观念不相符，他们可能会很明显地表现出来，不管这样做被认为是年轻的蠢货的风险有多大。别人可能会指责他们年纪轻轻却老成持重——我认为此言不差，我印象中他们向来如此。

---

① "我们应该感谢他（阿诺德）和他的崇拜者，因为他们把'严肃'一词替换成了'认真'。"（《爱丁堡评论》，第 217 期，第 183 页）——原书注

只要他们内心保持年轻的活力，保持理智清醒的头脑，我认为这就是一种收获和一笔宝贵的财富。

到底是什么赋予拉格比公学男孩这种性格？是什么使拉格比公学将此精神一直保持到了今天？我可以大胆地说，是阿诺德的谆谆教诲和以身作则，但是我还必须指出最重要的一点：他孜孜不倦地塑造每一个与他接触过的男孩的"道德思想"（对此我不说有人会嘲笑，但一定有人不赞同）。

他确实教导我们——感谢上帝他这么做了——不能把自己的生活分割成碎片，也不可以说："在这部分生活中，你的行为无关紧要，你不必为这些事绞尽脑汁；但在那部分生活中，记住你和什么有关，因为这很重要。"如果他这样说了，我们就会陷入混乱。他教导我们，在这个奇妙的世界里，没有一个男孩或男人能分辨出哪些行为无关紧要，哪些行为至关重要；一句思虑不周的话或一个轻率自私的表情，就可能使一个兄弟误入歧途。他教导我们，生命是一个整体，由行动、思想和渴望组成，不论伟大还是渺小，不论高贵还是卑贱；因此，无论对于男孩还是对于男人而言，唯一真正的智慧就是服务。我觉得，如果有人认为这种观念对现代人无益，那就有必要解释一下为什么 19 世纪的教师要宣扬比 1 世纪更低的道德标准。

然而，我不会说评论家的论断没有任何合理依据。如果一个男孩过上阿诺德敦促他过的那种生活，有一段时间，他会过得很艰难：发现自己的判断常常是错误的，身体和智力也不听使唤，不时掉进各种陷阱，会因此而崩溃。他工作越认真，这种不幸似乎越经常发生；在不断跌倒、挣扎的过程中，除非他异于常人，否则他常常对同伴吹毛求疵，可能认为自己在无辜的事物中看到了邪恶，可能在无意中冒犯了别人。我认为，我们的评论家偶然间碰到男孩时，男孩正处在这个阶段，他还没有（像任何一位评论员都应该做的那样）透过现象看本质，就马上把这个可怜的男孩归到一本正经的道学家或伪君子的行列，而男孩很可能是他认识的人中最谦逊、最真实、最天真的一个。

　　不过，还是让我们的评论家一两年后再与男孩不期而遇吧。那时，那种"有思想的生活"已成为他的习惯，就像皮肤一样与他高度契合；这位评论家若为人诚实，就有理由重新考虑自己的判断了。因为他会发现这个男孩已经成长为一个男人，享受着日常生活，这是任何不知道享受能力从何而来，不知道世上最微小的美好事物的赐予者是谁的人所做不到的；他很谦卑，因为人们证明自己在必须做的最小的事情上也无法做到正确；他很宽容，只有那些每天时刻都明白完美的爱一直陪伴他、支持他、包容他的人才会变得宽容。

# 第一部分

第一章

# 布朗家族

我是白马谷的诗人，先生，
满脑子自由的思想。

——民谣

经过萨克雷文字和道尔画笔的描绘，布朗家族的显赫名声如今已被在各所大学就读的年轻绅士所知晓。[1] 布朗家族对英国的伟大做出了巨大的贡献，但遗憾的是，很多英国人并未充分认识到这一点，因此，虽然布朗家族有了当之无愧的名望，但熟悉他们的人都觉得仍有很多事需要写下来、说出来。几个世纪以来，他们安静、顽强、朴实，征服了英国大多数郡县，并在美国的森林和澳大利亚的高地上留下足迹。英国的海军舰队和陆军在哪里传播威名，哪里就有布朗家子弟英勇的身影。在克雷西会战和阿金库尔战役中[2]，布朗家子弟手持紫杉弓和长

---

[1] 威廉·梅克比斯·萨克雷是与狄更斯齐名的维多利亚时期小说家。他曾以"布朗先生"为笔名为杂志写过一系列给一位年轻人的信，理查德·道尔为该系列画了插图。

[2] 克雷西会战（发生于 1346 年 8 月 26 日）和阿金库尔战役（发生于 1415 年 10 月 25 日）都是英法百年战争中以少胜多的著名战役。两次战争中，英军都以英格兰长弓大破法国精锐部队。

矛；在英勇的威洛比勋爵率领下，他们高举深黄色的戟和长矛；他们用重炮和管炮同西班牙人、荷兰人殊死对抗；同时，在罗德尼和圣文森特、沃尔夫和摩尔、纳尔逊和威灵顿[①]等名将麾下，他们腰别手雷、手持马刀、肩扛火枪和刺刀，拼命厮杀。他们遭遇种种艰难险阻，但总的来说这是他们梦寐以求的，于他们而言也是最有意义的；他们很少得到奖赏，事实上对他们和我们大多数人来说最好不要奖赏。塔尔博特家族、斯坦利家族、圣莫尔家族等贵族都曾率军南征北战，很久以前也曾是法律的制定者。然而，如果那些贵族家庭能够公正客观地看待这些描述，就会惊讶地发现，与布朗家族相比，他们为英国所做的贡献是多么微不足道。

实际上，布朗家族直到现在这一代也很少被诗人歌颂或被圣贤记录他们的事迹，因为他们没有专属的"神圣诗人"。他们太过实在，无法靠自己爬到社会顶层，也没有那种抓住机会、紧紧抓住一切好事的天赋才能——而这正是很多贵族家庭积累财富的基础。幸而，世界还在前进，车轮仍在转动，布朗家族

---

① 乔治·布里奇斯·罗德尼（1719—1792）和第一代圣文森特伯爵约翰·杰维斯（1735—1823）是七年战争中杰出的海军将领。詹姆斯·彼得·沃尔夫（1727—1759）是英国历史上最杰出的将领之一，帮助英国在七年战争中取得胜利、扩大领土。约翰·摩尔（1761—1809）是英国陆军军官，因击败法国军队、赢得亚伯拉罕平原战役而广为人知。霍雷肖·纳尔逊（1758—1805）被誉为"英国皇家海军之魂"，在英国军事史上与马尔伯勒公爵及威灵顿公爵齐名，他最著名的事迹是在特拉法加海战中率领英国舰队击溃法国和西班牙组成的联合舰队。第一代威灵顿公爵阿瑟·韦尔斯利（1769—1852）一生共参与 60 场战役，终身担任英国陆军总司令，是 19 世纪最具影响力的军事、政治人物之一。

受到的不公正待遇就像其他不公正待遇一样，似乎有望得到纠正。本书作者多年来一直是布朗家族虔诚的崇拜者，而且有幸与布朗家族极受尊敬的一支联系密切——他急于尽其所能，帮助车轮转动，为记录和赞美布朗家族这项事业添砖加瓦。

不过，无论您是位温文尔雅的读者，还是一位天真单纯的读者，如果您打算和我舒舒服服地读完此书，为了避免您浪费宝贵时间，我即刻冒昧地告诉您，您将在本书中遇到什么人，要忍受什么样的人。您马上就会听到布朗家族（至少是我熟知的那一支）是什么样的人；如果您不喜欢这种人，哎呀，就请不要再看这本书了，让我们就此别过，免得互相埋怨。

首先，布朗家族是个好战的家族。人们可能会质疑他们的知识、智慧或美貌，但绝不会怀疑其昂扬的斗志。无论遇到什么麻烦（看得见的或不显眼的），离现场最近的布朗家的子弟一定会斗争到底，不分出个你死我活便不会罢休。他们的身体都体现出了这种特点：他们这一代人全都脑袋方方、脖子细长，肩膀宽阔，胸部肌肉发达，腰线单薄，不携带任何武器。就整个宗族的团结来说，他们和苏格兰高地人一样出色，对彼此的信任令人惊讶。当他们家族发展到第三代和第四代时，这世上就没有比布朗一家更好的人了。"血浓于水"是他们的一句口头禅。如果不经常见面，他们就不开心。从未有过像他们这样热衷家庭聚会的人，如果你是陌生人或生性敏感之人，你可能认为最好不要聚在一起。他们聚在一起时，无论遇到什么问题，都喜欢畅所欲言；每个人的思想都与别人对立，他们就像维护信念一样坚持自己的观点。如果你不和他们待上一段时间，没有试着去理解他们，你肯定认为他们就是在吵架。事实并非如此：在激烈的辩论之后，和睦的家庭成员仍然彼此相爱、互相尊重，关系比以前好了十倍。然后，一个个继续回去做牧师、当律师，或是回归军队，精神焕发地工作，比以往任何时候都更相信布朗家族的人是最优秀的伙伴。

很明显，这种家庭训练再加上好斗的天性，使他们过于理想。如果他们觉得事情出了差错，绝不会袖手旁观；就算把性情随和的人得罪光，也要把自己的想法说出来；不管情形多么绝望，他们都花时间和金钱去修补。布朗家的人绝不会眼见一条瘸腿狗困在栅栏里而置之不理，哪怕是条名声在外的恶狗，而别人大多对这种差事避之唯恐不及。布朗家的老一代人个个红脸膛、白胡子、秃顶，却精力充沛、坚守信仰、奋斗不止。他们经常冒出一些奇怪的想法，直到时间的镰刀收割了他们，把他们作为麻烦的老家伙收进仓库。

最让人恼火的是，失败无法将他们击倒或让他们手下留情，也不能让他们认为你我等有理智的人是正确的。失败从他们身上滑落，就像 7 月的雨从鸭子后背的羽毛上落下。上个星期，杰姆一家人变坏了，把布朗一家骗得七荤八素，但到了下个星期，布朗一家又对杰克做了同样的事情。当布朗去接受惩罚，而妻子和孩子们去济贫院时，他们就要警惕比尔乘虚而入。

然而，我们不能老是泛泛而谈，是时候说点具体的了；布朗家族的成员遍布日不落帝国的各个角落，我认为英国之所以固若金汤，就是因为四处都有布朗家族子孙的身影。不过，现在我们暂时将他们放在一边，把注意力全部集中在伯克郡白马谷的布朗家身上，我们的主人公就出生在这户人家。

你们大多数人可能都沿大西部铁路到过斯温登。如果在旅途中睁大眼睛，一出迪德科特站就能看到连绵起伏的白垩山。往下走会发现这条山脉在左边和铁路平行，离铁路线大约只有两三英里远。山脉的最高峰是白马山，从什里弗纳姆站一出来，迎面就看到这座山。如果你喜欢自然风光，碰巧还有几个小时的空闲时间，那下次路过的时候，最好在法灵登路或什里弗纳姆站停下，一路爬到山顶。在英格兰乡村，有很多古老的传说由于流传久远而变得语焉不详。痴迷于此类传说的人如果明智的话，就不会满足于只停留几个小时；因为那儿虽然景色优美，但更有意思的还是历史遗迹。我只对英国的两个街区了如指掌，在方圆5英里，每个街区的情趣和美景都足够任一个通情达理的人享受终生。我相信全国各地差不多都这样；每个街区都有其特殊的魅力，但若说起我要向你特别介绍的这个街区，它的丰富性没有一个街区比得上。谈到这个话题的时候，我的描述可能会显得单调，那些对英国的细枝末节不太关注的读者可以跳过这一章了。

啊，英国的年轻一代！英国的年轻一代！你们出生在飞速发展的铁路时代，每年都有盛大的展览，或光怪陆离的景象。在历时五个星期的假期里，只需花3英镑10先令就可以穿越几千英里的土地；为何不多了解一下自己的出生地呢？在我看来，你们只要挣脱教育的枷锁，就可以去天涯海角，享受仲夏节日、暑假等假期。在两个星期里，可以买好回程票后周游爱尔兰，把丁尼生的诗集丢在瑞士的山顶上，或者乘坐牛津赛艇沿多瑙河顺流而下。安静地度过两个星期后，你回到家中，关掉暖气，躺在父亲打理的花园里，身边放着从穆迪图书馆借来的最后一批书，就会感到无聊得要死。嗯，好吧！我知道这种日子也有好的一面。你们多少都会说法语，也许还会点儿德语；毫无疑问，你们见多识广，对绘画流派、高雅艺术等有自己独到的见解；你们欣赏过德累斯顿和卢浮宫里的画作，也品尝过酸卷心菜。但是我要说的是，你并不了解身边的羊肠小道，不熟悉家乡的森林和田野。你们可能满脑子科学知识，但有多少人知道在哪里可以找到酢浆草？有谁能在附近树林或 3 英里外的森林里找到那里生活的蜂鸟？又有谁知道沼泽豆和木鼠尾草有何用途？我相信知道的人不会超过 5%。那些古老农舍有的曾是内战期间最后一次小规模冲突发生的地点，有的是教区所在地，有的见证了最后一个拦路劫匪负隅顽抗，还有的是牧师安放鬼魂的地方。旧山墙围起来的农舍里发生了很多乡村传奇故事，现在却都无人问津了。

我们那个年代，一到假期，大家便乘旧马车回家。到了十字路口，马车将人带行李一起放下来，家里的车夫会赶着马车来接我们。上车后，我们一路高唱着《重返家园》，在家里一直待到黑色星期一。我们把时间花在步行或乘坐马车时，娱乐活动的时间就少了很多。所以我们认识乡下人，对他们的生活方式、各种民间歌曲和民间故事了然于心；我们一次次越过田野、树林和山丘，与这一切都结下了友谊。我们这些孩子来自伯克郡、格洛斯特郡或约克郡，你们却是年轻的世界公民，既属于所有国家，又不属于任何国家。毫无疑问，这没有问题——我敢说事实的确如此。这是一个人们视野开阔、人性光辉灿烂的时代，但我希望木剑运动没有在白马谷没落，也希望那条令人惶恐不安的大西部铁路没有让阿尔弗雷德山沦为一道路堤。

　　不过，还是说回白马谷吧，这个真实有趣故事的最初几幕都在这里发生。就像我刚才说的，西部大铁路贯穿整个白马谷，这片土地上有肥沃的牧场，四周都是防止狐狸闯入的围栏，种满了细细的树篱。美丽的小金雀花和灌木丛铺满牧场。11月某个晴朗的早晨，可怜的狐狸查利被老伯克郡狩猎俱乐部的人赶得无处可去，走了好几英里都找不到藏身之处，只好来到这里。那些到过牧场、骑术高超的人，只知道查利和跟着查利横冲直撞的那群小家伙——身形矮小，脑袋高昂着，散发着一股浓重的气味——这时候会在草地上大快朵颐。这个山谷耕地面积小，森林也很少，因此除了狩猎之外，只是个崇尚体育的普通乡村。各个村庄布局散乱、古怪，造型老旧。在昏暗的巷子和小路两旁的隐蔽角落里，房屋排列没有章法，每座前面都有一片花园。房子主要用质量上乘的灰色石头建造而成，屋顶上盖着茅草；不过我也发现，最近一两年红砖小屋越来越多，因为白马谷开始大量生产砖瓦。每个村子道路两旁都有许多荒地，相当于村子的绿地，供村民们喂猪养鹅。道路都是传统的乡村土路，肮脏不堪，路面也坑坑洼洼，冬季到来时更加让人难以忍受。不过，如果在路上散步，倒也还让人身心愉悦。路两旁就是大牧场，一簇一簇的玫瑰花点缀其间，毛色顺滑的黄牛在草地上悠闲地进食。两旁没有栅栏，每块田尽头都有一扇大门，如果你有马车，从轻便马车上下来，每隔四五百米就能欣赏周围美景。

　　我年轻的时候听过一位道德家的说教。至于这位道德家是伟大的理查德·斯威夫勒，还是斯蒂金斯先生①，我记不清了。总之，他说过："我们生在山谷，就必须承担被发现处在这种环境中的后果。"我个人已经做好了面对这些后果的准备。我很同情没有生在山谷的人。不是地势平坦的地区，而是山谷——一个群山环绕的平坦地区。不论你转向何方，映入眼帘的"一直"都是山，这才是山谷的特色。山永远矗立在远方，永远是你的朋友和伙伴；你永远不会像在丘陵地区那样失去这个朋友。

　　白马山是一座多么美丽的山啊！海拔 900 英尺②，孤峰突起，是你见过最险峻、最陡峭的白垩山。让我们爬到山顶上，看看会有什么新发现。唉，你也许会觉得奇怪，怎么以前从来没有听说过这座山；但是，不管你想不想知道，英国有成百座这样的山，比你更聪明的人对它们一无所知，也不在乎。是的，这曾是一座宏伟的罗马军营，毫无疑问，有城门，有沟渠，有土丘，一切都像二十年前那些身强力壮的老流氓离开时一样完整。据说从这个制高点可以看到周围 11 个郡县，他们按照惯例在大约 12 到 14 英亩的平地上开挖沟渠、建造巢穴，因为他们不能容忍任何人雄踞他们的上方。放眼全世界，哪里会有这样的草地呢？一脚踩上去，地面就陷了进去。每走一步，脚踝以下就会陷入泥土中，但这里的春天别有一番情趣。所谓的"营地"里总有微风拂过，和罗马人离开时没有什么变化，只是东边多了座石堆，是不久前女王陛下的工兵和矿工队留下的。他们和工程师曾在这里短暂停留过，目的是勘测地形，完成伯克郡军用地图的绘制。在这里，能俯瞰着面前像上帝的花园一样延伸的广阔山谷，身后神秘的白垩山丘像波浪一样连绵不绝。白垩山从左右两边一直蔓延到遥远的天边，可以看到那里有一条长达几英里的罗马古道——"山脊路"，当地人称为"岭道"。这个地方会让人永世难忘，能打开一个人的灵魂之门，让他预言未来。当初巴勒就是将巴兰①带到了这样一个地方，要求他诅咒下面山谷里的居民。巴兰不能这么做，你也不应该这样做，因为他们全都是耶和华的子民。

　　现在离开营地，顺着山势向下往西走，就到了阿什当。我们正踩在英雄的隐身之地。对于英国人来说，这是一片神圣的土地。除了一两块英雄的墓地可以与之相提并论外，再没有什么地方比这儿更神圣了。因为这里就是我们的阿尔弗雷德赢得那场伟大战役的地方，阿什当战役②（也就是编年史作家笔下的"埃塞当战役"）打破了丹麦人的统治，使英国成为基督教国

---

① 巴兰不是以色列人，是外族人的预言家。据《旧约》记载，他为谁祝福，谁就得福；诅咒谁，谁就受诅咒。因此他受到摩押国王巴勒的聘请来诅咒以色列人，但巴兰还是依照神的命令祝福以色列人。

② 870 年，维京人已征服四个盎格鲁－撒克逊中的两个，是年年底试图攻克威克塞斯，之后在雷丁战役中击败由国王艾特尔雷德一世和其兄弟阿尔弗雷德率领的西撒克逊主力军队。四天后（871 年 1 月 8 日）两军在阿什当再次交战，阿尔弗雷德冒着被丹麦人包围并击溃的危险向山上发起冲锋，最后率西撒克逊人赢得胜利。是年 4 月 15 日，艾特尔雷德一世去世，阿尔弗雷德继位。

家。丹麦人占领了营地和我们现在脚踩的山坡——实际上是整个山顶。正如老阿塞① 所说，"那些异教徒事先占领了高地"，他们已经把伦敦的一切都挥霍殆尽，正准备大举冲向美丽的白马谷——阿尔弗雷德的出生地和领地。撒克逊人突然出现在高地上，阿尔玛河上的场景再次重演。"基督徒们排成整齐的队伍从山坡上冲下来。那里生长着一棵荆棘树，又矮又粗，奇形怪状（这可是我们亲眼所见）。"愿上帝保佑这位老编年史作家吧！他以为除了他自己，就再也没人见过这棵荆棘树了吗？唉，那棵树至今还在原地矗立着呢，就长在山坡边上，三个星期前我就看到了。那可是一棵古老的荆棘树，"又矮又粗，奇形怪状"。就算这棵树不是原来那棵，至少原来那棵就应该长在这里，就长在决定胜负的地方——"就像我刚才所说的，交战双方大吼一声，在这棵树附近开战。在这个地方，异教徒的两个国王死了一个，五个伯爵全都战死，成千上万的异教徒也在同一个地方成了他们的陪葬。"② 此后，仁慈而虔诚的国王希望在乡间修

----

① 阿塞（？—约 909），威尔士修道士，后任舍伯恩主教；约 885 年进入阿尔弗雷德大帝的宫廷学者圈子，893 年撰写了《阿尔弗雷德国王传》。

② 引自 "Pagani editiorem Iocum praeoccupaverant. Christiani ab inferiori loco aciem dirigebant. Erat quoque in eodem loco unica spinosa arbor, brevis admodum (quam nos ipsi nostris propriis oculis vidimus). Circa quam ergo hostiles inter se acies cum ingenti clamore hostiliter conveniunt. Quo in loco alter de duobus Paganorum regibus et quinque comites occisi occubuerunt, et multa millia Paganae partis in eodem loco. Cecidit illic ergo Boegsceg Rex, et Sidroc ille senex comes, et Sidroc Junior comes, et Obsbern comes," etc.—*Annales Rerum Gestarum AElfredi Magni, Auctore Asserio. Recensuit Franciscus Wise*. Oxford, 1722, p.23。——原书注

建一座路标或纪念碑，便命人在白垩山北侧、营地下方的峭壁上雕刻了一匹巨大的撒克逊白马。这样人们坐火车经过时，从远处一眼就可以看到，白马谷也因此而得名。几千年来，那匹白马一直守护着这座山谷。

白马雕像的正下方有一条又深又宽的隘谷，名叫"马槽"。隘谷的一边是连绵起伏的丘陵，形成了一系列美丽的弧线，以"巨人之梯"闻名。其实一点也不像楼梯，不过我在别的地方倒也没见过类似的美景：草坪低矮，一片碧绿，娇嫩的兰铃花星星点点，蛛丝和蓟花上的茸毛在阳光下闪闪发亮，斜坡上的羊肠小道就像精细的素描线条一样。

马槽另一侧是龙山。龙山就像一个好奇、自信的小家伙，扭着圆滚滚的身子从山系中冲出来，与周围的群山没有任何相似之处。当地人过去常常跟我说，就在这座山上，人类的救世主圣乔治杀死了一条恶龙。[①] 到底是不是圣乔治杀死的，我不得而知；但肯定有人在那里杀死了一条龙，因为能看到恶龙的鲜血流下来的痕迹，更重要的是，血流下来的地方就是上山最容易的地方。

沿山脊路向西走上大约 1 英里，就来到一小片由小山毛榉和冷杉混合组成的小树林，草地上长满低矮的荆棘树和女贞树。在这里，你可以找到强壮的鹧鸪和田凫的窝，但要当心猎场看守人。林子中间有一处古老的石墓——一块巨大的石板立

---

① 指圣乔治屠龙的欧洲神话故事。传说恶龙得知一城堡堡主之女美丽善良，便威逼堡主将其女作为祭品献给它。就在恶龙欲带走堡主之女时，上帝的骑士圣乔治以主之名突然出现，经过激烈搏斗将恶龙铲除。

在七八块石头上，大块独石依次在两边排开，形成一条路。这是韦兰铁匠的洞穴<sup>①</sup>，现在已经家喻户晓了。但是既然沃尔特爵士已经提到过它，我就不多说了，建议您阅读《肯纳尔沃思堡》去了解这段传奇故事。

1英里外的山谷有一片浓密的树林，里面有座阿什当公园，建造者是伊尼戈·琼斯<sup>②</sup>。四条宽敞的通道从树林四周通向中心，每条通道都对着大宅子的一面。白垩山丘的神秘感笼罩着宅子和树林——它们孤零零地矗立在那里，与周围的环境格格不入，附近的绿色坡地布满大石头，从四面八方延伸出去。我想，克雷文勋爵将住处选在这儿是明智之举。

沿着山脊路向东走，很快就到了农田里。严格意义上的白垩山丘已经没有了；林肯郡的农民移居这里后，绵长的新山坡上不再是牧羊场，而种上了优质的红萝卜和大麦。其中有一位土地改良者住在"七古冢"<sup>③</sup>农场——大白垩山丘的又一个神秘之地。那些古冢就像平静海面上的船只，庄严而静默，是人类的墓葬。可是，墓的主人是谁呢？这里离白马山谷有3英里，阿什当战役的死者葬到这里未免太远了——谁又能说会有怎样的英雄在此长眠呢？可是考虑到时间有限和印刷工的压力，我们必须再到山谷里，乘大西部铁路进城。前往山谷的路程长得

---

① 韦兰铁匠（Wayland Smith）是欧洲神话传说中的铁匠。韦兰铁匠的洞穴是一座建于公元前36世纪的长墓穴，中世纪时，这个地方因与神话人物铁匠韦兰联系在一起而得名。

② 17世纪英国著名的古典主义建筑学家。

③ "七古冢"（Seven Barrows）是英格兰伯克郡兰伯恩以北的青铜时代墓葬遗址。

可怕，坡很陡，路况坏到了极点。不过，谷底有一个舒适的小酒馆，到了那儿当然得停下来喝一杯，一路走下来我们极度口渴。于是，我们在门前的一棵老橡树下停下来。

"你们的山叫什么名字，老板？"

"当然是布劳因·斯图恩山 [①] 了，先生。"

［读者："斯图姆（Sturm）？"

作者："石头（stone），笨蛋——吹响的石头。"］

"那么你的房子呢？我看不清标志。"

"布劳因·斯图恩，先生。"说话间，伴随着悦耳的撞击声，老板将他的老麦芽啤酒倒入一个托比–菲尔波特酒杯 [②]。

"好奇怪的名字啊！"我们喝完酒感叹道，等着玻璃杯重新续满。

"照我说，一点都不奇怪，先生，"老板把玻璃杯递给我们，继续说道，"看看这里，这就是布劳因·斯图恩本尊。"他把手放在我们眼皮子底下一尊方石块上，石块约3尺半高，紧挨着橡树，上面有两三个奇怪的洞，像是石化的大洪水之前的老鼠洞。听了老板的话，我们更加困惑不解，喝完第二杯啤酒，想知道接下来的故事。"想继续听吗，先生？"老板说着话把托比杯放到托盘上，双手都放在了"斯图恩"上。我们都拭目以待，

---

① 原文为"Blawing Stwun Hill"，正确拼法应为"Blowing Stone Hill"（吹石山），此处的说话者发错了音。

② 也称托比杯，是一种人形坐像或人头像陶酒杯，典型形象是一个身穿18世纪服装的体格魁梧、表情欢快的男子，一只手拿着一罐啤酒，另一只手拿着烟斗。

老板并没有作答，只是用嘴对准其中一个老鼠洞。肯定要发生什么事了，虽然他还没有吹气。天哪！我希望他不会中风。果然，一阵可怕的声音传来，既像呻吟，又像在咆哮，响彻整个山谷，越过山坡，钻进了房子背后的丛林，那是幽灵般可怕的声音。老板抬起涨得紫红的脸说："他们说话了，先生。"此时，"斯图恩"还在发出呻吟声，"过去敌人来的时候，他们就吹响斯图恩给村民发警报，村民靠这种方式可以让 7 英里外的人都听到。至少，我听史密斯律师这样说，他对古时候的事情了如指掌。"史密斯律师所说的 7 英里的传说很难让人接受，不过吹响石头会不会是一种召唤，类似于古时候向邻近地区传递血十字？古时候又是什么时候？谁知道这些？我们付了啤酒钱，对老板表示感谢。

"下面这个村子叫什么，老板？"

"金斯顿莱尔，先生。"

"你们这儿的林场真不错。"

"是的，先生，乡绅十分喜欢森林一类的事物。"

"难怪。他的确拥有令人喜爱的美好事物。再见，老板。"

"再见，先生，祝你们旅途愉快。"

现在，我的孩子们，我想让你们当我的读者，你们准备好了吗？你们愿意马上让步，说自己相信了，让我开始进入正题，还是让我再多讲些背景故事？记住，我只翻过了一小段山坡——你骑着小马一个小时内就能轻松地转一圈。我刚刚经过吹石山进入山谷，如果我从山谷开始，谁能阻挡我？你们得听听旺蒂奇（阿尔弗雷德的出生地）和法灵登的故事，法灵登一直都支持查理一世（这条山谷靠近牛津，很凶险；到处都是思罗格莫顿家族、蒲赛家族、派伊家族的人，还有他们强壮的家丁）。你们读过托马斯·英戈尔兹比的《汉密尔顿·泰伊传奇》[①]吗？如果没有，应该读一读。不错，法灵登就是汉密尔顿·泰伊出海前生活的地方，他的真名是汉普登·派伊，派伊家族是法灵登的大家族。然后就是蒲赛，你一定听过蒲赛角，它是克努特国王当时赠予蒲赛家族的圣物。[②]蒲赛家那位勇敢的老乡绅不久前刚过世（伯克郡的自由租地农因为老乡绅根据自己的意愿投票而把他赶出了议会，这是他们永远的耻辱），过去他常常在节假日和篝火晚会上将那支号角带出来。阿芬顿宏伟的老十字教堂、阿芬顿城——整个乡村都充满了撒克逊人的名字和记忆！康普顿那些有水沟环绕的古老农庄依偎在山坡下，可能有二十个玛丽安娜生活在那儿。[③]农舍的水沟里，睡莲在阳光下分外明亮，紫杉夹道而立，形成一条"廊道"，阶梯状的花园无与伦比。它们伫立在那里等待关心、欣赏它们的人，类似的景物还有二十样。我相信，这些景物，你们在任何一个普通的英国乡村都能找到。

---

① 英国国教牧师、小说家理查德·哈里斯·巴勒姆（1788—1845）以托马斯·英戈尔兹比为笔名，写了一本神话鬼怪故事集：《英戈尔兹比故事集》。《汉密尔顿·泰伊传奇》是其中的一篇，讲述年轻的泰伊由于阴谋被卷入一场激烈的斗争并被杀死的故事。

② 蒲赛家族自撒克逊时期就拥有位于白马谷的蒲赛庄园，据传是克努特国王通过授予号角的方式将此庄园赠给蒲赛家族。

③ 这里引用了丁尼生的诗歌《玛丽安娜》，诗歌开篇引用了莎士比亚《一报还一报》中的句子："玛丽安娜在围有水沟的农舍里。"

你们会在自己身边寻找这一切吗，也许不会？不错，不错，我已经尽我所能来帮助你们，如果你们每到节假日就要游半个欧洲，我也没有办法。我是土生土长的西部人，感谢上帝！作为威塞克斯人，一个威塞克斯最高贵的撒克逊王国①的公民，一个正儿八经的"盎格鲁－撒克逊人"，我的灵魂实实在在地"属于土地"。对我来说，没有哪里比得上这座古老的乡村，没有什么音乐比得上一个名副其实的白马谷老农发出的老撒克逊语的鼻音。同时，我还必须说起年长的西部乡民乔治·里德勒：

> 老乔治会夸耀自己走遍万水千山，
> 推荐我去广袤的乐土老英格兰，
> 流言与唠叨日夜不停地传来，
> 我和我的狗就一直待在家里。

不管怎样，这里是伯克郡的治安官乡绅布朗的家乡和驻地，他家就在白马山山脚一带的村子里。他用质朴的方式为乡民主持公道，生儿育女，猎狐，抱怨道路与时代的糟糕。他的妻子给患有风湿病的老人分发长袜、白棉布衬衫、长罩衣和抚慰人心的酒水，给人以善意的忠告。她要维持煤炭和衣物俱乐部的运转，为圣诞节做准备②；那时，会来一群哑剧演员，身上缠着

---

① 威塞克斯意即"西撒克逊人的王国"，是盎格鲁－撒克逊人的一个王国，6世纪初立国，后被克努特家族取代。

② 穷人会在圣诞节到来之前成立煤炭和衣物俱乐部，为圣诞节供应煤炭、衣物和禽肉。

丝带，头戴五颜六色的纸帽子，绕着乡绅的厨房转圈，用节奏单调的地道方言重复圣乔治屠龙以及为这位圣者治病的江湖医生的传奇故事——我认为这是一种古老的中世纪神秘宗教仪式的遗存。三岁的小汤姆已经懂事，他随保姆来到厨房，第一次看到这种戏剧表演。汤姆在家中排行老大，还是个婴儿时就表现出一个布朗家族成员所具有的品格。他自小就很健壮，经常摆脱保姆，跟村子里的男孩打得火热，和他们一起在村子周围探险。在这个安静、落后的偏远山村，在连绵起伏的群山脚下，汤姆·布朗渐渐长大。汤姆快八岁时才去上学，第一次离开这个小山村，因为当时人们认为，每年去外地换两次空气对女王陛下治下的臣民的健康没有什么必要。

据可靠消息（我本人也相信），铁路公司的各个董事会——这些大投机分子和行贿者——尽管在所有问题上都争吵不休，但是大约十年前，他们一致同意买下医疗的全部专业职位，无论是身体方面还是灵魂方面。为了实现这个目标，他们拨出几百万英镑，谨慎地分给医生，要求只有一个：凡是付得起钱或能借钱支付火车票的病人，就开处方，建议他们出门旅行换空气，不仅如此，还要确保处方得到执行。若不是这个原因，为何我们没有人能一整年都好好待在家里呢？二十年前可不是这样，完全不是。布朗一家五年都不会出一次村子。乡绅布朗两年一次去雷丁、阿宾登参加巡回法院或季审法院开庭，这时他会选择骑马，把全部行头装在马背上的鞍囊里，随后在附近某个村子待上一两天。又或者，他也会冒险参加郡里办的舞会或义勇骑兵团检阅。这些恐怕就是布朗多年来所有的外出活动了。

间或有某个来自偏远郡县的布朗家族成员来访，或者一个老学究（乡绅布朗的同时代人）骑着马从牛津过来，布朗一家和村民们看他的感觉，就像我们现在看着一个翻越了落基山脉或者在非洲中部大湖区开船的人一样。要知道，白马山谷并没有大路贯穿，只有乡村小路，这些小路非常糟糕。只有一趟马车跑这里，而且只是从旺蒂奇到伦敦的，所以山谷西边的居民没有固定的交通工具，当然，他们似乎也并不需要。顺便提一下，往村里运煤的运河一直有长驳船往来，高个子的黑人在沿着纤道排开的马旁边休息；女人们则戴着色彩斑斓的头巾，站在船尾的控制室。我虽然说她们是站着的，但你看不到她们到底是站着还是坐着，因为她们的头和肩膀以外的部分全部隐藏在船舱里长约 8 英尺的空间内，汤姆觉得这是最理想的住所。保姆对汤姆说，这些看起来善良的女人经常骗小孩子上船，然后把他们带到伦敦卖掉。汤姆不信这一套，决定尽快接受这些女人对他这位"少爷"发出的邀请，上船去坐坐。但是目前保姆对他看管得还是太严了。

可是，我为何竟然要辱骂乡民们的游荡习性呢？我们现在是个流浪的民族了，无论是好是坏，这点是确定无疑的。我是个流浪者，去年出远门的次数不少于五次。女王为我们树立了榜样——我们从顶层到底层都不断往来于各地。在克莱门特旅馆门口过夜、收一便士给我擦鞋的小脏杰克每年花一个月时间出门采摘啤酒花，那是理所当然的事。① 他为什么不能去呢？我

---

① 当时伦敦的流浪汉秋天都会去肯特郡和萨里郡为农场主采摘啤酒花，把这项工作当作假期娱乐活动。

对他的行为感到欣慰。我爱流浪汉，只是更喜欢穷人而非富人。信使、太太们的丫头，旅行马车及马车上最好的座位，这些都是我所厌恶的——我受不了它们。但是对于脏杰克，以及那些和我一样，像那首美妙的法国歌曲所说的那样"四处流浪"的好家伙，我非常喜欢。

　　就像蜗牛一样，

　　背着全部行囊，

　　它的家具，它的房子。

　　一次次愉快的路边冒险，享受着路旁小酒馆、瑞士牧民的小屋、霍屯督人农庄或其他任何地方的壁炉边热气腾腾的晚饭。

我对第一章寄予很大希望，希望你们能继续看下去，把我当成一个好朋友，虽然我有很多奇思怪想。第一章的叙述我有些自相矛盾，所以我决定暂时闭嘴，思考应该用什么方式讲述这个故事；我决定"一锅煮"，就像我们在山谷里说的那样，"一口气说出来"，这样你们可能就会从中得到真相了。

第二章

**乡村节日**

　　国王下令，为了教会的荣光，禁止此后在教堂墓地举行任何集市和贸易活动。

——爱德华一世颁布的《威斯敏斯特法》<br>第六章第二节第十三条

　　一位受人尊敬的博学诗人（他的很多作品我们都觉得值得赞美和讨论，可是并不经常阅读）说过一句至理名言："三岁看老。"因此，毫无疑问，从童年也必能看出少年时的样子。所以，在打算了解汤姆·布朗的少年时光的时候，假设我们之前同他没有任何接触（如果对这段历史的价值有适当的判断，你们会发现，我们对他的少年时光几乎一无所知），我们先来看一看他小时候的生活和环境，他在前一章介绍过的那座安静村庄度过的时光。

　　前面说过，汤姆是个身体结实、争强好斗的淘气鬼，四岁起就不服保姆的管教了。保姆是个好心肠、爱哭鼻子的姑娘，总是糊里糊涂，不久前才被汤姆的妈妈（大家都称她布朗夫人）从村里训练保姆的学校里领回来。布朗夫人训练仆人很有一套，对这份工作投入了大量精力，但这份工作带来的麻烦要比很多收入很好的工作带来的麻烦多上一倍。她训练出来的仆人远近闻名，十里八乡供不应求。凡在乡村学校里取得一点成绩的女孩，都被她收过来做客厅女仆、洗衣女仆、保姆或者厨房女仆，每次一两个。经过一两年训练，这些女孩子就开始去附近的家庭里干活，无不举止合宜、着装得体。这样造成的一个结果是，布朗夫人自己的厨子和仆人永远都很绝望，因为他们刚得到一个使唤顺手的好姑娘，夫人就一定会为她找个好去处，再从学校里挑新人过来。另一个结果是，家里总是挤满天真单纯、笑容灿烂的小姑娘，她们打碎碗碟，烤焦亚麻布，但同时也营造了其乐融融的家庭生活氛围，到这里的人都会受到感染。布朗夫人喜欢年轻人，准确地说是喜欢所有人，碗碟和亚麻布不算什么。那些姑娘更像是一群大孩子而不是仆人，更多的是将布朗夫人当成她们的母亲或姑姨，而不是女主人。

汤姆的保姆学东西非常慢，似乎笨手笨脚，完全没有脑子。因此布朗夫人留她在家里的时间要比其他人长，这样她就不会因为笨拙和健忘受到外人严厉的评判和惩罚了。

保姆名叫夏丽蒂·兰姆[1]。村子里有个古老传统，大人给孩子取名字，要么用《圣经》中的名字，要么取一些代表美德的名字。在街上或者在草场上走的时候，总能听到有人在高声呼喊："普鲁登丝[2]！普鲁登丝！你给我从沟里出来"，或者"默茜[3]！你这个死姑娘，做事就不能认真点吗？"还有"露

---

① "夏丽蒂"的英文是"charity"，为慈善、宽容之意。
② "prudence"，意为审慎。
③ "mercy"，意为宽容。

丝""蕾切尔""凯齐娅"这些《旧约》里的名字，几乎遍布每个角落。男孩的名字也一样，包括"本杰明""雅各布""诺亚"和"伊诺克"①。我猜这个习俗是从清教时代流传下来的，至少在白马谷还很盛行。

从清晨开始，夏丽蒂和汤姆就在较劲，直到黄昏时夏丽蒂把汤姆放在冷水盆里洗完澡，又把他抱上床，一切才消停。夏丽蒂虽然有体力优势，但凡是需要动脑筋的地方，她拿小汤姆一点办法都没有。这场独立战争在每天早饭前就开始了，那时夏丽蒂会带汤姆去附近给布朗家供应牛奶的农舍，早饭前汤姆少爷要按妈妈的意愿在那里喝乳清。汤姆并不反感乳清，只是对凝乳有着说不出的喜爱。家里人认为凝乳不新鲜，不让他吃。不过几乎每天早晨，汤姆都能不顾夏丽蒂和农夫妻子的反对，设法拿到一块巴掌大的硬凝乳。好心肠的农夫妻子瘦骨嶙峋，头戴一顶黑色包头软帽，脖子上的项链晃来晃去。她把外衣边缘塞进口袋里，穿着高高的木套鞋②，不停地穿梭于制酪房、干酪室和院子。夏丽蒂是老妇人的远房侄女，因此可以自由出入农舍和花园，她总是忍不住去那里和老妇人的儿子闲聊调情。这个儿子游手好闲，到了该工作的年纪却窝在家里。夏丽蒂一

---

① "露丝"始于《旧约》人物路得（Ruth），"蕾切尔"源于《旧约》人物拉结（Rachel），"凯齐娅"源于《旧约》人物基洗亚（Keziah），"本杰明"源于圣经人物便雅悯（Benjamin），"雅各布"源于《圣经》中记载的希伯来人祖先雅各（Jacob），"诺亚"源于《圣经》所载洪水中的幸存者挪亚（Noah），"伊诺克"源于《旧约》人物以诺（Enoch）。

② 欧洲中世纪的一种外出用鞋，主要作用是将脚垫高，避免与地上的污物接触，直到 20 世纪仍存在。

去找表兄弟聊天或者做其他事情，汤姆就溜之大吉。不一会儿，制酪房里便会传来尖叫："夏丽蒂，夏丽蒂，你这个懒惰的贱女子，跑哪去了？"这时汤姆就跳出来，手上嘴里塞满凝乳，躲到院子中央摇摇晃晃的堆肥池顶上，搅得院子里的大猪一阵骚动。他在这里是安全的，大人们不跪着就没办法过去。制酪房门口传出姑妈的责骂声，因为倒霉的夏丽蒂"总是想着我们的威勒姆，心思不在汤姆少爷身上"。夏丽蒂威胁不成，就连哄带骗，引诱汤姆从粪堆里出来，屎尿正漫过他的鞋子，很快就会沾到袜子上，那样的话，女主人的仆人肯定要责骂她了。

汤姆有两个帮手，他们帮着小汤姆对抗夏丽蒂，还花许多时间教育汤姆。两个老家伙名叫诺亚和本杰明，都是布朗家祖上几代的仆人，已经退休了。诺亚·克鲁克是个快九十岁的干瘪老头，却还能摇晃着身躯四处走动。他像对待家人一样跟汤姆讲话，而且早就把布朗一家当成了自己的亲人。很久以前，诺亚当过布朗家一位小姐的随从，骑着马带她在乡间游荡。他有一张小圆形画像，描绘了那匹颜色偏灰的马，马鞍也一模一样；他常常在画像前举行一种崇拜仪式，抨击收费公路和四轮马车。诺亚头上戴一顶旧的及肩假发，那是他上世纪中叶服侍过的某位时髦的老布朗送给他的礼物。汤姆少爷对这身打扮很是尊敬，甚至有点害怕；事实上，他对诺亚的感情带着些许敬畏。当这位老绅士随祖辈而去的时候，汤姆既感到悲痛，又怀着某种因不会再看到假发而生的喜悦。他说："可怜的老诺亚，就这样离开了，汤姆·布朗很难过！把他放进棺材里，还有假发和所有的东西。"

不过，老班吉 ① 倒是成了小少爷真正的快乐源泉和避难所。他不到七十岁，跟诺亚比，只能算是个青年人。班吉是个快活、幽默、好心肠的老头，对山谷里六十年来发生的大小趣事了如指掌，满脑子都是对年轻人和老人（当然，最重要的是对孩子们）有用的妙招。是他，第一次为汤姆弯了一根大头针，汤姆用针在村子那条"卵石小溪"里钓了第一条棘鱼。那条鱼极漂亮，红色和蓝色搭配的鱼鳃很是神奇。汤姆把鱼放在一个小盆里（后来鱼死了），从此成了一个渔夫。在抓到第一条棘鱼后不到一个月，班吉不顾夏丽蒂的反对，带我们的主人公去了运河。他们费了一下午的工夫钓到三四条杂鱼和一条鲈鱼，平均每条2.5 盎司，汤姆兴高采烈地把鱼带回家，当作一份珍贵的礼物送给妈妈。妈妈也非常高兴，怀着切切实实的母爱享用了礼物，私下却吩咐厨子，不要为乡绅准备同样的晚餐。其间，夏丽蒂出来告老班吉的状，说运河两岸很危险，不过，布朗夫人看出这个孩子不适合女人带，便决定支持班吉。从那以后，老班吉就成了汤姆的保姆。当他们坐在运河边，盯着绿白相间的鱼漂时，班吉会用布朗家族先辈的事迹教导他。当年，在那场大战早期，白马谷民不聊生，盗匪横行，当地的治安法官受到暴徒威胁，汤姆的祖父骑着马，手持长棍，亲自主持小治安裁判法庭。他的叔祖父，一位教区牧师，战胜了威胁这一地区的最后一个恶魔。恶魔把教区的男女老幼吓得魂不附体，事后证明那个恶魔是铁匠的学徒喝着酒、穿着白袍假扮的。班吉还为汤

---

①　本杰明的昵称。

姆的第一匹马装上马鞍，指导他认识骑术的奥秘，教他重心后移，将手放低。汤姆骑着他的小设特兰矮马来到女子学校，到宿舍楼里绕着桌子转圈。当时，老妇人和她的学生正坐在那里忙着，老班吉则在校门外咯咯地笑。

班吉出生在白马谷一个在各种体育比赛中表现出色的家庭。他的兄弟和亲戚大约有六人上了战场，最终只有一人平安回家，拿着少得可怜的退休金，身体里还有三枚子弹没取出来。这个亲戚一直住在班吉的房子里，去世后留给班吉一把旧龙骑兵剑和手枪——就挂在壁炉台上方，紧挨着一对沉重的单棍。多年以前，在乡村的狂欢和娱乐活动上，作为老比赛选手，班吉用这对木棍打赢了威尔特郡和萨默塞特郡的精英选手。班吉年纪轻轻就是个有名的木剑武师和摔跤手了。

剑术和摔跤是白马谷最重要的假日活动，男人们靠这些活动赢得名声，每个村子都有自己的冠军。我想那时候人们不像现在这样忙，至少似乎有更多时间和精力进行古老的娱乐活动。各个村子每年的盛会上，都会举行一次剑术比赛。白马谷"乡村节日"不是法定节日，但更为古老。目前可以确定这其实是献祭的神圣节日，也就是说，最初是在教堂墓地举行，那天是守护神的节日，村里的教堂会开放，举行公开祭拜活动。从那以后，这个节日每年都在同一天举行。

人们已不记得为什么要设立"乡村节日"，但节日本身让人愉快，带有神圣性。因为那个时候，村里所有孩子无论身在何处，都会带上工资和从城里给长辈买的小礼物，回家过节看望父母和朋友。在"乡村节日"的前一两天，至少是当天或次日，乡下各个地方的高大健壮的小伙子和女人都来到我们村，他们穿着最好的衣服挨户串门，最后去拜访布朗夫人，商量如何把收入发挥最大作用，或者商量如何为老一辈谋福祉。家家户户，无论多穷，都会准备一份节日蛋糕和一瓶姜汁酒（或葡萄酒），放在桌子上供来访者享用，并且一定会使节日成为他们难忘的日子，因为节日蛋糕用料十足，点缀着个头很大的葡萄干。此外，节日就是教区的和解日。假设乔布·希金斯和诺亚·弗里曼已经六个月没说过话了，他们的老婆肯定会在那天让他们重归于好。在晚上的狂欢中，有人饮酒作乐，做些下流勾当，但这只限于那些不管有没有"乡村节日"都会那样做的人，"乡村节日"的结果基本上是符合人性和道德的。实际上现在情况变了，唯一的原因是：上流人士和农民都有了别的消遣，而且像往常一样忘记了穷人。他们自己不参加宴会，称活动不光彩，于是常去参加的那部分穷人也离开了，活动成了徒有其名的仪式。带有阶级属性的娱乐活动，不管属于公爵还是属于农家孩子，都是国家的祸害。板球运动和打猎的真正魅力在于，它们多少还是大众化的，具有广泛参与度，每个参与其中的人都能发挥自己的作用。

在老班吉照看汤姆那年，村子里就属汤姆最喜欢节日的临近了。节日庆典在村头一大片地势较低的绿地上举行。绿地一边是通向法灵登的公路，公路的另一边就是那条小溪。小溪再往前走又是一大片坡度平缓的牧场，一条小路从中穿过，一直延伸到教堂外围的墓地。那座老教堂是所有欢乐的源头，青灰墙面的塔楼高耸入云，几扇尖顶窗户俯瞰一切，接纳一切，尽管很多人已经忘了这座教堂。从小路穿过小溪和公路，进入举办活动的草地，有一长排低矮的路边小酒馆；草地对面是一幢白色大农舍，屋顶铺着茅草，里面住着一位热爱运动的老农夫，这场狂欢活动的发起人便是他。

在节日庆典前一天下午，老人牵着小孩早早走过老教堂，沿途四处闲逛。"便宜杰克们"①占领了道路，他们的绿皮手推车上摆满商品，让人眼花缭乱。合法的小商贩更多，摊位上排列整齐的展品和食物实在太诱人了！还有西洋镜和其他表演，比如涂有粉色眼影的妇人，侏儒、大蟒蛇和印度野人。不过，班吉最感兴趣的——当然也是他的小学生感兴趣的——还是那个大约 4 英尺高的木制高台。那是村里的木匠搭的，用作木剑比赛和摔跤比赛的场地。老班吉温柔地打量了一番，就带小跟班去了不远处的路边小酒馆。到小酒馆，他要了一杯麦芽啤酒和一根长烟斗。这个秋日傍晚温暖舒适，他坐在酒馆外的长凳上，和酒馆老板（布朗家的另一位老仆人）聊着这些平日里享受不到的快乐。他们推测，很可能会有一场精彩的老选手比赛，向第二天的奖项发起冲击。老班吉回首往事，讲述四十年前的勇敢较量，汤姆在一旁听得全神贯注。

第二天早上，教堂欢快的钟声响起，老班吉盛装出现在仆人屋里：身穿黄铜纽扣的蓝色长大衣，脚蹬一双黄色的鹿皮长筒靴（靴子是汤姆的祖父留给班吉的，洗得干干净净）；手里攥着一柄结实的黑刺李手杖，扣眼上别一束石竹花和薰衣草。小

---

① 即"cheap Jacks"，指卖廉价或劣质商品的流动商贩。

汤姆穿上自己最好的衣服，跟着离开，他马裤口袋里还揣着两枚崭新的先令。这一天的欢乐，有谁能表达出来呢？不管怎么说，这一老一少看起来很享受这天的狂欢。

他们到教堂墓地时，见草地上人潮涌动，便加快了脚步。男人们穿着干净的白色长衫、棉绒或粗麻布大衣，外面罩着五颜六色的粗绒马甲。女人们则披着美丽的红色长款披风，这是当时西部地区女人的常见户外服装，常常由母亲传给女儿，或是用新式披肩代替，但她们不愿意相信，这种披肩并不比披风更适合她们。空气中回荡着风笛声和鼓声，表演者在大篷车门前敲鼓吹号，车门口挂的巨幅图画引人注目，内容是各种世界奇观。所有的声音都变成了庞奇先生的"root-too-too-too"的尖叫，还有他的随从永不停歇的牧神笛声。

他们刚进场地，一个披着红披风、肥胖粗壮的大妈就冲他们喊道："哎呀，是您吗，本杰明先生，好久不见！嘿！您看起来真气派。乡绅和夫人都怎么样？家里还好吧？"班吉与说话者亲切地握手。这个妇人离开村子有些年头了，但是会过来参加传统节日庆典，拜访旧友，闲话家常。她温柔地问候了这位布朗家的法定继承人。

"上帝保佑你，小人儿！我一定要亲你一下。苏珊娜，苏珊娜，你到这里来！"她松开小汤姆，起身喊道，"过来见见本杰明先生和汤姆小少爷。本杰明先生，您还记得我们家苏姬①吧，瞧她，都长成乡下蠢丫头啦，到圣马丁节就十六岁了。我还指

---

① 苏珊娜的昵称。

望着带她去见夫人，让夫人给她安排个差事呢。"

苏姬从一群学校的至交好友中跳出来，向本杰明先生屈膝行礼。老人们四处过来和班吉打招呼，做过布朗夫人学生的女孩子走过来轻吻汤姆少爷。她们带汤姆去买礼物，回来时汤姆的帽子和大衣缠满丝带，口袋里塞满漂亮的盒子（盒子里还套着一层层盒子），还有玩具枪、喇叭、苹果，以及从安杰尔·希文斯的摊位上买来的金黄色姜饼人。安杰尔是这里唯一一家卖姜饼的商贩，摊位上堆满了国王和王后、大象、飞奔的战马等形状的姜饼，都闪耀着金光。

接下来，他们看了西洋镜，至少汤姆看了，老班吉就站在外面闲聊。汤姆走上台阶，通过西洋镜进入粉眼夫人和爱尔兰巨人的神秘门中一探究竟。所谓的巨人远远不符合想象与期待，蟒蛇不会主动吞兔子，是兔子等着被吞。就两便士，你还能指望看到什么？生活在白马谷的我们很容易满足。现在，人头攒动，清脆的铃声响起，欢声笑语不断。汤姆少爷骑在班吉的肩膀上，观看一场精彩的摇铃铛比赛。游戏开始，也是他们狂欢的开场。摇铃铛比赛很有趣，场面惹人发笑，我不知道其他地方有没有这种游戏，所以我最好还是描述一下。十来个打算参加游戏的青少年围着一个大绳圈，眼睛被蒙上，进入圆圈后散开。随后，一个眼睛没有蒙住的人进来，脖子上套一串铃铛，双手绑在身后。当然，因为他不能用手抓铃铛，只要移动，铃铛肯定会响，那十来个蒙上眼睛的人必须抓住他。如果跑的人动作灵活，他们就不容易抓到，总会有半数人冲到其他人怀里，或者头撞到一起，或者摔倒。这个时候观众就会哄然大笑，随

兴给他们取各种绰号；如果他们生气了，就会扯掉蒙住眼睛的手帕，不时地互相攻击，人人都认为对方是有意撞向自己的。看摇铃铛比赛自然很有趣，看到精彩处，汤姆不停地大喊大叫，忍不住在班吉的肩头手舞足蹈，老人感觉累了，就将他转移到刚开始找乐子的年轻力壮的男仆肩上。

现在，当他们在草地另一边爬杆、在另一个角落里嘴巴沾满面粉时，前面提到的那栋俯瞰草地的小屋的主人——也是这场狂欢的发起人——走上木制高台，对在场所有人宣布，赢的次数最多的"老赌棍"将获得半镑金币①的奖励，另外还增加一顶由他和乡绅提供的新帽子作为比赛奖品。

奖金数目让附近的乡民跃跃欲试，但是不足以吸引远道而来的高水平选手。这时，一个高个子丘陵地牧羊人环顾四周后，把自己的帽子扔到台上，然后有点羞怯地爬上了台阶。牧羊人捡起帽子，开始用手掂量那些木棍，看看哪些适合自己，人群当然先是欢呼，继而像往常一样开起了玩笑。

"喂，威勒姆·史密斯，你可以改天再来比试。"他的搭档对这个铁匠学徒说道，后者是个健壮的年轻人，十九到二十岁的样子。威勒姆的心上人蕾切尔就在庆典现场的某个地方，她一再嘱咐威勒姆不要在剑术比赛中拼得头破血流，否则就再也不理他了。但是此时她并不在这里（女人们假装不喜欢看剑术表演，离擂台远远的）。威勒姆的帽子显然很旧了，按照设想，他把帽子抛上擂台，希望自己把对方打得头破血流，或者蕾切

---

① 等于 10 先令。

尔并不真的在意。

随后扔到台上的是一顶衬里是皮毛的油腻帽子。帽子的主人算是半个吉卜赛人，此人以偷猎为生，游手好闲，在白马谷里游荡多半不怀好意，我猜：

> 彼得二十回感到惊恐，
> 会有一次得到尊重。①

接着，又有三四顶飞上擂台，有一顶是光滑的河狸皮帽子。它的主人是乔·威利斯。威利斯认为自己会成为这个地区的冠军。他是个富有的年轻屠夫，二十八岁上下，身材极为魁梧，这一切都是他夸口的资本。考虑到奖金的数额，这是一场精彩的赌棍表演。很遗憾，即便是在白马谷，这个高贵古老的剑术游戏也已经过时了，你可能从没见过。所以，我要尽可能简短地描述一下它的玩法。

武器是一根非常结实的白蜡木棍，木棍有一个柳条做的手柄，比普通的木剑更重，也更短一些。参加较量的人被称为"老赌棍"，至于为什么这样叫，我无法告诉你。他们的目标很简单，就是将对方打得头破血流：对于中招的"老赌棍"而言，血一旦流到眉毛上方一英寸的地方，比赛就宣告终止。比赛所用的白蜡木棍，只需轻微的一次击打，便足以致使流血，因此，如果不是在比赛的话，这绝对不只是惩罚游戏，而是给对手的

---

① 出自华兹华斯的叙事诗《彼得·贝尔》。

躯体施以刑罚。选手上场时只脱掉帽子和大衣，用一根棍子做武器；然后用手绢或绑在左腿上的带子缠住左手手指，量一下长度，这样左肘举到空中时，胳膊肘刚好够到自己的头。因此你们看，只要选手将左胳膊肘抬起，不管对方如何砍，他都能完美地护住头部左侧。然后再将右手举到前额上方，让木剑横在左胳膊肘上方一两英寸的位置，这样就完全护住头部了。他面朝对手，对方也以同样的姿势防守。双方相隔大约三英寸远，有时站得更近，佯攻，击打，然后回击对方头部，直到一方喊"停"，或者鲜血流出。在前一种情况下，他们可以暂停一分钟，然后继续。在后一种情况下，比赛就结束了，下一组选手开始对抗。优秀的选手较量时，回击的速度快得惊人，你能听到一阵噼啪声，就像小男孩用棍子在篱笆上划过，只不过手法要重得多。两个人近距离较量赋予了比赛特别的趣味，让比赛看起来很高贵。

现在他们都拿到了自己满意的木棍，乔·威利斯和那个吉卜赛人抽到了第一组。其余人都靠在擂台栏杆上，乔和那个人面对面站在擂台中央，木板上撒了木屑。乔的白衬衫、一尘不染的浅褐色马裤和靴子，与吉卜赛人粗糙的蓝色衬衫、脏兮兮的绿色平绒马裤和皮绑腿，形成了鲜明的对比。乔显然很看不起对方，而且因为必须跟他比赛而感到有点受侮辱。

吉卜赛人身体强壮，咄咄逼人，但是使用武器时不太熟练，所以乔的体重和力量马上就发挥了作用。对吉卜赛人来说，乔实在是太凶猛了：重击，重击，重击，木剑一挥，立刻击垮吉卜赛人的防守，每次都带有威胁性，几乎要碰到他的头。终于到该结束的时候了——"流血了，流血了！"观众大喊，一丝血迹从吉卜赛人的发根慢慢渗出来，裁判叫停了。吉卜赛人皱着眉头瞪了乔一眼，表情极不愉快。作为胜利者的乔则趾高气扬，摆出各种姿势，俨然认为自己是场上最厉害的人。

接着是其他争夺新帽子的人之间的几次激烈对决，最后轮到牧羊人和威勒姆·史密斯上场。这是那天最激烈的对决。他们都气力十足，没有人叫"停"。牧羊人是个老手，精通所有技巧。他尝试了各种方法，几乎要从侧面击中威勒姆的头部，但不知何故威勒姆总能稀里糊涂地挺过去，木剑打在他的肩膀、脖子和侧身，却从来打不中他的头，而且他的回击沉重而直接。他是最年轻的选手，在这个村子深受欢迎，他的顽强防御引来台下一阵尖叫和喝彩，明白其中门道的人都认为，只要他保持稳定，他就能赢。汤姆坐在老班吉肩头，双手攥在一起，激动得几乎无法呼吸。

啊，可怜的威勒姆！他的心上人跟女人们在一起待腻了，就沿着货摊寻他的踪迹。见威勒姆正在台上与人激战，顿时怒不可遏，脸色发白。她的老姨妈拉住她说："拜托，孩子，不要上前阻止。"但她还是挣脱姨妈，叫着威勒姆的名字跑向擂台。威勒姆继续进行强有力的防守，但瞥了一眼声音的来处。防守不要分心，威勒姆，集中注意力。牧羊人绕着圈子发动进攻，棍子尖正好擦到威勒姆的额头，刮破了皮，鲜血渗了出来，裁判员大叫一声"停"，可怜的威勒姆今天是没有机会了。不过他坦然接受，穿好大衣，戴上他的旧帽子，走下擂台任由心上人责骂，不再胡闹了。汤姆听到威勒姆一边走一边哄着心上人说——

"哎呀，别这样，蕾切尔！我本来不想这样做的，我只是想给你买个礼物。我会把比赛得来的奖金全都给你买礼物。"

"把我说的话放在心上，"蕾切尔无礼地答道，"不要胡扯什么礼物。"汤姆暗自决定在比赛结束后把自己剩余的两先令给威勒姆。

那天的幸运归乔·威利斯一人所有。在下一场较量中，他轻松获胜，牧羊人则在第二场比赛中艰难通过。当乔和牧羊人相遇时，全场都期待乔夺冠。在第一轮比赛中，牧羊人不慎滑倒，撞到栏杆受了伤。他还想再试试，但老农户不让他继续了。捡了便宜的乔（他肯定不是最佳选手）昂首阔步，在台上摆起冠军选手的架子，虽然他在场上真正比赛的时间还不到五分钟。

乔拿着新帽子，把钱放在帽子里，好像突然想起了什么。他觉得台下的观众不是很认可他的胜利，便居高临下地对台下众人晃动着帽子里的钱，开玩笑地说他赌上这顶帽子和奖金，外加半镑金币，看看"哪位还没上过场的选手愿意和他比试"。狡猾的乔！他这样说，就将威勒姆和恢复精力的牧羊人排除在外了。

似乎没有人喜欢这种出价，裁判正要走下擂台，一顶奇怪的旧帽子——有点像神学博士戴的那种铲子形状的宽型帽子①——飞了上来，人群中走出来一位温和的老人。他之前一直

① 西方传教士和神职人员经常在户外戴的帽子。

在看比赛，他说想和这位慷慨的小伙子比试一下。

众人欢呼，开始跟乔开玩笑，而乔翘起鼻子，大摇大摆地穿过一排棍棒。"不知天高地厚的婊子养的老小子！"他说，"我一定会打破你这家伙的秃头。"

那个老家伙可秃得厉害，乔，只要你能碰到他的头，肯定立马就能见血。

只见这老家伙脱下他的长大衣，穿着一件飘动的长马甲站在那里，这种马甲还很新的时候，罗杰·德·科弗利爵士① 可能穿过。他抽出一根木棍，准备好对战乔大师。乔大师没有浪费时间，开始重施故技，猛击，猛击，再猛击，试图完全依靠力量优势瓦解老人的防守。可是这个方法并没有奏效。老人紧握篮状护手，接住每一次进攻，尽管他的回击有些生硬，但一分钟后便耍得乔满场跑，显然是个坚定的老手。现在轮到乔进攻，他充分发挥身高优势，尽力在半棍处突破老人的防守，却被老人击中了肋骨和肘部，但没有受到更多的攻击。现在，他失去了风头，开始喘起粗气，观众起哄："快叫'停'，乔，你不是对手！"乔没有听取建议，怒气冲冲地直接朝老人身上打去。

"流血了，流血了！"人群喊道，"乔的头破了！"

谁会想到这个结果？为何会是这样的结果？那记重击让乔的头部一时毫无防备，老绅士手腕一转，划破了乔前额中间的一小块皮肤，尽管乔不相信，不顾叫喊声又砸了三棍，但是血

---

① 英国散文家约瑟夫·艾迪生与好友理查德·斯蒂尔在两人合办的《旁观者》杂志上塑造了很多有趣又古怪的人物形象，罗杰·德·科弗利爵士（Sir Roger de Coverley）便是其中一个。

已经流进了眼睛，他不得不承认。可怜的乔垂头丧气，在口袋里摸索那半镑金币。不过老人并没有要。"拿好你的钱，年轻人，伸出手来。"老人说。他们握了握手。最终，老人把新帽子给了牧羊人，不久又把半镑金币送给了威勒姆。威勒姆心满意足，为心上人献上了装扮用的丝带。

"他是谁？""他从哪儿来？"众人问道。消息很快传开，一位西部老冠军打破局势，赢走了原本为乔·威利斯准备的冠军，此人二十年前曾在迪韦齐斯与皇家近卫骑兵肖打成平手。

啊，我在乡村集市上耽误太长时间了！看来我得略掉摔跤比赛和许多有趣的事情了：男孩子玩的跳袋游戏，蒙着眼睛推独轮车，骑驴比赛，打破"乡村节日"的平和的争斗，被吓得仓皇逃走的女性，被一名打架者的妻子招来平息事件的乡绅布朗家的人（这个人直到穿上长筒靴才愿意前去解决问题）。夜幕降临，一场舞会在场地上拉开了帷幕，汤姆被疲惫不堪的老班吉带走了，后面的活动再有趣，也已无福消受。威勒姆和戴着新丝带的蕾切尔，许多帅气的小伙和美丽的姑娘，都还没有离开，他们迈着欢快的步子，享受着舞会，这样也没什么坏处。而我们这些清醒的家伙，就只会穿过教堂墓地，走到那棵老紫杉树旁，像村里稳重的人那样，安静地喝杯茶，聊几句闲话，然后去睡觉。

目前来看，这是我小时候伯克郡的山谷里举行的一场大型乡村庆典的真实写照。人们告诉我，这一切如今已经面目全非了。我已经二十年没参加过了，但我去过一些西部城镇的定期集市，那里的仆人是雇来的，没有比这更可恶的事了。在许多情况下，乡村节日庆典恐怕都是《酵母》①里描述的样子——谢天谢地，我还没有见过那样糟糕的情景！

　　你们想知道原因吗？就像我前面说过的，因为上流人士和农民不再参与，或者说对这些庆典活动不再感兴趣了。他们不再提供奖品，也不参与其中，不再享受庆典的乐趣了。

　　这个兆头是好还是坏呢？我也不知道。如果这只是由二十年来的贱买贵卖带来的进一步阶级分化，以及随之而来的过度工作导致的；或者是因为我们的儿女都醉心于伦敦的俱乐部（所谓的社交）生活，不再喜欢传统的英国家庭责任；因为农民的儿子模仿时髦的绅士，农民的女儿更醉心于糟糕的外国音乐，而不是制作优质的英国奶酪：如果这样说的话，这无疑是不好的兆头。倘若过去的"乡村节日"到了该隐退的时候；或是它不再代表英国乡村健康的度假方式；抑或是，作为一个民族，我们事实上已经超越了它；或我们处于一种过渡状态，感觉很可能会找到一种更好的方式：如果这样，这或许是一件好事。

　　在结束这部分之前，我要把这些话说出来。任何改革者都不要以为不依靠相当于古老"乡村节日"中游戏的教育抓钩就能控制英国工人和年轻人；教育手段中需要一些相当于剑术、摔跤和赛马的东西，来锻炼人体肌肉和心灵的耐力，让他们因拥有力量而欣喜。在我看到的所有新潮的总体规划中，这一点都被忽略了。结果就是，你们大型的机械学院以知识的自负告终，而你们的基督教青年会则停留在宗教法利赛主义上。

---

① 英国著名历史学家、小说家查尔斯·金斯利（1819—1875）的一部小说。

　　好了，我们必须等待时机。人生并不仅仅是啤酒和撞柱游戏，但啤酒和撞柱游戏或类似更好的事物，必须成为每个国人教育的重要部分。我要能把这话灌输给你们这些新兴权贵和（如俗话所说）"走自己路"的年轻名流就好了。你们的父辈坐在议会多数派的驮鞍上，以为用繁文缛节的缰绳就能驾驭老约翰①。你们经常空谈房子和西区俱乐部，而只要这群疲惫不堪的人现在滚下来，你们随时准备把自己绑在可怜的老约翰的背上。

　　我觉得你们没有什么了不起（我希望我能这么说）。确实，你们在全国各地对拥挤的观众发表演讲，为各种仁爱的唯智论奔走，筹划图书馆和博物馆的运作，天知道还有什么；试图通过报纸和报告让我们明白，你们和我们一样都是工人阶级。但是，感谢你们的好心，我们"并没有这么天真"，虽然许多人确实用尽各种方法奉承你们，让你们以为是这样。

　　现在我告诉你们该做什么：别再大肆宣传和虚张声势了，这只是下议院多数派的老把戏罢了，你们每个人只需在我们中间悄悄地交上三四个真正的朋友（你们有足够的时间，只要肯放弃另一条路）。你会发现可能需要些力气找到合适的人，因为这些人不会轻易被吸引，但他们确实存在。比如，选两个职业人士，可以是律师、牧师或医生——随你的便；一个经商的人，三四个工人，比如裁缝、工程师、木匠、雕刻师，选择多种多样。选择与你们的年龄思想相近的人，请他们去你们家，将他们介绍给你的妻子和姐妹，再将你的家人介绍给他们；给他们

① 指 John Bull，即典型的英国人，这里指英国普通民众。

提供美味的晚餐，同他们谈论你们内心的真实想法，如果有机会就和他们一起打拳击、跑步、划船。真诚地做这些事，这样等到你来骑这些"老牛"的时候，你能做的就不只是坐在它背上，而是用比繁文缛节更有力的缰绳来控制它。

啊，如果你们能这样做就好了！但我担心你们已经偏离了正确的方向。一旦文明过了头，财富充满欺骗性，要实现目标，只会比骆驼穿过针眼还难。[①] 太可惜了。我从未遇到过两个以上这样的人，他们能够完全根据一个人的内在品质来评价他，认为自己与律师助理约翰·琼斯和小贩比尔·史密斯实在是同样的血肉之躯，而且能够这样去行事。

---

① 源自《马可福音》（10:25）："骆驼穿过针的眼，比财主进神的国还容易呢。"

第三章

# 战争与盟友

　　可怜的老班吉！所有英国乡村的人都饱受"风湿"之苦，但是它最卑鄙的伎俩是在你晚年仍然精神矍铄的时候，让你双脚无法行走，把你困在床上。这个敌人长久以来一直在挑起边界战争，试图在战场上和班吉一决高下：先是袭击手和腿，现在又开始集中力量围攻要塞，侵占整个"国家"。班吉的背部和腰部受到侵袭，他顽强抵抗，但形势很快就清楚了，过不了多久，可怜的老班吉就会缴械投降。

　　现在老班吉只能拄根手杖，走几步停下来喘口气，颤颤巍巍地带着汤姆少爷下到运河边，帮他给鱼钩穿饵料，坐在河边看他钓鱼，给他讲稀奇古怪的乡村故事。汤姆没事干的时候，发现沿河岸几百码远的地方有只老鼠，就带着另一个忠实伙伴——转叉狗[①]托比，赤脚追赶，等到班吉追过来的时候，汤姆可能快摔倒或溺水二十次了。

　　班吉是个快活的、大大咧咧的人，失去行动能力让他极为苦恼。他刚刚找到了晚年的新目标（照看汤姆），觉得自己对这个世界还有些用处。他非常担心汤姆少爷又落到夏丽蒂和妇

① 一种腿短、身长的小型犬，经训练后可在轮状圆盘中不断奔跑，转动肉叉来烤肉。

人们的手中。于是他想尽办法打点一切。他甚至冒险去了一个怪人的住处，那种人能说出我们想什么，推断出我们想怎么做，还能不用药物就治愈普通人的某种疾病。这样，他们得了善用魔咒的名声，在淳朴的白马谷居民中间赢得了极大的尊重（甚至是恐惧）。这种力量或者其他力量一旦落到一个行事不端的人身上，此人就会妨害邻居，收受赃物，卖春药，坑骗无知妇女，成为法律和秩序、治安法官、下级警官以及猎场看守人的公敌。事实上，最近就有这种人栽了跟头，被利兹的法官判处重婚罪，原因是他诱奸了一个为挽回移情别恋的爱人来找他帮忙的姑娘。不过，也有完全不同的类型，他们假装什么都不知道，而且很难说服他们在最简单的情况下使用神秘的技艺。

老农民艾夫斯就是后面这种人，大家都称他为"智者"，班吉（像往常一样）带着汤姆找的人就是他。此时正值初春，是上一章描述的节日庆典的下一年了。我说不清人们为什么叫艾夫斯"农民"，莫非是因为他养了一头牛、一两头猪和几只家禽？这些牲畜被圈养在一块荒芜的公地中间大约一英亩的地上，这块地可能是他父亲私自占下的，那时庄园主不像现在这样锱铢必较。没人知道他在这生活了多久，除了他，这儿就没有其他人了。常有谣言说他要被赶走，他的小屋要拆掉，但是不知怎么回事，这种事情从来都没有发生过。他的猪和牛在公地上吃草，鹅冲着路过的孩童和地主管家的马嘎嘎叫。管家骑马经过时，常常贪婪地盯着这片围场，不过从来没有打扰他。艾夫斯住的地方离我们村大约几英里，班吉根本走不到那里；班吉对这趟差事有些难为情，只得费尽心思想办法把自己和汤姆送到那儿，还不引人怀疑。5月一个晴朗的早晨，他设法从我们的朋友酒馆老板那里借了一匹瞎眼的老矮马，汤姆则说服布朗夫人让他和老班吉一起度假，并将乡绅的轻便二轮马车借给他们，车上装了面包、冷肉和一瓶麦芽啤酒。

就这样，一老一小兴高采烈地坐在老多宾身后，朝巫师的住处前进。乡间小路泥泞多坑，冬天时被压出了深深的车辙，还没有修好。快中午时，他们经过一扇门，往那一大片公有土地走。老多宾步履缓慢，艰难地向山上行进。这时班吉指了指左侧一条很深的幽谷，出了深谷就有一条小溪。往山上爬的时候，他们看见几棵桦树的树梢，轻柔的树枝间飘来袅袅的蓝色炊烟。一栋白色小茅屋和农民艾夫斯围起来的一块田地映入眼帘，田地躺在山谷的怀抱里，两边和后面长满了鲜艳的金雀花。穿过这个缓坡，放眼望去，富饶的山谷绵延好几英里。马车现在载着班吉和汤姆离开主路，进入一大片绿地，所到之处留下了浅浅的车辙和马蹄印。他们缓缓下行到山谷中，在农民艾夫斯粗糙的门前停了下来。

他们见到了艾夫斯。老人的皮肤是铁灰色，眉毛浓密，长着坚硬的鹰钩鼻，正忙着手中的活儿。他是兽医，给马和牛看病：有人送来一头生病的牲畜，他正在照料。班吉像老朋友一样和老人打招呼，老人真挚热情地回应。他仔细打量了班吉和汤姆一会儿，想看看他们这次来是不是另有目的。班吉要下车到地上还是有些困难和危险的，但他最终成功地完成了这个动作，没有出什么差错。然后他认真解下多宾的挽具，让它到外面的公地上吃草（已经不能用"跑"来形容这匹优秀的马了）。

安顿好马之后，他从车上卸下冷食，和汤姆一起进了农民艾夫斯的院子。老人收起给牛的脊背和两侧挑蛆虫的小刀，陪他们走过去。门槛石边卧着一只上了年纪的大猎犬，它先伸开一条后腿，再伸出另一条后腿，慢悠悠地起身，对汤姆的爱抚和托比的出现（尽管托比保持了适当的距离）同样漠不关心。

"我们早该来看看你的。我一直顾念着咱们的交情，想来看你，却发现已经不能像过去那样四处走动了。背里的风湿让我难受极了。"班吉顿了顿，希望老人立刻注意到自己的病痛，不用他再直接提出来。

"哦，我看你动作是没有以前利索了，"老人露出阴郁的笑容，提起门闩，"我们两个都不像过去那么年轻了，真是不走运啊！"

老人的小屋布置得和富裕农民家庭的一样。温暖的壁炉边上摆了两把椅子，地上铺着一张小地毯。壁炉上方挂了一把古老的火石枪和一对马刺，旁边是一个碗橱，搁架上摆放着几个闪亮的锡盘和陶瓷餐具；近旁是一张年代久远的胡桃木餐桌，几把餐椅和凳子，还有几个装裱过的女红图样和一两张旧版画。钉在墙上的书架放着十来本书，屋顶吊挂着的横杆上串了一排熏肉和其他存货。房间里最好的陈设都在这里了。如果不是搁架上和炉角挂的一捆捆干草药，还有搁架上一排带标签的小药瓶，小屋里看不出什么神秘技艺的痕迹。

汤姆逗着壁炉边的几只小猫，还和一只谨慎地从敞开的门里走进来的山羊玩耍。老人和班吉为午餐摆好桌子，汤姆则开始了他与冷肉的"战斗"，他对这份美食充满敬意。两个老人聊起了老战友和他们的事迹、山谷里"默默无闻的米尔顿们"①，以及三十年前的往事，小汤姆对这些都不感兴趣。但是他们说起运河挖掘的历史时，他听得全神贯注，惊讶地发现他心爱的美丽运河并非一直都在那儿，它甚至没有班吉或艾夫斯的岁数大，这件事在他幼小的心灵里引起了一阵奇怪的震动。

晚饭后，班吉提醒老人注意汤姆手关节上的一颗瘊子，家庭医生尝试去掉它，但是没有成功。他请艾夫斯老人施魔法将它去掉。艾夫斯看着那颗瘊子，对着它念叨几句，然后在一根短棍上刻了几个记号，把棍子递给班吉，嘱咐他在特定日子砍断棍子，还嘱咐汤姆两周内不要摸那颗瘊子。他们出门散步，拿着烟斗坐在长凳上晒太阳。几头猪哼哼着跑过来，温顺地让汤姆抓痒。艾夫斯见汤姆很喜欢动物，就站起来，举起双臂喊了一声，引来一群鸽子盘旋升起，急急飞过桦木林。鸽子成群地落到艾夫斯的胳膊和肩膀上向他示爱，争先恐后地往他脸上蹭。他赶走鸽子，鸽子就在他身边飞来飞去，每当他举起胳膊，鸽子就又落到他身上。这儿的所有生物都是那么干净，无所畏惧，与其他地方全然不同。汤姆央求艾夫斯教他驯服村里所有的猪、牛和家禽，老人只是冷冷地笑了笑。

直到老多宾被套上挽具，他们要走的时候，班吉才又提起他的风湿，一五一十地描述了症状。可怜的老家伙！他希望艾夫斯能像去掉汤姆手上的瘊子那样，略施魔法治好风湿，甚至

---

① "默默无闻的米尔顿们"（mute inglorious Miltons）出自英国诗人托马斯·格雷（1716—1771）著名的《墓园挽歌》，指那些英国乡村中贫穷、单纯而诚实，却不见于历史的乡民。

已经满怀信心地准备好将另一根刻记号的棍子装进口袋。医生艾夫斯摇摇头，不过还是拿出一个瓶子递给班吉，并附上使用说明。"不要指望它能起多大作用——至少我感觉怕是没什么用，"他用手遮住眼睛上方，看着马车上的一老一小，"据我所知，只有一样东西能治好像你我这样得风湿的老人。"

"那是什么，农民？"班吉不肯放弃，继续问道。

"墓园的霉菌。"铁灰色皮肤的老艾夫斯答道，又是一声轻笑。他们向艾夫斯老人道别，踏上了归途。汤姆的瘊子两周不到就消失了，可是班吉的风湿依然如故，而且发作越来越频繁了。汤姆仍然有很多时间和他待在一起，坐在长凳上晒太阳，天气冷的时候就坐在壁炉旁，但是汤姆很快就要去别处找同龄的小伙伴了。

汤姆经常陪母亲走家串户，认识了村里许多同龄的小男孩。有个小孩叫乔布·拉德金。他的母亲是寡妇，名叫拉德金，是当地最活跃的女人。可是她为何生出乔布这样一个迟钝木讷的孩子，这一直是个谜。汤姆第一次和母亲去他们家时，乔布不在屋里，但是不一会儿就过来了。他站在那儿，双手插在裤兜里，目不转睛地看着汤姆。寡妇拉德金要到儿子乔布那里，就得穿过布朗夫人——她不想这样失礼，于是做了一连串的手势，这些动作反而让乔布困惑不解。最后，她再也忍不住了，冲乔布咆哮起来："乔布！乔布！你的帽子去哪了？"

"什么！帽子不就在我头上吗，妈妈？"乔布答道，慢慢从口袋里抽出一只手去摸帽子——帽子确实在头上，接着便离开了。这一幕让乔布的妈妈呆住了，汤姆却觉得非常有意思。

还有个小孩是可怜的雅各布·多德森，智力有些缺陷。他喜欢到处给大家传递消息和用处不大的逸闻趣事，可是，可怜的雅各布总是混淆自己了解到的信息。任何事情到他那里都会变成碎片，他的脑子什么都记不住。大家给他取了个绰号，叫"雅各布·笨牛"。

不过，这些孩子中最重要的是哈里·温伯恩，全教区最敏捷善良的小男孩。他可能比汤姆大一岁，但是块头大不了多少，他可以说是村里男孩中的"克赖顿"①。他摔跤、攀爬、跑步都比其他男孩强，学校老师教的东西，他学得比最受人敬佩和喜欢的人都要快。他是个让人骄傲的孩子，有着卷曲的棕色头发、敏锐的灰色眼睛、笔挺的身形、小小的耳朵和手脚，拿夏丽蒂有一天对汤姆说的胡话来讲，他"完美得像个贵族"。任何人只要留意看就会明白：贵族小的时候，手脚、耳朵和其他平民一样，他们穿着紧身靴子，戴着手套，什么事情都不做；不过到二十岁的时候，情况则大有不同。

班吉卧床不起，他那年轻的兄弟正与女人纠缠不清，为了寻找玩伴，汤姆开始多结交村里的小孩。据说，乡绅布朗是个不折不扣的托利党人，他坚信一切权力都由上帝规定，忠诚和坚定的服从是人类的首要义务。不管这是否与其政治信条有关，我都不想发表意见，虽然我的确有观点；但是可以确定的是，他所坚持的各种社会原则，一般都不认为是真正"蓝色"（保守）的。其中最重要，也是乡绅最喜欢提的一条就是：人的价

---

① 詹姆斯·克赖顿（1560—1582），苏格兰诗人、学者，16 世纪最有天赋的人之一，被称为"博学多才的克赖顿"。

值完全在于且只在于其内在的品质，在于其血肉之躯所支撑的东西，而不是衣物、地位、财富等身外之物。我认为这个信条是对所有政治观念的有益纠正，不管是蓝党、红党还是绿党。[①]作为这一信条的必然推论，乡绅布朗进一步认为，自己的儿子是与贵族的儿子还是与农夫的儿子交往，这些都没有关系，只要对方诚实勇敢。他自己就跟在教堂事务室认识的农场主和耕地的劳动者一起踢足球、掏鸟窝，他的父亲、祖父以及他们的先祖也是如此。所以，他鼓励汤姆与村里的男孩交往，还尽力促进这种交往，为他们提供一个场地做操场，给他们提供球拍、足球等。

我们村得天独厚，有一所资金充足的学校。这栋建筑远离主人的房子，孤零零地坐落在三条路交会的一个角落里。建筑很古老，用灰石砌成，有竖框窗户，屋顶坡度很陡。对面角落里是乡绅布朗的马厩和犬舍，背朝大路，在一棵大榆树的荫蔽处。第三个角落安置着村里木匠兼车轮匠的开放式大工作间，还有乡绅的房子和学校老师的房子，又长又低的屋檐下有许多燕子窝。

汤姆一下课，就跑到马厩旁的那个角落，等村里的男孩子走出校门。他说服马夫帮他在榆树上刻几个凹槽，这样就能爬到低树杈上，坐在那里看着学校的门，想着能否效仿"瑞士鲁滨孙一家"[②]，将榆树变成自己和朋友们的住所。可是上课的时

---

① 指保守党（blue）、革命或激进党（red）、关注环境的政党（green）。

② 约翰·戴维·维斯的小说《瑞士鲁滨孙漂流记》讲述了一个六口之家遭遇船难后像鲁滨孙一样在荒岛上求生的故事。

间很漫长，汤姆的耐心有限，没过多久就下来跑到街上四处溜达，往校门口和车轮匠的店铺里张望，想找些好玩的事情消磨时间。车轮匠脾气很暴躁，一个晴朗的午后，他离开店铺一小会儿，回来发现汤姆拿着他的一个宝贝锛子，锛子的刃口正在我们小主人公的关照下迅速消失。汤姆飞快地逃走了，只听到了一声臭骂。但是首次试水就被车轮匠无理打断，汤姆对此很不高兴；更让他不满的是，车轮匠砍了一根树枝挂在工作间的门上，扬言汤姆如果敢走到离门口不到 20 码 ① 的地方，就等着挨鞭子。汤姆为了报复，就用棍子和石头攻击在车轮匠屋檐下安家的燕子。他总是跑得比敌人快，逃脱了所有的惩罚，这让车轮匠一直很生气。汤姆总在校门附近晃荡，惹得老师大为光火，因为附近的孩子们都因此分神；车轮匠不止一次手持棍棒冲进教室走廊，试图抓住迅速逃跑的汤姆。老师和车轮匠商量之后，决定把汤姆下午的行为告诉乡绅；为了达到效果，他们决定抓住汤姆，带他当面接受乡绅的"审判"。他们发现，假如汤姆继续单枪匹马，或者跑得特别快，抓住他就有些困难了，因为他会跑到卵石小溪最深的地方躲起来。但是，就像其他强大的事物一样，汤姆被自己的盟友拖累了。

可怜的"雅各布·笨牛"不能和其他男孩一样去上学，一个阳光明媚的下午，大约 3 点钟（4 点钟放学），汤姆见他在街上闲逛，便鼓动他去学校走廊。雅各布总是按别人的要求做事，他同意了汤姆的提议，两人一道偷偷向学校走去。汤姆先侦察

---

① 1 码约等于 0.91 米。

了车轮匠的工作间，发现里面没有动静，认为这个角落绝对安全，立刻命令小伙伴向学校走廊前进。校门虚掩着，坐在最外边长凳上的男孩立刻认出了两个入侵者，与他们交换消息。汤姆胆子大起来，头不断伸进教室，在老师背过身时冲他做鬼脸。可怜的雅各布完全不清楚状况，只是发现自己离学校这样近感到很兴奋，因为之前一直不允许他进学校。汤姆的怂恿，再加上自己心里一阵激动，雅各布突然慢慢走三步进了教室，站在那里环顾四周，带着自我赞许的笑容点头。老师正背对着门弯腰查看一个男孩的写字板，他觉察到些许异样，连忙转过身来。汤姆冲向雅各布，揪住他的长罩衣向后拽，老师赶忙放下手头的工作去追他们。即便这个时候，他们也有机会逃掉，然而，狡猾的车轮匠突然出现在走廊里，拦住了去路，原来他一直在观察两人的一举一动。就这样，他们被抓住了，学校也放学了。汤姆和雅各布作为合法战利品被带到乡绅布朗面前，孩子们成群地跟到门前，猜测他们会受到什么惩罚。

乡绅起初非常生气，但是在汤姆的恳求下，"审判"以和解告终。最终约定：每天下午3点之前，汤姆如果把功课学得很好，并把乡绅布朗写的信给老师，他才能接近学校；在这种情况下，老师同意提前一个小时放走十个或十二个表现最好的孩子去操场玩耍；同时，汤姆要永远尊重车轮匠的锛子和他檐下的燕子。终于，"英雄"车轮匠和老师一起来到佣人房，举杯祝乡绅健康，对他们这一天的工作心满意足。

可以说，汤姆人生故事的第二幕现在已经开始了。小时候的"独立战争"已经告一段落，现在已经没有女人敢帮他穿衣

服或梳洗了，连她妈妈的女仆也不敢。我私下跟你们说，他经常还没梳洗完就跑去班吉那里。夏丽蒂和其他人对于追在他后面扣扣子或系带子似乎有执念，但是他宁愿不穿下衣也不寻求女性的帮助。他有自己的房间，爸爸一星期给他六便士零花钱。多亏了班吉的建议和帮助，他才得到这一切。但是现在，他走上了人生的又一个阶段，所有男孩渴望已久要迈出的一步。他有了和自己年龄、力量相仿的同辈，可以拿别的男孩作为参照来考量自己了。他与那些同自己有着相同爱好、追求和行为准则的人生活在一起。

到家里授课的女家庭教师发现自己的工作变得非常简单，因为汤姆为了获得给学校老师送信的机会，努力学习功课。因此，汤姆一星期有好几天都在下午 3 点后和村里的男孩子一起玩。玩俘虏游戏、圆场棒球、跳背游戏、板球，他很快就融入了团体的欢乐中。虽然大多数男孩都比汤姆大，但是汤姆仍然表现得泰然自若。他天生活跃，身体健壮，眼疾手快，再加上轻便的鞋子和合身的衣服，在跑步、跳跃和攀爬方面，他很快便不输给任何人了。

离下午茶时间还有半个钟头左右的时候，他们通常会结束常规游戏，开始各种技巧和力量的比拼。有些人会抓住从田里赶出来的设特兰矮种马，两三个人同骑在马背上。淘气的小马非常喜欢这个有趣的游戏，它会飞奔 50 码远，然后转身，或突然停下来让背上的孩子摔到草地上，接着静静地吃草，直到觉察到又有小孩来骑它。还有孩子喜欢玩陀螺或弹珠，少数几个大一点儿的孩子则喜欢玩摔跤。起初，汤姆只是在一边看着，但是这个游戏对他有着特别的吸引力，他不可能长久置身事外做个旁观者。在西部各郡，领肘式摔跤是白马谷年轻人成名的方式，仅次于木剑比赛。所有男孩都知道规则，或多或少都精通此道。但是乔布·拉德金和哈里·温伯恩才是明星：乔布身强体壮，腿像塔楼；哈里如印度橡胶般柔韧，如闪电般迅捷。他们天天脚对脚站着，先后伸出两只手抓住对方，扭打在一起，身体在力量的对抗下晃动、紧绷，对准了用脚一绊，或者腰部向前猛推，以一个华丽的背摔结束较量。汤姆聚精会神地观察着，先是挑战一个技术较差的男孩，摞倒了他，就这样，通过一场接一场比试，向顶级摔跤选手迈进。

几个月后，他迎来了摔跤上的低谷。实际上，没用多长时间，他就能用腿对抗乔布了；因为乔布进攻缓慢，他能获得胜利，主要是靠让别人去扑他那根本推不动的腿和腰。但是哈里·温伯恩无疑是他的克星，从两人一开始起身抓住对方，到最后一次绊倒摔到草地上，汤姆都感觉哈里比他知道得多，总能先他一步行动。好在哈里本性大大咧咧，而汤姆天生好脾气，二人没有起过争执。汤姆一天天地努力，越来越接近哈里的水平，最终掌握了几乎所有躲避和摔倒的招数。但是，有一项本领他还没有学会，这项技能由哈里独创，也只有哈里一个人会用。哈里只在被逼得没办法时才用这一招，但只要用上这招，就一定能将汤姆掀翻在地。于是汤姆吃饭时想着，散步时想着，躺在床上时想着，甚至做梦时都在想着那个技巧，可是一无所获。直到有一天，哈里坦率地告诉他如何拆解这一招，从那时起仅仅一个星期，两个男孩已经旗鼓相当，只不过哈里比汤姆

大十来个月，力量上略有优势。后来，汤姆常常感激早年的训练，尤其是掌握了哈里·温伯恩的摔跤技能。

　　除了主场游戏，到了星期六，男孩们还会在村子附近四处游荡，有时去丘陵地，有时去营地。他们在草地上刻下自己名字的首字母，看着老鹰在天空中翱翔，还有哈里·温伯恩称为灰斑鸠的鸟，穿着华丽的婚礼羽毛。回家的路上，他们比赛冲向"马槽"，在蓟草中翻滚，或者穿过阿芬顿森林，观察在林间小路上玩耍的小狐狸。他们有时会去玫瑰溪，割断那里飒飒作响的芦苇，做成排箫。有时会去莫尔磨坊，那里有一片古老的林地，橡树底下是低矮的嫩草皮和簇状有刺的灌木丛，相传某种乌鸦的最后一只还停留在这里。有时他们去沙丘寻找兔子，但是往往会失望而归。到了合适的季节，他们还会到处找鸟窝。

　　一大帮孩子手里拿着灯芯草或飒飒作响的芦苇、大簇的报春花和绣线草，还有椋鸟或喜鹊的幼鸟，或者其他从森林、小溪或草地里掳来的战利品。与乡绅地位相当的几位邻居驱车经过时，看到汤姆也在中间，时不时会耸耸肩。严守教条的律师可能会在开会时向坐得笔直的乡绅小声嘀咕：任由布朗少爷跟村里脏脏的小男孩一块野，对他不会有什么好处，优秀的农家子弟都不会跟这些孩子一块玩。乡绅可能会摇摇头回答，自己的儿子只是和同龄人待在一起，没有家庭教师或男仆陪同，他不会在村子里肆意妄为。而幸运的是，乡绅布朗和他的邻居们一样高傲，坚持自己的教育方式。在成长的过程中，汤姆和他的小弟弟继续和村里的孩子一起玩耍，头脑中没有任何平等或不平等的观念（除了在摔跤、跑步或攀爬时），因为好事者和贵妇人的女仆还没把这种观念带过去。

我并不是说所有村子都这样，但这个村庄确实是这样的。村里的男孩和那些阶层更高的男孩一样诚实，有男子气概，当然要比他们纯粹得多。汤姆九岁时去了一所私立学校，入学头两个星期，那些和他地位相仿的同学对他的伤害，就比他离开夏丽蒂的庇护后从村中朋友那里受到的伤害多。

8月的一个早晨，汤姆随乡绅坐车去见一位家庭教师，为以后上学做准备。在村子里上学的男孩们都很伤心，每个人都拿出最好的小礼物送给汤姆，汤姆的小小藏宝盒里满满当当：陀螺、弹珠（在山谷里叫"皮鞭弹球"）、螺丝钉、鸟蛋、鞭绳、口簧琴，还有其他种种男孩们的宝物。可怜的"雅各布·笨牛"号啕大哭，无比真挚地把他的跛腿宠物刺猬塞给汤姆（雅各布身边总会有一些可怜的残疾畜生或鸟），但是在乡绅的要求下，汤姆只好拒绝了。乡绅举办了一场盛大的茶会，请所有人在游乐场中那棵大榆树下喝下午茶，布朗夫人为此准备了村子里有史以来最大的蛋糕。要离开伙伴汤姆真的很难过，伙伴们也很伤心，但汤姆的难过中还夹杂着即将过上新生活的骄傲与兴奋。

这后一种感觉的陪伴让他第一次离开母亲的这段时光没想象中那么难。汤姆与母亲之间的爱是公平而纯粹的人类之爱，一方是完美的自我牺牲，另一方是年轻而真挚的心灵。然而，家庭关系不在本书的讨论范围之内，否则，关于英国的母亲们——当然还有父亲、兄弟姐妹等，有太多话要说了。

我也没有工夫谈私立学校。我必须说的是公学，这些泛滥且捧上天的机构是英格兰独有的产物。因此，我们必须尽快说完汤姆少爷在私立学校的这一年。

这所私立学校非常普通，由一位绅士经营，副手也是一位绅士。但是他们实际做的事情很少——只是在学生准备好听课时才进教室。课余时间由两位助教负责学校的纪律，其中一位一直和男孩们待在一起，不管是在操场上，还是在吃饭时间——实际上是所有时间、所有地方——直到晚上他们全部上床睡觉。

这里的意思是，私立学校的理论是（或曾经是）在课外要有持续的监督，这与公学的理论完全不同。

这样做可能是对的，也可能是错的。如果说是对的，这种监督当然应该是负责人（校长）的专门工作。学校的目标不是灌输拉丁文和希腊文，而是把男孩们培养成优秀的孩子，未来成为良好的公民。到目前为止，这项工作最重要的部分必须在课余时间完成，否则，最好干脆放弃。因此，将这一职责抛给等级低的人，就等于放弃了教育工作中最高贵且最艰难的部分。假如我是一家私立学校的校长，我会说，让别人去给孩子们讲课，我要在孩子们玩耍和休息的时候跟他们生活在一起。

汤姆就读的第一个学校的两位助教并不是绅士，没有受过好的教育，只是靠着可怜的助教工作在学校讨生活。他们不是坏人，但是对工作没有热情，自然只想尽可能轻松地完成任务。他们努力达成目标的方法之一，是鼓励孩子们搬弄是非，结果这成了学校里非常可怕又普遍的恶习，破坏了学校所有的道德基础。另一个方法是偏袒大孩子（一个大孩子就能惹很多麻烦），导致这些小绅士成了最让人讨厌的暴君，用私立学校盛行的各种卑劣手段压迫小男孩。

　　在上学的第一周，可怜的小汤姆过得非常不开心，因为他的第一封家书遭遇了大灾难。到学校的那天晚上，他花了很大力气在一张信纸的两面写满对亲爱的妈妈的爱、他在学校的快乐，以及他决心做到妈妈希望他做的所有事情。他在邻桌男孩（也是新来的）的帮助下折好了信，但是折好之后怎么密封，他们犯了难。那个时候还没有信封，他们没有蜡，也不敢起床去找助教要，怕打破宿舍晚上的安静。最后，汤姆的朋友灵机一动，建议用墨水封口，汤姆便用一滴墨汁封了口；回床上睡觉时，准时交给女宿管寄出去。四天后，那位好心的妇人派人把汤姆叫去，拿出那封珍贵的信和一些蜡，对他说："噢，布朗少爷，我之前忘了告诉你，你的信没有封口。"可怜的汤姆默默接过蜡，封好信，哽咽得说不出话来。他跑到操场上一个僻静角落，号啕大哭。他答应过妈妈，到学校之后立刻给她写信，这几天妈妈一定每天都在等他的信。他尽自己所能履行承诺，妈妈却可能认为他忘了，想到这些，他的痛苦丝毫不亚于此后漫长岁月中经历的任何痛苦。这时，他注意到两个男孩在他身旁停了下来，其中一个胖胖的傻瓜指着他大叫："只会想妈的小家伙！"汤姆不由得怒火中烧，起身挥拳狠狠打在嘲笑他的那个胖男孩的鼻子上，发泄自己的悲伤、羞愧和愤怒。那个小财主的鼻子顿时流了血，哭哭啼啼地去找助教告状，说汤姆打人，无缘无故就对他拳打脚踢。打脸是重罪，会挨鞭子，打其他地方则只算行为不端——这种区分在原则上并不清楚。最终，汤姆以自己是"初犯"为理由辩护，逃脱了惩罚。他又写了一封信给妈妈，还附上几株勿忘我，那是他第一次半日休假出游时在路上采的。汤姆重新开心起来，开始享受丰富多彩的新生活。

半日休假是一周最重大的事件。吃完正餐后，一位助教带领五十个男孩前往离学校几公里远的榛树山坡。榛树山坡方圆3英里左右，周围有几片树林，栖息着各种鸟和蝴蝶。助教和喜欢跟着他的孩子们沿山路缓缓前行；其他孩子则分散在各处，等助教绕完一圈山路之后才跟着他踏上归途。但是，除了丘陵地和树林，助教不准孩子们到别处玩耍，尤其不准到村子里，以防止他们的零花钱被那儿的牛眼糖和油腻的太妃糖骗走。

男孩子的消遣活动五花八门。山坡入口处有一个陡峭的小山丘，很像汤姆家乡山坡上的古冢。这块高地成了孩子们每周进行战斗的绝佳场所，所谓的战斗其实是一种游戏，名字很奇怪，叫"泥巴－馅饼"。参与游戏的孩子分成两队，每队有一个领头者，其中一支队伍占据坟头。双方都用面包奶酪刀把草皮割成块，留在坟丘底部的一队在重火力草皮的掩护下从四面八方发起冲锋，同占据坟头的一队争夺制高点，一旦迅速占领制高点，底部的一队则转而成了围攻者。这是个非常粗野、肮脏的游戏，对抵制学校里偷偷摸摸的风气非常有用。还有些男孩在山坡各处寻找大黄蜂和老鼠洞，他们会毫不留情地掘开洞，将那些倒霉的老鼠杀死、剥皮（唉！），而他们也会被蜜蜂一顿好蜇（该！）。有些孩子则喜欢在季节适宜时追赶蝴蝶，掏鸟蛋。汤姆在榛树山坡第一次发现了美丽的蓝色小蝴蝶，翅膀上有金色斑点，他在村里的山坡上从没见过这种生灵。他还第一次挖出了棕沙燕的窝。后面这个收获所付出的代价是一顿鞭打，因为棕沙燕的窝建在离村子很近的高坝上，所以是禁止进入的。可是学校里有个胆子比较大的男孩专爱做冒险事儿，他没费什么口舌就说服汤姆同他一起越过边界，去寻找棕沙燕筑巢的那个高坝。毕竟那里距离卖太妃糖的商店只一步之遥，去商店装满口袋简直轻而易举。但是，只要他们回来，一分完战利品，助教就会察觉到被禁止的牛眼糖的气味，接着仔细搜查一番，就会发现汤姆及伙伴马裤口袋里藏的东西了。铁证如山！

在这群男孩眼中，汤姆那个伙伴确实是个胆大妄为的英雄，大家敬畏他，觉得他会魔法。他的名声就是这样来的。男孩们晚上 8 点上床睡觉，当然，他们在黑暗中躺一两个小时都睡不着，便轮流讲鬼故事。一天晚上轮到这个孩子讲了，他的故事让大家的心提到了嗓子眼，接着他突然宣布，他会让门上出现一个火手印。在惨白的光线中间，一只手（或者像手的东西）立刻出现在门上，孩子们见状惊呆了，又有些害怕。这一英雄壮举立即传到了其他宿舍，并且遭到了怀疑，这个小巫师宣称，所有房间陆续都会出现这个奇迹。结果果真如此。像往常一样，有人向助教打小报告，助教在门口听了一会儿，突然过去抓住了那个穿着睡衣的表演者，还从他躲躲藏藏的手里缴获了一盒磷。那时，黄磷火柴和现在的各种点火工具还不为人知，在孩子心中，磷这一名字本身就有恶魔般的意味。因此，这个小巫师遭到一顿鞭打，但同时换来了同伴们切实的敬畏——这是许多大孩子都梦寐以求的。

这孩子很能惹人注意，但绝非坏孩子。离校前，汤姆一直跟着他，也因此受了不少皮肉之苦。不过，他对学校里搬弄是非的风气非常反对，公开与助教作对，因此得到众人支持。

汤姆在这所学校掌握了大量拉丁语和希腊语，但是不知怎么的，这个学校并不适合他，他也不适应这个学校。因此假期里他不断央求乡绅立刻把他送到公学。让他欣喜的是，在第三个学期，也就是183-①的10月，村里暴发了一场热病，校长本人也感染了，学校发出通知，所有孩子当天都被送回家。

小绅士晒黑了的笑脸出现在家里时，乡绅并不像这位少爷那样开心：汤姆本该在圣诞节回家，现在比预定时间早了大概两个月。经过一番思考，乡绅回到书房，写了几封信。于是在汤姆返家两周后的一天早上，吃早饭的时候，乡绅对妻子说："亲爱的，我已经安排好让汤姆立刻去拉格比公学读书，这半年还剩最后六个星期，不能让他在家里游手好闲，骑马乱逛。好在博士②也同意这样做。你多费心，务必在星期五前将他的行李准备妥当，我星期五就要带他去城里，第二天让他自己走。"

布朗夫人对这个宣告早有准备，只是对汤姆的年龄是否足以让他独自旅行提出了一点疑问。不过，见爷俩都不站在自己这一边，她也就像个聪明女人一样让步了，开始着手给汤姆准备进入公学的行李。

---

① 原文如此。
② 指拉格比公学校长阿诺德博士。

第四章

**四轮马车**

让汽锅嘶鸣吧，直到它变热，

请赐我飞驰的速度。

——R. E. E. 沃伯顿先生《赶马车歌谣》


　　"先生，打扰了，现在该起床了。前往莱斯特的'呔嗬'①马车将在半小时内到达，不会等任何人。"说话者是伊斯灵顿孔雀旅馆的擦鞋匠②，现在是凌晨两点半，时间是 183- 年 11 月上旬。擦鞋匠说话间晃了晃汤姆的肩膀，然后放下蜡烛，开始为汤姆擦鞋。

　　汤姆和父亲前一天从伯克郡抵达伦敦，打听之后，才知道从伯明翰来的马车并不经过拉格比，而是将乘客放在距主干道 3 英里远的一个村庄邓彻奇，据说乘客要在那里等晚上的牛津和莱斯特的马车，或者搭乘驿递马车。乡绅决定让汤姆乘坐"呔嗬"，不从主干道走，而是直接前往拉格比。由于"呔嗬"

---

① "呔嗬"（Tally-ho）是猎人敦促猎狗追赶狐狸时发出的吆喝声，这里指一种快速邮政马车。通常车厢内有三四个座位，车厢顶部还有两三个长座位。

② 当时旅店里的常设岗位，负责给客人清理鞋靴、提行李或者做其他杂活。

是早间马车，他们要驱车前往孔雀旅馆。

汤姆从来没有去过伦敦，本来想着"星星"马车刚好在黄昏时把他们送到野美人旅馆落脚：这样，他可以在一望无际、神秘莫测、点着煤气路灯的街道上游荡，欣赏炫目的光芒、熙熙攘攘的人群和来来往往的马车——想到这里，他激动得都说不出话了。但是，他得知孔雀旅馆安排他中午12点钟前务必赶到拉格比——否则晚上才能到。唉，所有计划都消失了。现在他一心想着尽快成为公学男孩，早六小时还是晚六小时对他来说很重要。

大约晚上7点钟，汤姆和父亲到达孔雀旅馆。听到父亲在就餐台点了牛排和蚝油，半小时后便可以吃晚餐了，汤姆感到由衷的快乐。父亲拿了一份报纸，舒服地坐在咖啡馆明亮的炉火旁。在这之前，汤姆曾跑出去找他，对眼前来来往往的车辆充满好奇。他跟擦鞋匠和马夫交上了朋友，从马夫口中得知"哒嘀"是一种顶级交通工具，将中途停留的时间算在内，每小时能走10英里；而且非常准时，沿途所有人都以它为标准来调整钟表。

没过多久，父亲唤他去吃晚餐。在孔雀咖啡馆明亮的小隔间里，他尽情享用着牛排、无限量供应的蚝油和烈性黑啤酒（这是汤姆第一次尝到这些美味，他用白色石头标记这一天作为纪念）。父亲坐在对面，隔着热气腾腾的白兰地和水，给他一些很好的建议。他起初认真听着，后来在烈酒、火光和训诫的综合作用下打起了盹。乡绅注意到汤姆的状态，方才记起已经快晚上9点了，"哒嘀"将在凌晨3点钟离开，于是他把小家伙交给酒店的女服务员，临走前握了握汤姆的手（早上出发前已经同汤姆约定，应该停止拥抱和亲吻了），说了几句道别的话。

"现在，汤姆，我的孩子，"乡绅说，"记住，在你极力要求之下，你就要进入这所非常了不得的学校了。像幼熊一样，你将面对许多困难——我们或许不该这么早就把你送到这里。如果学校还是像我上学时那样的话，你会看到许多残酷的流氓行径，听到无数污言秽语。但是不要害怕。你要说真话，要有一颗勇敢和善良的心；不要去听，也不要去说你不想让妈妈和妹妹听到的话。如果你做到这些，回来时就不会感到惭愧，我们见到你时也不会感到羞愧。"

提到妈妈，汤姆有些哽咽。如果不是早上的那个约定，他真想好好拥抱父亲。

事实上他只是握了握父亲的手，勇敢地抬起头说："我会尽力的，父亲。"

"我知道你会的，孩子。钱都放好了吗？"

"放好了。"汤姆说着，手伸进一只口袋里确认了一下。

"你的钥匙呢？"乡绅说。

"都放好了。"说着，手又伸进了另一只口袋。

"那么，晚安。上帝保佑你！我会叮嘱擦鞋匠叫你，我也会起来给你送行。"

汤姆随心不在焉的女服务员来到一个干净的小阁楼里。那个丰满的女人叫他小宝贝儿，离开房间时吻了他。他很愤怒，不过因为太过震惊，竟没能反击这种侮辱。他还在回想父亲最后说的那些话，以及父亲说话时的神情。他跪下来祷告，暗自发誓，不管发生什么事，他绝不会让亲人蒙羞或伤心。

实际上，乡绅最后的话应该产生效果，那是他煞费苦心想出来的。在去伦敦这一路上，他一直在考虑该对汤姆说些什么作为临别赠言，让小家伙记在心里，随时用得上。为了帮助思考，他甚至花很长时间掏出了火石、钢和火绒，敲了十五分钟才敲出火，点燃一支长长的印度平头雪茄，默默地抽起来。马车夫有些惊讶，他是乡绅的老朋友，也是去巴斯路上的知名人物。载着乡绅的时候，他总是期待能与之谈论整个郡的前景与发展、农业，以及社会。

乡绅的思考总结起来，大概如下："我不会嘱咐他读《圣经》，不会嘱咐他热爱并侍奉上帝。如果妈妈的教导他都不听，我说也是没用的。我应该讲讲他会面临的诱惑吗？不，我不能这样做。一个老家伙永远不要和一个小孩子讲这些。他不会理解，而且对他来说很可能是弊多利少。我应该告诉他专心功课，说送他到学校来就是为了让他成为一个出色的学者吗？这样没什么错，但是我送他去学校的原因并不是这个，起码最主要的原因不是这个。我对希腊语的介词或者希腊字母 F 是什么一点也不关心，他妈妈也一样。送他去学校是为了什么？不错，有一部分原因是他自己想去。如果他能成为一个勇敢、乐于助人、敢讲真话的人，一个绅士，一个基督徒，那便是我的全部希望了。"乡绅想。基于这样的期望，他对汤姆说了临别赠言，这些话足以达到他预想的目的了。

被侍者叫醒后，汤姆脑海里首先浮现的就是父亲对他说的那些话。他快速地洗漱，自己穿衣服。2 点 50 分的时候，他穿上长筒袜，手里拿着帽盒、外套和羊毛围巾，下楼进了咖啡馆。父亲正拨弄壁炉中明亮的炉火，桌上摆着一杯热咖啡和一碟薄脆饼干。

"嘿，汤姆，东西给我们，把咖啡喝了。让自己暖和一点上路更好些，懂事的孩子。"

汤姆喝着咖啡，闲扯些有的没的，一边穿上鞋和厚大衣，全身都暖和起来。他的大衣是彼得沙姆款式，领子是天鹅绒材质，这是依照当时讨厌的款式设计的紧身衣服。就在他吞下最后一大口咖啡，围上羊毛围巾，将围巾塞进大衣胸口的时候，喇叭响了，擦鞋匠朝咖啡馆里张望，喊道："'呔嗬'到了，先生。"他们听到了四匹快马的铃声和嘎达嘎达的马蹄声，感受到那能拖走一座城的力量，"呔嗬"正向孔雀旅馆奔驰而来。

"鲍勃，有我们的包裹吗？"魁梧的押车员从马车后面下来说道，一面拍了拍胸脯。

"有位小绅士要去拉格比，三个邮包要送到莱斯特，有一篮子野味也要送到拉格比。"旅馆马夫回答。

"告诉小绅士快点。"押车员说着打开后面的箱子，用灯检查好邮包后将它们扔了进去。"这儿，把皮箱推到顶上。我一会儿要把它固定好。嘿，先生，从后面跳上来。"

"再见，父亲——我的爱将永远伴随你们。"两人最后一次握手。汤姆上了车，押车员用一只手提着他的帽盒，另一只手抓起号角吹起来。嘟嘟，嘟嘟，嘟嘟！马夫解开缰绳，四匹枣红马向前飞奔，带着"呔嗬"消失在黑夜里。从"呔嗬"停下算起，马车停留了45秒钟。旅馆马夫、擦鞋匠和乡绅站在孔雀旅馆的灯下，目送他们离去。

"好利索！"说完，乡绅又回旅馆睡觉了，马车已完全没了踪影，也听不到声音了。

汤姆站在马车上，一直回头看着父亲的身影，直到再也看不见。之前为他安置行李的押车员这时就位了，他扣好大衣扣子，准备好迎接黎明到来前的三个小时。对于那些怕冷的人来说，坐在11月疾驰的马车上可不是闹着玩的。

我有时候觉得，你们这代人比我们那个时候脆弱得多。不管怎么说，你们旅行时都更舒适，每个人都有毛毯、格子呢披肩和其他保暖工具，而且大都坐在铺着茸毛、满是灰尘、配有衬垫的一等车厢。我可以告诉你，在黑夜里，身着紧身的彼得沙姆大衣坐在"呔嗬"顶上，双脚悬在离地6英寸的地方，完全是另一种感觉。有了这样的体会，你们才知道什么叫冷，知道失去双腿的滋味，因为刚走半个小时，腿就一点知觉都没有了。但是这种古老的黑夜旅行也有它的乐趣。首先就是那种默默忍耐的感觉——坚持抵抗，并且永不放弃，这是每个英国人都十分珍视的。然后就是马具发出的有规律的咔嗒声和马掌踏在硬路面上的嗒嗒声组成的音乐，两盏明灯的眩光刺破雾气升腾的森林，越过赶车人的耳朵，消失在黑夜中。车夫的号角发出欢快的嘟嘟声，是在提醒某个昏昏欲睡的关卡看守人或下一处驿站的马夫。最后一点也很重要，那就是眼看黎明将至，双脚重新恢复知觉的喜悦。

黎明终于来临，太阳升起。如果不是从马车顶上望去，怎会见到如此完美的景象呢？你突然想赞美运动、变化和音乐，希望见证它们的荣光。此处所说的音乐并非男女歌者的音乐，而是极致安静的音乐，它们就在脑海萦绕，伴随着马车的运动越过地面。

"哒嗬"过了圣奥尔本斯，汤姆虽然快冻僵了，但很享受这段旅途。车里只有押车员和他一起坐在后面，押车员沉默不语，只是用稻草把汤姆的脚裹得严严实实，把装燕麦的麻布袋的一头盖在他的膝盖上。黑夜使汤姆走进自己的内心世界，他回顾了短暂的往昔生活，想到自己过去的行为和许下的承诺，想到妈妈和妹妹，想到父亲的临别赠言。他多次下定决心，要表现得像个勇敢的布朗家的人，尽管他还很小。

然后，他沉浸于对未来的神秘幻想之中，开始猜想拉格比是个怎样的地方，那儿的人们做着什么事情，还回想起假期里听大孩子讲的各种公学故事。天很冷，但他满怀希望和对生活的憧憬，脚后跟敲击着后门板，想唱歌，只是他不知道他的朋友——那个沉默的押车员——是否接受。

现在，第四段路程即将结束，黎明已经到来。马车停在路边一家小酒馆旁，酒馆后面有宽敞的马厩。明亮的火光透过酒馆窗户的红帘子射出来，门是开着的。驾车者抓起鞭子，折成条后递给驿站马夫，马儿呼出的白气直升到空中。随后由马夫驱车走完了最后两英里路程，他们提前两分钟到了。马夫从车厢上滑下来，进了酒馆。押车员也从后面溜下来。"先生，"他对汤姆说，"现在跳下来吧，我会给您一点驱寒的东西吃。"

汤姆发现跳下去有点困难，实际上是找不到轮子的最高点放脚，这种感觉像是在努力进入另一个世界。于是，押车员把他从车厢上接下来，用腿托住他，随后二人迈着沉重的步子离开马车进了酒馆，加入了马车夫和其他客人的阵营。

酒馆里，一个看上去很年轻的女招待给站在炉火前的每个人倒了一杯掺了杜松子酒的啤酒。马车夫和押车员在谈论生意上的事情。热酒舒缓了汤姆心底的寒意，让他咳嗽起来。

"在这样寒冷的清晨，这可是稀罕物，先生，"马车夫笑着说，"时间到了。"他们再次出门上车，马车夫殿后，将缰绳收到手里，跟那个名叫杰姆的驿站马夫谈论母马的肩膀，然后跳上驾驶位，马车夫还没坐稳，马儿们就小跑起来。号角声又吹起，嘟嘟——嘟嘟——嘟嘟，他们再次出发，沿途行驶了35英里（行程快过半了，汤姆想），而且有望在这段路程的终点处享受早餐。

现在他们发现，乡村的晨间生活开始了：一两架两轮马车在卖货，穿着长罩衫去工作的男人嘴里叼着烟斗，呼出的烟圈在这个明媚的早晨闻起来并不坏。太阳升起来，阳光笼罩下的薄雾就像银色的纱一样闪闪发光。他们经过一群猎犬，猎犬跟在猎人的马后面小跑着，出远门去参加狩猎集会，猎人跟马车夫和押车员打了招呼，脸色像身上那件旧猎狐外套 ① 下摆的颜色一样红润。马车在一家旅馆门前停下，一个业余猎手裹得严严实实，带着枪袋和毯包上了马车。他们碰到了一辆先上路的马车，两名马车夫拉紧缰绳，用惯用的肘部动作互相招呼着，每队马车都以每小时 11 英里的速度行驶，还有 1 英里的余地，

---

① 猎狐者穿的一种绯红色外套。

以备不时之需。现在吃早餐的地方到了。

　　7点30分，他们在酒馆门口停下来。"这里停二十分钟，先生们。"马车夫说。

　　经历这样一个寒冷难耐的清晨后，在此停留二十分钟无疑是漫长的忍受之后应得的奖赏。房间低矮黑暗，墙上铺着护壁板，挂着和运动有关的版画；门边是衣帽架（帽架上挂着一两根鞭子，是舒服地躺在床上的旅行推销员的）；壁炉里炉火熊熊燃烧，壁炉台上摆放着形状奇特的老玻璃器皿，里面插了一大张卡片，上面写着那一周全郡猎犬聚会的名单。桌子铺着白色桌布，上面的白色瓷器里盛着鸽子馅饼、火腿和一块冷却的煮牛肉（是从一头体型巨大的牛身上切下来的），木盘里还有一大块家庭面包。这时，一个矮矮胖胖的领班服务员进来了，端了一盘热气腾腾的食物——腰子和一块牛排、透明的火腿片和煮鸡蛋，还有涂着黄油的烤面包和小松饼、咖啡和茶，都冒着热气。桌子摆不下了，就把冷肉挪到了餐边柜上，只作为陈设和展示，好激起我们的食欲。现在，一切预备就绪，绅士们都坐下来。这是一处知名的娱乐场所，早餐非常有名。两三个穿着猎狐外套的人要去参

加狩猎聚会，顺道路过这里，此时饥肠辘辘，又非常开心。我们所有人都是这样。

"茶还是咖啡，先生？"领班服务员走向汤姆，问道。

"咖啡，谢谢。"汤姆说。他的嘴里已经塞满了小松饼和腰子，对他而言，此时咖啡比茶更适合。

我注意到，和我们一起吃饭的马车夫，吃的是冷牛肉。他也不喝热饮，极其享受地喝着一大杯麦芽啤酒，这是女招待员端上来的。业余猎手赞许地看着他，也给自己点了一样的餐。

汤姆吃了腰花和鸽子馅饼，喝了咖啡，小肚子撑得像只鼓。他很有风度地从钱包掏出钱付给领班服务员（这让他更加快乐），走到酒馆门前看那些马儿被重新复位。马夫十分悠闲地完成了这一切，动作一气呵成，似乎很享受不慌不忙的感觉。马车夫出来时带着他的乘客单，嘴里吸着业余猎手给的一根粗雪茄。押车员更喜欢在酒吧间吃早餐，这时他也出来了，正在抽一支看上去很硬的劣质方头雪茄烟，你可以把它绑在手指上，抽上三口就能魂飞天外。

猎人们站在酒馆门口，抽着雪茄，等着看我们出发，他们的马被马夫牵至离酒馆不远的市场各处。他们都认识业余猎手，我们看见他们在一起聊天开玩笑时，由衷地感到欣慰。

"现在，先生，请上车。"马车夫说。其他乘客都上了车，押车员在锁后面的邮包箱。

"祝你们一路顺风！"业余猎手对猎人说道，立刻坐到了马车夫的旁边。

"让他们走吧，迪克！"旅馆马夫们从马光滑的腰上解下垫子，飞快地回来。我们经过市场，沿着高街行进，从二楼店铺的窗户往里看，几个知名人物正在刮胡子。马车嘎啦嘎啦地经过时，擦窗户的伙计和打扫卫生的女仆都停下手中的活，看起来很开心，仿佛我们是其晨间乐趣的一部分。8点的钟声敲响时，我们出了城，又走到灌木篱笆中间。

太阳照得人都有些热了，早餐让大家恢复了体力，话也开始多了。押车员抽着油乎乎的方头雪茄，不时冒出一两句话。汤姆厌倦了沉默不语，在押车员的带动下，也时不时地说两句。他一心只想着目的地，无暇谈论其他事情，于是问押车员是否知道拉格比。

"每天都经过那儿。通常情况下，马车将在 11 点 40 分到达，在晚上 10 点的时候踏上回程。"

"能跟我讲讲那是怎样一个地方吗？"汤姆说。

押车员带着滑稽的表情看着他，说道："那个地方偏僻着咧，先生。街上没有铺路，也没有灯。秋季会有盛大的牛马市集，持续一个星期，现在刚结束。之后要花一个星期时间才能将镇上清理干净。不错的猎狐地，不过是个比较乏味的地方，先生，经济不太景气：离主干道远，一天只有三趟马车经过，其中一趟是一驾牛津来的两轮马车，更像是口棺材，而不是那种"校准器"（Regulator）马车。学校的小绅士们都叫它'猪和哨子'，他们上学时就乘坐这种交通工具（每小时走 6 英里）。先生，您是那儿的学生吗？"

"是的。"汤姆很肯定地回答：这会儿他还是期望押车员把他当成老生的。但是随后，这个回答的言外之意让他感到不安，他发现，如果接受老生的身份，就不可能继续追问他想知道的问题了。于是，汤姆又补充道："确切地说，我正要去那儿。我是个新生。"

押车员看起来和汤姆一样清楚这一点。

"您来得太晚了，先生，"押车员说道，"还有六个星期就期末了。"汤姆表示同意。"这六个星期内，包括今天以及接下来的星期一和星期二，我们要接送很多人。希望我们有幸可以载您回家。"

汤姆说希望能由他们送自己回家，但是心想，自己的命运也许是乘坐"猪和哨子"。

"当然，价钱也不寻常，"押车员继续说道，"一般而言，小绅士花钱比较大方。不过，愿主保佑您，这一路上少不了吵吵闹闹，那些小绅士会拿着射豆枪、长鞭子大喊大叫，骚扰每一个经过的人。先生，我宁愿像现在这样，只载一两个像您这样的绅士，也不愿带一车的人。"

"他们拿射豆枪干什么？"汤姆问道。

"当然有用了！我们一走近街道，那些小绅士就用枪射击，只有小姑娘能幸免。别小看了那些玩意儿，它威力十足，能射穿窗户。去年6月，我们学期初送学生走到这儿，有人在修理四分之一英里的路面，其中有许多爱尔兰家伙，通常都很不友善，地面上有很多碎石。我们走近的时候，驾驶位上一个小绅士（一个聪明的年轻人，行事很鲁莽）说：'现在，同学们，乐子来了！让这些爱尔兰佬尝尝这个。'鲍勃（我的马车夫搭档）喊道：'老天爷啊！不要朝他们射击，他们会把我们砸下马车的。'那个小贵族说：'马车夫，不要怕。好极了，同学们！让他们尝尝我们的厉害。''好极了！'其他人都叫起来，嘴里塞满豌豆，这样一路都不缺子弹。鲍勃眼见就要到了，就用帽子盖住眼睛，朝马大喊，催马加速，以20英里每小时的速度朝他们冲过去。那几个爱尔兰佬也欢呼起来，认为我们在逃跑；我们跟他们并排的时候，第一批人站在那里咧着嘴笑，挥动着旧帽子。你要是看到他们浑身被豌豆打中时那种吃惊、狂怒的样子，准会笑出声来。但是上帝保佑，先生，得意的并不总是我们，后面的路还长着咧。我们走得很快，他们吓了一跳，直到我们走了一半才搞清楚发生了什么。当然，接着就是一路

'走着瞧'了。他们一路号叫吓唬，有几个人跟着我们，想从车子后面爬上来，不过我们打他们的手指，才摆脱了纠缠。有一个人动作敏捷，直接冲向领头的人，眼看就要抓住他们的头了，好在他错失了目标，先从一堆石头上过去了。其余人捡起石头，直接朝我们扔过来，直到我们跑出了攻击范围。那些小绅士十分英勇地握着射豆枪，接住砸过来的石头，不得不说，石头可真够多的。接着，鲍勃再次振作精神，严肃地看着坐在驾驶位上的小绅士。鲍勃的肋骨受到重击，险些松掉缰绳摔下来。驾驶位上的那个小绅士站了起来，随后我们所有人都站起来，四处查看损伤。和马车夫一起坐在驾驶座的那位小绅士，头破了，帽子丢了。另一位小绅士的帽子也丢了，我的帽子一边被砸得凹陷进去。所有人都挂了彩，全身青一块紫一块。他们当时就付了 2 英镑 10 先令，作为油漆损坏的赔偿，还给了我和鲍勃每人半英镑。不过，以后就是给我 10 英镑，我也不会再走那条路了。"押车员慢慢地摇着头，起身吹了一声干净轻快的嘟嘟声。

"太有趣了！"汤姆说，他几乎无法掩饰自己对未来校友这项"英勇事迹"的自豪。他渴望这学期快点结束，迫不及待地想成为他们中的一员。

"可是，先生，对于要赶马车的人，对于我们这种第二天回来还得走这条路的人，这种事一点都不好玩。去年夏天，他们爱尔兰人就准备好了石头招呼我们，差不多就要开打了，当时我们车上也有两位令人尊敬的绅士。我们刚踏上那条路不久便停了下来，跟他们和解，打算从此再也不带射豆枪了，前提是那些爱尔兰小子一路上不再用石子射击。"押车员停下来，把方头雪茄烟放到一边，亲切地打量了汤姆一会儿。

"哦，不要停！再讲讲豌豆枪射击。"

"好吧，前阵子，比斯特出了一件精彩的豌豆射击事件。我们出城 6 英里，遇到了一个脑袋方方、头发灰白的乡下老人。他安静地骑马慢跑着，抬头看了看马车，就在这时，一颗豌豆打中了他的鼻子，又有几颗打在了他的矮脚马的屁股上，马吓得后腿都抬了起来。只见老汉的脸涨得通红，看起来非常尴尬，我马上想到我们要摊上事儿了。"

"他拉回马头，静静地骑马跟在我们后面，恰好在射击范围之外。那匹矮马的脚力太厉害了！在 6 英里的路程中，我们从来没有甩开它超过 12 码。起初，小绅士们还觉得十分兴奋，但是在我们到达之前，老汉一直不紧不慢地跟着，他们就不作声了，把头凑到一起商量对策。有些人主张战斗，有些人主张请求原谅。老人紧跟着我们进了城，马车停下时他走上前来说，射他的两个人必须面见治安法官。这时，一大群人围上来，马车不可能继续走了。但是那些小绅士患难与共，说要么一起走，要么都不走，各执己见，相持不下。正当事情越来越糟糕，那个老人和围观民众打算把他们拉下马车的时候，一个小家伙跳出来说，'这里——我会留下——再走 3 英里，我就到家了。我父亲叫戴维斯，这里的人认识他，我会和这位先生去见治安法官。''什么，你是戴维斯牧师的儿子？'那个老人说。'是的。'小绅士说。'好吧，很遗憾在这种情况下见到你，看在你父亲和你本人的份上（因为你是个勇敢的小家伙），我不再说什么了。'孩子们向老人欢呼，人群则夸赞那个小家伙。然后，年龄最大的一个男孩下了车，彬彬有礼地代所有人向老人道歉。他说从一开始所有人都非常懊恼，但他们不想逃避开玩笑带来的后果，所以才一直没有向老人道歉。然后他们全部下车，与老人握手，邀请他到他们的家乡去玩。最后，我们耽搁了二十分钟才离开，人们在街上欢呼，仿佛我们是议员。哦，上帝保佑，先生。"押车员说着，用手拍了拍膝盖，仔细看着汤姆的脸，"但是，十分钟后，他们还是和以前一样使坏。"

汤姆听呆了，毫不掩饰自己对这些故事的兴趣，老押车员理了理记忆的线索，绘声绘色地讲起了二十年来这条路上发生的各种故事。他始终在这条路上奔驰着，在这个老伙计的头脑里，故事的内容必定与马或者马车有关。有一两次，汤姆试图让押车员说点别的，却发现他除此之外一无所知，索性任由他发挥，剩下的路程很容易就过去了。这个老"吹牛大王"（男孩们都这么叫他）是个机智聪明的人，很善良，也很幽默，当他做完了一天工作中最难的部分，喝下许多麦芽啤酒后，就会像纺纱机一样不停地说话。

最激发汤姆那童稚的想象力的是大部分故事中不顾一切、无法无天的角色。押车员在骗他吗？他不禁希望一切都是真的。很奇怪，几乎所有男孩都爱冒险，有一个孩子愿意待在平地上或者玩掷环、滚木球等安全的游戏，就有十个孩子迫不及待地要爬树、游泳，哪怕有摔断腿或溺水的风险。

押车员又讲了一场危急的战斗，就发生在一处集市，战斗的一方是牲口贩子和农民，手里拿着鞭子，另一方是带着板球

拍和三柱门 ① 的孩子们。战斗的起因是男孩们的一场恶作剧，他们溜达到小旅馆，将两轮马车轮子上的车轴销拔掉了。讲完后押车员谈到那个校长——"听人说他很严厉"——惩罚几个作案的小孩所用的方法是："第二天早上将他们三个人送走，每人都由一名教区治安官带着乘坐一辆邮递马车离开。"这时，他们经过拐角，来到拉格比的第三个里程碑附近。只见两个男孩站在石头边上，外套扣得紧紧的，正在等马车。

"看那儿，先生，"车夫吹了一阵急促的嘟嘟声后说，"有两个男孩，他们是不折不扣的跑步选手。他们一星期出来两三次，和我们一起跑 1 英里。"

果然，马车走近的时候，两个男孩沿着人行道，跟马跑得一样快。第一个男孩长相清秀，跑得很起劲；另一个矮胖圆肩的男孩跑得很费力，但是顽强得像只牛头梗。

老牛皮大王佩服地看着。"看看，多漂亮，那两个小绅士积蓄了全身的力气，屁股都扭起来了，先生。"他说。"他们是了不起的优秀跑步选手。现在，许多驾着一流马车的马车夫都装腔作势，要超过他们。但是先生，祝福你，鲍勃他心肠很软。如果眼见他们要被打败了，他很快就会收点速度。我确实也认为，与其让那两位小绅士失望难过，不如在抵达下个里程碑时再和他们说再见。"

到第二个里程碑的时候，两个男孩突然停住，朝押车员挥动帽子，押车员看着他的表大喊"4 分 56"，也就是说，他们用

---

① 位于板球球场两端的三根木柱和两根横木。为防止球击中三柱门，由击球手使用球板保护。

4分56秒跑完了1英里的路程。他们又经过了几队男孩，都是汤姆最感兴趣的对象。11点50分的时候，城镇已经映入眼帘。汤姆深吸一口气，觉得从来没有像今天这样开心过。上床睡觉前，他已经非常确定，这一天肯定是他度过的最美妙的一天，好多年他都没有改变看法——尽管他的看法还是发生了改变。

第五章

拉格比和橄榄球

在摇摆不定的冲突中，脚和眼背道而驰。

——斯科特

"终于到了，这里就是拉格比了，先生，我跟你说过，你赶得上在校寄宿楼①吃午饭的。"老押车员说着话，从套子里掏出号角，嘟嘟嘟地吹着远去了。马车夫驶动他的马，载着他们沿学校运动场的一边前行，绕过亡灵角，穿过学校的几个门，沿着高街朝"展翅鹰"②驶去。辕马甩开蹄子小跑起来，头马慢跑着，这姿态绝不会让"樱桃鲍勃"、"狂暴、跺脚、咆哮的比利·哈伍德"或其他老驾车英雄蒙羞。

那片长着高大榆树的大操场上正在举行几场橄榄球比赛，汤姆经过时，心怦怦直跳。他恨不得立刻走向那一长排灰色的建筑物：最近的是小礼拜堂，最里面是校寄宿楼、校长的住处，

---

① 校寄宿楼（School-house）是拉格比公学九栋寄宿公寓中尤其著名的一栋，因为校长就住在里面。男孩进入拉格比公学就成为某栋寄宿楼的一员，就像进入大学成为某个学院的一员。主人公汤姆·布朗被安排在这栋寄宿楼中，小说大部分场景也都在这里。

② "展翅鹰"（the Spread Eagle）是当时一个重要的酒馆。

在那座最高的圆塔之上，一面巨大的旗帜懒洋洋地飘荡着。他经过那些校门，看到几个男孩站在凸肚窗里，仿佛整座城都是他们的。他们朝马车夫亲切地点头，仿佛每个人都能坐上车夫的座位，像他一样载着大家上街。此时此刻，汤姆已经开始为自己能成为拉格比男孩而骄傲起来。

突然，有一个小男孩跑出来，从后面爬上了马车。他站直身子，朝押车员点头道："你好，杰姆。"突然又转过身，打量了汤姆一会儿，说道：

"嘿，同学，你叫布朗吗？"

"是的。"汤姆十分惊讶地回答，不过，他很高兴碰见了一个好像认识他的人。

"啊，我就知道是，你认识我大姑伊斯特女士。她就住在伯克郡的某个地方，你来时会路过。她写信给我说你今天会到，让我带带你。"

汤姆有些讨厌新朋友自恃高人一等的口气。这个男孩身高年龄和汤姆差不多，却有着超常的冷静与自信，这让汤姆很恼火，难以接受，但他还是忍不住羡慕和嫉妒——尤其是当这个小少爷开始耍无赖似的威吓两三个闲着无事的家伙的时候。这些人有的是门房，有的是马夫。最后，小少爷与一个绰号叫"库伊"的人商定，给他6便士作为酬劳，将汤姆的行李搬进校寄宿楼。

"听着，库伊，这件事必须在十分钟内完成，否则我以后不会给你活儿了。跟我来，布朗。"小少爷手插在口袋里，神气十足地走开了，汤姆站在他身边。

"没问题，先生。"库伊一面说话，一面摸了摸自己的帽子，对同伴使了使眼色。

"嘿，不过，"伊斯特说着停下来，看向汤姆，"永远不要这样——你没有礼帽吗？——我们在这从来都不戴无帽檐的便帽。只有粗人才戴便帽。拜托，如果你戴着这种东西进方庭，我——不知道会发生什么。"按理说，像小伊斯特少爷这个年龄的孩子，应该不会有这样的想法，他领悟到某种难以诉之于言语的准则。

汤姆认为便帽是非常普通的事物，但是他坦白说道，自己的礼帽在帽盒里，随即从马车后面的箱子里取了出来。按照这位新朋友的吩咐，汤姆戴上了他礼拜日戴的礼帽。但是过了一会儿，这位朋友又挑剔起来，因为帽子过于亮丽。于是他们进城到了帽匠尼克松的店里，汤姆在此得到了一顶符合规定的猫皮帽子，价格是 7 先令 6 便士，但是他们没有付钱，这让汤姆极为震惊。尼克松保证半个小时内将最好的礼帽送到女舍监的办公室。

"你可以在周一写便条申请高顶礼帽，准备好，明白吧，"他的小顾问说，"除了从家里带来的之外，我们每个学期可以领两次价值 7 先令 6 便士的帽子。"

到这个时候，汤姆已经开始意识到自己的新社会地位和尊严，享受成为公学男孩和梦想实现后的喜悦，享受每半年领两顶 7 先令 6 便士帽子的待遇。

"你瞧，"当他和朋友朝校门迈步时，朋友试图解释他的行为，"一个人初次见面时给人的印象是十分重要的。如果他没有什么奇怪之处，回答问题时直截了当、昂首挺胸，那么他就会如鱼得水。现在，你的打扮挺好的，除了那顶帽子。你瞧，我这么慷慨地对待你，是因为我爸爸认识你爸爸，再说，我想讨姑妈的欢心。她这学期给了我半英镑，如果我表现好的话，下学期得到的金币数可能会翻倍。"

没有谁比一个低年级①男生更直率的了。伊斯特是一个真正的典范——坦诚、热心、善良，对自己和自己的地位都很满意，充满活力和激情。在漫长的半年时光里（他一直住在校寄宿楼），拉格比公学的所有成见和传统在他身上得到了集中体现。

汤姆虽然认为他有些高傲，但还是马上就和他交上朋友了，开始学习并尽快理解消化他的处事方法和观念。

伊斯特是一位非常出色的导游。他带着汤姆穿过大门，门口只有两三个男孩。这些孩子喜欢问些寻常的问题——"同学，你叫什么名字？""你老家是哪儿的？""你多大了？""你宿舍在哪？""你怎么进来的？"他们穿过方庭和一个小庭院（往下看可以看到许多小窗户，向导告诉他，这儿是校寄宿楼的几个书房），进了女舍监的办公室。伊斯特向汤姆介绍了舍监，让汤姆交出行李箱的钥匙，以便舍监打开箱子，帮他整理衣物；他还讲述了帽子的故事，讲到自己如何沉着冷静。舍监听完，笑着责备他，说他是宿舍楼最酷的新生。伊斯特对舍监指责他是个新生感到愤愤不平，便领着汤姆进入方庭，带他参观学校，考考他的文学素养。最后得出的结论是，他们将会分到同一个

① 四学级和四学级以下都是低年级。

年级，一起上课。

"来，进来看看我的书房。午饭前我们刚好有点时间；吃过饭点名之前，我们可以绕一圈。"

汤姆跟着向导穿过寄宿楼餐厅，餐厅通向方庭。餐厅是间大房子，大约有 30 英尺长、18 英尺高，有两张大桌子占满了整个房间，两旁有两个大壁炉。壁炉内炉火正旺，其中一个壁炉边有几十个男孩，有的站着，有的懒洋洋地躺着。有个男孩喊伊斯特停下，但是他带着汤姆冲了过去，进入又长又黑的走廊，每条走廊尽头都有一个大壁炉，书房的门正对着壁炉开着。伊斯特带着我们的主人公通过最底下的走廊进了一间书房，随后猛地闩上身后的门，生怕有人从餐厅追过来。这是汤姆第一次进入拉格比男孩的城堡。

学校还没有为他准备独立的书房，眼前这座"宫殿"让他既惊讶又满意。

当然，这间房子并不大，大概 6 英尺长、4 英尺宽。屋里也不算亮，因为窗上钉了格栅。一楼书房面向院子，很有必要采取这种小的防范措施，免得小男孩们锁门后出去，或者带违禁物品进来。但是房间看起来极舒服，汤姆不禁这样想。房间另一侧窗户下放了一张方桌，上面铺了一整张干净的红蓝格子桌布；桌子一侧摆了一张有红色衬垫的硬沙发，可容一人落座，挨得紧一点可以坐两个人。旁边那把结实的木椅子还能再坐一个人，这样三个人就可以坐在一起学习了。墙壁中间装着护墙板，上面铺满绿色的台面呢，其余墙面贴着色彩鲜艳的墙纸。墙上挂了三四幅版画——一幅是狗头，一幅描绘了格里马尔迪赢得艾尔斯伯里越野障碍赛马的场景，一幅画着当时盛行的"威弗利小说"中的美人爱梅·罗拔沙，还有摆着防守姿势的汤姆·克里布，真要上场的话，这种姿势并不会给这位英雄添彩。①门后有一排帽夹，两边是底层为橱柜的书架，书架和柜子里放满了各种各样的课本、一两个杯子、一个捕鼠夹、黄铜烛台、几条皮带、一个粗棉布包；还有几样奇形怪状的物品，汤姆完全摸不着头脑，直到朋友告诉他这些是鞋底钉，并给他示范怎么使用，他才明白过来。一支板球棒和一根鱼竿则静静立在角落里。

　　这是伊斯特和同级另一个男孩的住处，它对汤姆的吸引力比温莎城堡和不列颠诸岛的任何居所都要大。因为他也要和另一个男孩一起拥有这样一间房子，第一次拥有一片属于自己的天地！自己的！多么有魔力的词啊！男孩和大人得用多长时间才能发现它们的价值！我们大多数人越靠近那个我们什么都带

---

① 格里马尔迪是一匹赛马的名字；爱梅·罗拔沙是沃尔特·司各特小说《肯纳尔沃思堡》中不幸的女主角；"威弗利小说"是司各特的一系列小说，在当时很受欢迎；汤姆·克里布是19世纪英国著名的冠军拳击手。

不走，只能像出生时一样赤身裸体走进去的一般的家，就越紧紧地、充满嫉妒地抓住这些东西。殊不知，财富越多，烦恼越多，我们所谓"自己的"东西唯一的用途就是让那些需要它们的人来使用。我们何时才能学会这个道理？

"我也会有这样一间书房吗？"汤姆说。

"是的，当然，周一你会和某个同学成为室友，这之前你可以来这里坐。"

"这地方太棒啦！"

"的确够好了，"伊斯特高傲地答道，"只是夜里有时会出奇地冷。我和高尔——我的好室友——吃完夜宵后通常在地上用纸生火，不过这样会有烟。"

"过道里不是有个大壁炉吗？"汤姆说。

"壁炉能带给我们的好处极为有限，"伊斯特说，"学级长①琼斯的书房就在壁炉那头，他在过道里临时装了一根铁杆，又用绿色台面呢做了个帘子，晚上就拉上窗帘，开着门坐在那里，这样整个壁炉都供他一人享用；而且如果我们晚上 8 点以后出书房，或者弄出声响，他就能听到。不过，他最近喜欢坐在五学级房间里，所以我们有时能享受一点炉火。只是要稍微留神一点，别让他下来时在帘子后面抓到你。"

下午 1 点 15 分，钟声敲响，午饭时间到了。他们走进餐厅，坐到各自的座位上。汤姆刚好坐在第二张桌子的尽头，与

---

① praepostor，相当于 prefect（级长），这个词最初指修道院院长，后来指英国公学里协助舍监处理学生事务、维持纪律的高年级学生，通常是由校长和教职员直接挑选。后面出现的学级长都是六学级学生。

学级长（坐在最末尾维持秩序）邻座，再往前走几步就是伊斯特的位置。现在，汤姆第一次见到了未来的同学。他们进来的时候，有些人因长时间走路而满脸通红；有些人一直在书房里苦读，冻得脸色发白；有些就在糕点师的炉子附近转悠，还带了泡菜和调味瓶搭配午饭。一个身材高大的大胡子男人——汤姆把他当成了舍监——开始点名；上了年纪的门房和宿管，在角落的第三张桌子上迅速把大块的肉切成小块。点名的时候，汤姆目不转睛，满怀敬畏地看着旁边先开吃的学级长，学级长吃饭时一直在读一本书，看起来很难读。最后才念到汤姆的名字；汤姆起身走到炉边，周围的小男孩有的在读书，有的则在窃窃私语，或者拿其他男孩的面包，或者扔纸团，或者用叉子捅桌布。汤姆对一切都感到好奇，不过他克制住自己的求知欲，在那个大个子喊"起立！"进行餐前祷告之时，弄到了一份丰盛的食物。

午饭一结束，邻桌的男孩就开始问汤姆各种问题，对他的出身、父母、教育等之类的问题很感兴趣。伊斯特显然很享受自己作为保护人和指导者的新尊号，他提议到附近转一转，汤姆渴望了解这里，欣然应允。于是，他们穿过方庭，经过巨大的墙手球<sup>①</sup>场，来到大操场上。

"你看，那是小礼拜堂，"伊斯特说，"礼拜堂后面就是打架

---

① 墙手球（fives，又叫壁手球）是一种 19 世纪起源于英国的竞赛运动，玩法与壁球相似。球员用手将球击到墙上，对方球员如果无法在球着地两次前打起球，便会失分。19 世纪，这种运动在拉格比公学和伊顿公学等著名公学非常盛行。

的地方。注意到了吗？那里最不容易被老师发现，老师们都住在另一边，在第一节课课后或者点名之后从不去那里。打架一般就在这个时候。我们现在站的地方一直到树林是小操场，树林的另一面是大操场，大型体育赛事都在那里举行。最远的那个角落里有座小岛 ①，下半年你就会很熟悉那儿了，那时会有人叫你去那儿跑腿。我说，这天真是冷得要命，我们跑过去吧。"说话间，伊斯特跑远了，汤姆紧紧跟在他身后。很明显，伊斯特在竭尽全力地跑。汤姆对自己的跑步速度信心十足，他迫切想要向朋友证明：自己虽然是新生，却不是个懦夫，他会以最佳的状态投入进来。他们都尽全力冲过了终点，最后在小岛的壕沟前停下来时，两人相距不到一码。

伊斯特对汤姆刮目相看，一缓过气来就说："我说，你这个飞毛腿不赖呀，绝对不赖。好了，我现在和烤面包一样热乎。"

"可是，为什么你们在 11 月穿白裤子呢？"汤姆说。校寄宿楼的几乎所有男孩都是这身穿着，他对此印象深刻。

"为什么，天啦，你不知道吗？对了，我忘记告诉你了。因为今天是寄宿楼比赛日。我们宿舍楼要和校队进行橄榄球比赛。我们都穿着白裤子，是想告诉他们我们不在乎腿被踢到。你今天来真是运气好，正好能看到一场比赛。布鲁克会让我踢后卫。除了詹姆斯之外，他从没给过其他低年级学生这种待遇，可是詹姆斯已经十四岁了。"

---

① 以前可能是古代墓群，后来拥有这块土地的修道士们在附近建了一个田庄，绕田庄挖了一条沟，引入泉水，形成一个鱼塘。1847 年水沟干涸，但是"岛"这个名称一直沿用下来。

"谁是布鲁克？"

"噢，就是吃饭时负责点名的那个大个子。他是学校的大人物，是寄宿楼的头头，也是拉格比的最佳踢球手和进攻球员。"

"啊，你可以告诉我比赛在哪里进行吗？求你告诉我，我非常喜欢橄榄球，从小玩到大。布鲁克会让我参加吗？"

"他不会让你参加的，"伊斯特有些愤愤地说，"哎呀，因为你不知道规则——你得用一个月的时间来熟悉。我告诉你，比赛可不是闹着玩的。这与你在私立学校的比赛完全是两码事。想知道为什么吗？这学期，已经有两个同学伤了锁骨，十几个同学瘸了。去年还有个同学摔断了腿。"

汤姆听着这些事故，肃然起敬。他随伊斯特穿过操场，来

到一种类似巨大绞刑架的庞然大物面前，它由两根垂直立在地上、高 18 英尺的长杆组成，两杆相距 14 英尺，离地约 10 英尺处有一个横梁。

"这是其中一个球门，"伊斯特说，"瞧，那边还有一个，正对面，在校长房间的墙下面。比赛是三球两胜，先踢进两个球一方获胜。你看，只踢过柱子是不行的，球必须越过横梁。多高都可以，只要在两门柱之间。球滚到门柱后面的时候，必须在球门线触球，若对方触球，他们就有机会射门。然后，就轮到我们这些人了。我们就负责守住球门，在对方的大个子跟上来之前把球踢回去。大个子都在我们前面踢球，这也是争球最激烈的地方。"

伊斯特起劲儿地解释"越位""落踢射门""踢凌空球""定踢"的奥秘，以及有关橄榄球的复杂知识。汤姆努力理解这些术语，心里越来越佩服这个朋友了。

"但是，怎么让球留在球门之间呢？"汤姆问道。"我不明白为什么球不能直接跑到小礼拜堂那里。"

"哎呀，那样的话，就是死球了。"伊斯特回答。"你看到操场这边的砂石小路，还有对面那排榆树了吗？它们是边界。球只要出界，或者触到界线，就成了死球。然后谁先触到球，谁就要把球踢给场上的球员。球员们排成两列，中间隔一段距离，每个人都站在自己球队这边。随后就会上演精彩的对阵争球！你看三棵树那里，那是比赛开始的地方，球飞到那里的时候，会非常惊险，因为你很可能会失控撞到树上，这比任何脚踢都要严重。"

　　他们朝着墙手球馆的方向往回散步的时候，汤姆心里在想比赛是否真如伊斯特说的那样危险，如果真是这样的话，他是否会喜欢橄榄球比赛，是否能表现得很好。

　　不过，他还没想太久，伊斯特就大叫起来。"太好了！这里在踢练习球，跟我来，踢踢试试。"练习球是一种练习踢悬空球用的球，在点名和正餐前或其他零星时间，男孩们会带着球出来，互相踢来踢去。他们加入了那些带球出来玩的男孩，这些男孩都是寄宿楼的低年级同学，是伊斯特的朋友。汤姆很愿意试试自己的技术，结果表现得非常出色。他学着伊斯特的样子，先把脚往地下踩 3 英寸，腿几乎踢到空中，努力完成了一次落地踢球。

　　不一会儿又来了很多人，大一点的学生也出来了，其他寄宿楼的孩子正等着点名，操场上的球越来越多。快到下午 3 点钟的时候，人群逐渐密集，等到钟声敲响，一百五十个男孩已经在勤奋练习了。接着，孩子们抱着球，戴着方帽、穿着长袍的值日老师开始点名，全校三百名男孩相继进入大礼堂。

　　"我可以进去吗？"汤姆抓住伊斯特的胳膊说，他渴望成为其中一员。

　　"可以，跟着我，没人会说什么的。一个月之后你就不会这么盼着点名了。"他的朋友回应道。他们排队一起进入大礼堂，向前走到那个著名的班级——低四学级面前，这个班级当时有幸被伊斯特照管。①

---

①　当时伊斯特读低四学级，至于为何说低四学级"著名"，详见第一部分第八章。

老师走上门口的讲台，这个星期负责值日的学级长中有一个站在他身边的台阶上，还有三个拿着藤条在礼堂中间来回走动，喊道："安静，安静！"六学级学生紧挨左边的门站着，大约有三十人，汤姆怀着敬畏之心远远地打量着他们，觉得大多数都是高大的成年人了。五学级男孩站在他们后面，人数是他们的两倍，但不那么高大。这些人都在左侧，右侧是低五学级、"小贝壳"（低四学级），以及依次排列的低年级学生。三位学级长在正中央来回巡视。

接着，站在老师旁边的学级长从六学级开始点名，他念到一个人的名字，就有人答一声"到"，然后走出去。几个六学级学生站在门边，引导全体男孩往操场走。这是一个盛大的比赛日，不管是否愿意，每个男孩都必须到场。其余六学级学生走向操场，确保没有人从侧门逃走。

不过，今天（校寄宿楼的比赛日①）校寄宿楼的学级长不会守在门口看有没有人逃学。校寄宿楼的杂务生②这一天可以想去哪儿就去哪儿。伊斯特骄傲地告诉汤姆："他们十分信任我们，他们很清楚，校寄宿楼的男孩没有一个会缺席比赛。如果有人胆敢缺席，我告诉你，我们也会很快让他吃苦头。"

---

① 在拉格比，橄榄球是学生必须参加的运动，除非学生身体有恙不宜参加。直到1871年，全校都必须参与圣诞节学期举行的三场重大比赛——第六学级的比赛、老拉格比人的比赛、校寄宿楼和校队的比赛，其中属校寄宿楼和其他寄宿楼组成的校队之间的比赛最精彩。但是，只有在以前的比赛中取得优异成绩的人才能上场踢球。其他人要守球门，当球快到球门时，蜂拥而上，扑向球。

② fags，公学中受使唤的低年级学生。

这个星期的值日老师有些近视，而且负责值日的学级长比较小，不能很好地应付工作，所以，低年级学生要等上十分钟才会听到自己的名字。在这十分钟里，精力旺盛的男孩们互相扔橡树子，结果橡树子飞得到处都是。小学级长们不时冲过来，通常只是惩罚几个安静、胆小的男孩——既害怕橡树子，也害怕藤条——而几个始作俑者却机敏地逃脱了惩罚。点名仍在继续进行，这有点像大千世界，惩罚往往落到无辜者身上，至于始作俑者的结局，也许"不是不报，时间未到"吧。现在，值日老师点完名，锁上了大礼堂的门，值日学级长带着最后几名杂务生出来了。点名的时候，这几个杂务生一直在墙手球馆的角落游荡，希望找机会在进操场前溜走。

"拿住那练习球！""放到球门那儿去！"人们大喊大叫，工作人员捡起散落的球。男孩们分成三队，朝两个球门移动。左边一小队由十五到二十个男孩组成（汤姆在其中），正在朝校寄宿楼墙下的球门走去。他们是校寄宿楼队的不上场人员，要待在球门处。向小岛那边的球门走的一队人数较多，是校队的不上场人员。中间一大群人是上场的选手，双方混在一起。他们都很认真地对待比赛，把夹克、帽子、马甲、围巾、背带挂在小树周围的栏杆上，然后三三两两地走到各自场地。你会发现，那时的比赛不像现在的橄榄球比赛，有鲜艳的色彩和精心的装扮给比赛增添生气，让最无聊差劲的比赛看起来也赏心悦目。现在每栋宿舍楼都有统一的便帽和运动套衫，颜色很活泼。但是在我们所谈论的那个时代，还没有舒适的便帽和统一的制服，只有校寄宿楼的白裤子。今天看来，这色调实在是太冷了。

言归正传，让我们回到比赛。摘下帽子，勒紧朴素的皮带，我们是认真的，先生。

现在，双方球员礼貌地分开，站在各自的位置上，我们仔细看看，这是什么奇怪的情况？不会让这五六十个穿着白裤子的男孩——很多人都非常小——和对面的大块头对决吧？我就是这个意思，先生。他们无论如何都要试一试，而且不会打得太糟糕，记住我的话。难道大布鲁克不是用他那幸运的半便士赢了抛硬币游戏，得到了选择球门和开球的机会吗？你会看到新球静静地躺在球场中央，对着校寄宿楼或者面向岛一侧的球门，过不了多久它就会飞向球门。我们不妨花点时间说说校寄宿楼一方是如何训练的。首先，你会看到负责守门的六学级男孩已经将其防线（守门员）分散部署在球门柱后的整个区域，相距约5码。一个安全、防守严密的球门是一切胜利的基础。大布鲁克正在对后卫的队长讲话，现在他走开了。我们可以看到，那个少年小心地将他的人（轻骑兵）在场上散开，在己方球门和上场队员（重装部队）之间跑动。这些人分别扮演着不同的角色。小布鲁克和"斗牛犬"们——好好记住他们——是"战斗队"，是"敢死队"，正在玩蛙跳游戏热身，还互相捉弄。大布鲁克站在中间，准备开球；他两边各有一翼上场球员，每翼都有一个公认的英勇少年———一边是沃纳，另一边是赫奇。但是大布鲁克冠绝群雄，就像专制的俄国沙皇一样，明智又勇敢地统治着甘愿俯首且满怀崇敬的臣民，是真正的橄榄球之王。他最后瞥了一眼他的队伍，表情严肃而谨慎，但又充满勇气和希望，真希望我上战场时能在我的将军脸上看到这种表情。

　　校队的组织方式有所不同。守门员乱作一团，根本分不清谁是上场球员谁是守门区人员，领导层也存在分歧。但是校队在力量和体重上有很大优势，要想阻止其获胜，必须付出更多努力。他们的领导者似乎就是这么认为的，因为他们让球员自己管理自己。

　　但是看，校寄宿楼队两翼微微向前移动。大布鲁克大喊一声"准备好了吗"，得到了响亮的肯定回答。大布鲁克快速迈出几步，球旋转着飞向校队球门，在离球门 70 码的位置触地，高度不超过 12 或 15 英尺。一次堪称教科书式的开球。校寄宿楼队欢呼着向前冲，球被传回，他们带球跑到动起来的校队中间。两队球员相遇，接下来的几分钟只能看到一大群男孩在推挤，场面一度极为激烈。球就在那里，反应敏捷的球员在此相遇，荣誉与激情的碰撞在此上演。你能听到砰的一声，还有"越位了""打倒他""压住他""好极了"的喊声。先生们，这就是我们所说的"对阵争球"；在普兰库斯 ① 治校期间，校寄宿楼队比赛的第一次对阵争球可不是闹着玩的。

　　瞧！队形破了，球被传到校队这边，校队带球过了校寄宿楼队。"后卫注意！"布鲁克和其他二十个人齐呼。其实没有必要叫喊，校寄宿楼队的后卫队长已经在界区抓住了球，避开了冲在最前面的校队男孩，用一个漂亮的落踢将球踢回对方领地。双方不断推挤，一次又一次对阵争球，球一会儿传进校寄宿楼队的守门区，一会儿进了校队的球门。校寄宿楼队并没有失掉

---

①　指校长阿诺德博士。

开球和比赛开始时一阵微风给他们带来的优势，稍微给对手制造了一点困境。你说你看不出这个比赛有什么了不起，不过是一群男孩相互推挤，争抢一个像能刺激公牛的红布一样让他们兴奋的皮球。亲爱的先生，一场战争在你看来也差不多，只不过男孩长成了男人，球变成了铁的。但是一场战斗还是值得看一看的，橄榄球比赛也是如此。不指望你能欣赏技术精湛的击球、输赢的关键点——老手才能做到这些，但是只要你愿意，就能理解橄榄球蕴含的广博哲学。来，跟紧我，一起去体会吧。

　　球又落到两队人群最密集的地方，他们迅速聚拢，进行对阵争球。现在必须靠力量或技巧钩球，直到球滚到其中一边。看看这些男孩面对这种场面时有多么不同吧！有两个"斗牛犬"过来冲破外层阻挠，直入对阵争球的中心，决心把球带到对面。他们打算这么做。孩子们，孩子们！你们太兴奋了，已经越过了球，现在要努力穿过对阵的队伍，绕回自己的队伍，才能进一步发挥作用。[1]小布鲁克过来了，他像你们一样单刀直入，但是低头弯背，一直在球后面，找准机会，迅速将球带出。多向他学习吧，你们这些年轻的冲锋者。现在斯皮蒂库特和校寄宿楼的恶霸弗莱什曼也来了，他们大喊大叫，动作夸张。在校寄宿楼锁门后，你们两个难道不会去找小布鲁克，依偎着炉火说"老伙计，三棵树旁边的那场对阵争球太炫了"？但是他了解你们，我们也了解。你们并不想为了校寄宿楼队的荣誉，冒着各种受伤的危险带球穿过对阵（但是让我们认为那就是你们想要

----

[1]　英式橄榄球中，任何处于持球队员前方的己方队员都处于"越位"状态。

的），你们想要的是完全不同的东西。你们这类人最多只会在对阵争球的外围，那里都是推挤，没有冲撞。我们尊重不参与其中的男孩，但是不要假装参与。不过对于你们——我们不想表达看法。

随后便是在外面躬身盯着的男孩，记住他们——他们是最有价值的球员，是"躲避者"。当球从冲锋者中间滚出来的时候，他们就抓住球，带球跑向对方球门。他们很少参与对阵争球，但是必须比冲锋者更冷静：就像男孩的性格各种各样，在橄榄球场上，他们面对或者躲避对阵争球的方式也是五花八门。

时间已过去45分钟，最初的风势逐渐减弱，体重和人数优势开始发挥作用。对手一点点逼退校寄宿楼队，争夺每一寸空间。"斗牛犬"从头到脚都是土色，除了小布鲁克——他有保持不摔倒的神奇本领。校寄宿楼队被逼退到自己的场地上，现在，球就在他们的球门后方，校长房间的墙根下。校长和他的家人在那里观看比赛，似乎比任何孩子都盼望校寄宿楼队获胜。在大布鲁克踢出球之前，我们有一分钟的喘息时间，他下令要在三棵树旁触地得分。球飞出，"斗牛犬"们在后面追赶，过一会儿有人大叫"触地""我们的球"。现在看你的了，大布鲁克，虽然你的队员还是新手。他持球站着，双方队员面对面站成两排：他必须将球直接从队列之中带出。他周围是密集的防线，但是小布鲁克和两三个他的人进一步前移，那里是对方防线的薄弱点。大布鲁克直接将球踢出，而且力度很大，球正好落在他弟弟对面。棒极了！进攻刚好将球带过了校队的防线，越过三棵树，进入校寄宿楼队守门区，小布鲁克和"斗牛犬"扑了上去。校队的核心队员急忙冲回来喊"当心球门"，绷紧每一根神经追赶布鲁克，但是他们追赶的是拉格比脚步最敏捷的人。他们直奔球门柱，面前的守门区队员纷纷散开。"斗牛犬"一个接一个地倒下，但是小布鲁克仍然坚持着。"他倒下了。"不！一个大趔趄，有惊无险。这个撞击来自克鲁，那个最危险的"躲避者"。现在，小布鲁克接近校队球门了，球离他不到 3 码远。校队的杂务生们急忙冲向球的落点，但是没有人扑球。这是唯一的机会，小布鲁克刚好在校队球门柱下触地。

校队的主力队员愤怒地走上前，对身边可怜的杂务生一顿责罚。他们或许很生气，因为能在如此好的地方触地，进球得分对于校寄宿楼队来说几乎是轻而易举的。大布鲁克当然会把球踢出去，但是谁来接住并摆放球呢？这样的形势是在召唤克拉布·琼斯。他嘴里衔着一根草，迈着悠闲的步子走出来了，他是拉格比最古怪、最冷静的家伙：即使他现在撞到月球，他也会从容地站起来，不用把手从口袋里拿出来或理一理头发。但是在这个时刻，再勇敢的冲锋者也会心跳加速。大布鲁克胳膊夹着球站着，示意校队回撤。他要等到校队进入球门，到球门柱后面再踢出球，校队一寸一寸缓缓向前移动，以期拉近距离，准备冲向克拉布·琼斯。克拉布就站在大布鲁克前面，准备接球。如果校队能在他触球之前阻止他，危险就解除了；再来一次冲球，他们就能将球带到校寄宿楼队的球门。真是天真！球踢出去了，然后被漂亮地接住。克拉布用脚后跟踩地面，标记出接球的位置，超过这个位置，校队就不能前进了。但是他们站在那里，围了个里三层外三层，准备在球触地时冲上去。

留出足够的空间！不要给冲过来的人进攻的机会！把球停得又稳又准！相信克拉布·琼斯，他用脚后跟踩了个小窝放球，单膝着地，看着大布鲁克。"现在！"说话间克拉布放好球，大布鲁克踢出，在校队冲上前去的时候，球缓慢而准确地飞了出来。

双方都看着那旋转球，时间仿佛停顿了。球从两根门柱中间笔直飞过，高于横梁大约 5 英尺——毫无争议地射门得分。校寄宿楼队发出一阵发自内心的欢呼声，校长房间墙根下的防守队员那边也传来微弱的回应。第一个小时就有进球，这在校寄宿楼队近五年的比赛中从未出现过。

有人喊道："结束了！"两队交换球门，校寄宿楼队的守门区队员穿过校队。他们中最为得意的一群人，包括刚刚成为校寄宿楼队队员两个小时的汤姆，在交换场地时饱受攻击。汤姆确实无比兴奋，六学级那个最和善、最可靠的守门员只能一直拦着汤姆不让他冲出去；他让汤姆待在他身边，教汤姆触地的技巧。

这时，希尔莫顿的橙子贩格里菲思带着沉甸甸的篮子进了运动场。小男孩们冲向这个身材矮小、脸色发白的人，两队球员混在一起，都被伟大的"干渴女神"所驱使，就像英国和法国被比利牛斯山的溪流制服一样。主力队员们没有理会橙子和苹果，但有几个人跑去掏外套口袋，买了几瓶看起来无害的姜汁啤酒往嘴里送。里面装的恐怕并不是真正的姜汁啤酒，喝下去也没有什么好处。一阵迅疾而疯狂的冲刺，但接着就可能会出现剧烈的肋部疼痛，再也无法进行公正的比赛了——这就是喝那些瓶装饮料带来的后果。

但现在格里菲思的篮子空了。球再次被放到中间，校队即将开球。其领导派出最强壮的队员去守球门，充分评估了其余队员，一百二十名精挑细选的队员等待着上场，决心扳回一局。他们要把球控制在校寄宿楼队的球门前，然后完全靠力量和重量把推进球门。他们希望表现得勇敢，不犯错。大布鲁克看在眼里，便安排克拉布·琼斯在球门前，又指派四五个球员将球传到两侧，在那里达阵得分，如果成功了，会比在前面危险小得多。大布鲁克和沃纳、赫奇之前一直保留实力，现在将率领团队发起冲锋。

"准备好了吗？""准备好了。"球被踢到高空中，校队有时间在球落下时得到控球权。现在他们就在我们中间。你们这些校寄宿楼男孩，像男人一样面对他们，向他们的老巢进攻。是时候展示你们的勇气了——在接下来的半小时，凡是履行职责的人，今晚餐厅温暖的壁炉旁会有他们的位置，还有荣誉和许多瓶装啤酒等着他们。他们将享受这一切。对方球员一再聚集到我方球门前，继续形成威胁，随后，沃纳、赫奇连同小布鲁克和剩余的"斗牛犬"，冲破阻碍，夺回了球。大布鲁克像约伯的战马一样在球场上驰骋，面对他的进攻，最密集的争球也像快速帆船船首的浪花一样宣告瓦解；他的呼喊声响彻球场，他的目光无处不在。如果这些人没接住球，球危险地滚到我方球门前，克拉布·琼斯等人就会抓住球，用精准的落踢把球踢到边线。这是值得为之奋斗的时刻。在场所有学生都投入到这紧张、激烈的半小时里，这半个小时就比得上一年的普通生活。

时间已经到了下午 4 点 45 分。在进球前一分钟，比赛有所放松，但是狡猾的"躲避者"克鲁将球带进了我方球门后方，靠近岛的一边是我方守卫最薄弱的地方。有没有人去防守他？有！看小伊斯特！球刚好在两人中间，和两人的距离一样，他们一起冲上去，一个十七岁的青年和一个十二岁的少年同时踢球。克鲁轻而易举地经过伊斯特，伊斯特被撞翻，肩部着地，仿佛要将自己埋进地里。但是球直接飞到空中，落在克鲁的背后，校寄宿楼的喝彩声证明那是当天激烈的比赛中最勇敢的进攻。沃纳扶起腿部受伤、有些不知所措的伊斯特，伊斯特一瘸一拐地回到球门处，知道自己已经显示出了男子汉的气概。

终于，决战的时刻到来了，校队团结力量，发起最后的进攻，一百二十人都迫不及待地跑起来。他们毫不顾及自己球门的防守，在跨过大球场中心线的时候，球在他们中间直接朝我方球门袭来，就像滑铁卢战役中老近卫军的纵队冲向坡地。与这次冲锋相比，之前的所有冲锋都只能算是儿童游戏。沃纳和赫奇曾试图拦截，但是仍然阻挡不了他们的冲势。"斗牛犬"最后一次发起进攻，他们要么被掀翻，要么被逼退，拼尽全力抗争。大布鲁克冲过外围人群，转身瞅准对阵争球的中心挤了进去。形势一时有些胶着——他拿到球了！不，球从他身边飞走了，面对此情此景，他高声叫道："当心球门。"克拉布·琼斯抓住了球，但是还没来得及踢，人群就向他冲过来，从他身上越过。他在他们身后站起来，嘴里衔着稻草，有点脏，但仍然和以前一样冷静。

球慢慢滚到校寄宿楼队球门后方，距离前方一大群校队球员中年龄最大的男孩不到 3 码远。

那里站着校寄宿楼队的学级长，最可靠的守门员，站在他身旁的汤姆·布朗这次知道了自己的职责。现在是你大展拳脚的时候了，汤姆！球刚好滚到球门前柱下的时候，汤姆身上所有布朗家的人血液都沸腾起来，他和学长一起冲上去扑到球上。学长用手和膝盖撑起了身体，汤姆则一直趴在地上。带头冲过来的人压在他们身上，从学长背上翻过去，直接倒在汤姆身上，压得这个小个子几乎喘不过气来。"我们的球。"学长拿着战利品骄傲地站起来，"快起来，你们下面有个小家伙。"他们被拉开，从汤姆身上滚下来，汤姆的身体已经不动了。

大布鲁克把他拉起来。"往后退，让他喘口气。"他说完摸了摸汤姆的四肢，补充道，"骨头没断。你感觉怎么样，小家伙？"

"哈哈，"汤姆喘着气，呼吸顺畅了些，"还不错，不过还是谢谢你。"

"他是谁？"大布鲁克问。"哦，他是布朗，新来的小孩。我认识他。"伊斯特跑过来说。

"不错，是个勇敢的少年，会成为一名球员。"大布鲁克说。

5 点的钟声响起。裁判宣布"和局 ①"，校寄宿楼比赛的第一天结束了。

---

① "和局"指在比赛时间内未分出胜负，是赛局未完成情况下的平局。

第六章

**比赛之后**

我们有一些食物。①

——莎士比亚

宴会很精彩。

——忒奥克里托斯《田园牧歌》

运动场上的男孩逐渐散了，伊斯特倚着汤姆的胳膊，一瘸一拐地向前走。接下来是庆祝这光荣胜利的茶会，他开始考虑应该买些什么好东西来庆祝，这时布鲁克兄弟大步从旁走过。大布鲁克瞅见了伊斯特，便停下脚步，友好地拍拍他的肩膀说："好样的，小伙子，你打得很漂亮。伤不碍事吧？"

"不碍事，没什么大不了的，"伊斯特说，"只是在争抢时有些扭伤。"

"好，注意好身体，下个星期六比赛再见。"说完，大布鲁克继续向前走。这几句话比英格兰的所有肥皂樟脑搽剂都对他的伤管用，汤姆也竖起耳朵仔细听。啊！我们敬爱之人轻描淡

---

① 出自《暴风雨》第一幕第二场。

写的话语啊，你们是多么强大的力量，又是多么不经意地被能够使用你们的人所驾驭！

"知道吧，锁门后茶会就开始了，"伊斯特说，他跛着脚，以最快的速度往前走，"所以，你跟我一块去萨莉·哈罗维尔家，那是我们寄宿楼的小食店，她烤的土豆特别好吃。我们每个人要为茶会买一便士的东西。快走，不然要卖光了。"

他们蹒跚地穿过方庭，来到街上。汤姆想花掉口袋里新钱包的钱，心想如果他提出多买些的话，会不会冒犯伊斯特。他担心一便士的土豆不太够。最后他脱口说道——

"嘿，伊斯特，除了土豆我们能不能再买点别的？我有很多钱，你看。"

"天哪，是的，我忘了，"伊斯特说，"你才刚到这儿。你看，这 12 个星期，我的钱都花掉了，这些钱几乎都撑不过前两个星期，今天早上我们的津贴因为打破窗户而被停了。所以我一分钱都没有了。当然，我可以在萨莉的店赊账，但是你明白的，我不想期末的时候赊下太多账，那样的话我下学期返校时就得先清算所有账，实在叫人头疼。"

汤姆听不太懂这些话，但他抓住了一个事实：伊斯特没钱了，不愿意多买。"好吧，我应该买什么？"汤姆说，"我很饿。"

"我说，"伊斯特停下来看着他，顺便让自己的腿也休息一会儿，"你是个不赖的家伙，布朗。下学期我要像你一样做。我们就来一磅香肠吧。那是我知道的最好的茶会食物了。"

"好极了，"汤姆兴高采烈地说，"哪里可以买到香肠？"

"哦，就在那儿，对面就是。"他们穿过街道，进了一栋小

房子里最干净的一家小门面。这家店一半是会客室，一半是店面，他们买了一磅非常特别的香肠。波特夫人用纸包香肠的时候，伊斯特和她说笑，汤姆负责付款。

　　从波特夫人的店里出来，他们转到萨莉·哈罗维尔的店。只见许多男孩都在那儿等着烤土豆，扯着嗓子讲述自己在比赛中的战绩。那条街直通萨莉的厨房，厨房很矮，地是用砖铺的，有个大壁龛用来生火，炉边设有座位。可怜的小萨莉是一个脾气很好、很有耐心的女人，她手里拿着餐巾纸不停地忙活，从自己的炉子到邻居小屋的炉子，又跑到房子后面的院子里。她丈夫斯顿普斯是个鞋匠，身材矮小，为人和善，滑稽的眼睛总是醉醺醺的，小腿显得很笨重。他主要靠妻子挣的钱生活，当时正站在角落里，用最粗俗的俏皮话挨个和男孩相互打趣。"斯顿普斯，你这个笨蛋，你今天又喝了太多啤酒。""又不是你付钱。""斯顿普斯的小腿正在往脚踝处蔓延，它们想吃草了。""总比你的小腿那样整个消失不见好。"还有许多诸如此类的对话。这些对话很蹩脚，却能打发时间。萨莉不时拿一罐热气腾腾的土豆过来，几秒钟后就被扫荡一空，每个男孩都会瞅准时机说，"给我两便士土豆，萨莉！""给我和戴维斯三便士土豆！"她是怎么靠自己的脑子和账本把账记得这么清楚的，这真是个奇迹。

伊斯特和汤姆终于拿到土豆了，开始往回走，这时锁门的钟声敲响了。路上，伊斯特讲述了斯顿普斯的生活和冒险经历。他这个人十分有趣，有许多副业，做过轿子的后轿夫（也是这个行业的最后一代）。拉格比的夫人们依然乘轿子去喝茶，当他抬起轿子的时候，淘气的小男孩喜欢跟在后面抽打他的小腿。即便是好脾气的斯顿普斯也受不了这种行为，气得发疯，一放下轿子就去抓那些折磨他的人，一副要报仇雪恨的样子，但是花两便士给他买啤酒便足以让他平静下来。

校寄宿楼的低年级学生大概有十五个，他们在低五学级教室举行茶会，主持人是老门房或看门人。每个男孩都有一小块面包（整块面包的四分之一）和一小块黄油，想怎么喝茶便怎么喝茶。很少有人不给自己再加点奢侈品的，比如烤土豆、一条鲱鱼（西鲱鱼）等。但是到了学期的这个时候，很少有人能拿出一磅波特夫人家的香肠来，伊斯特对此感到十分得意。他

从书房弄来一支长柄烤面包叉，安排汤姆烤香肠，他则负责看
管两个人的黄油和土豆。他解释道："因为你是新来的，他们会
耍些诡计拿走我们的黄油，但你可以把香肠烤得和我一样好。"
于是汤姆和另外三四个做类似工作的小孩一起，在熊熊大火前
烤着自己的脸和香肠，直到香肠发出滋滋声。等到伊斯特从他
的"瞭望塔"冲汤姆大叫香肠烤好了的时候，活动就要开始了。
节日茶杯满了又空，空了又满。汤姆把香肠切成小块分给旁边
的许多同学，他觉得，自己从来没有吃过这么好吃的土豆，没
见过这么欢乐的孩子。大家抛开一切礼仪，狼吞虎咽地吃着香
肠和土豆，回想着汤姆在赛场上的英勇表现，一致认为伊斯特

的这位新朋友是个可靠的人。吃完茶点，茶具食物都撤走了，大家围着壁炉，继续讨论比赛的事。有些人拉起裤腿，展示自己在这场光荣的比赛中尝了多少苦头。

不过，他们很快就被赶出了教室，伊斯特领汤姆去了自己卧室，这样他就能换上干净衣服，在晚祷唱歌前洗漱一番。

"什么唱歌？"汤姆把头伸出水池问道，他正在用凉水洗头。

"哦，你真是个天真的家伙。"朋友在旁边的水池回答，"告诉你吧，每个学期最后六个星期六，我们都要唱歌。这是这个学期的第一次。你明白的，明天早上第一节课不用上了，可以在床上躺着。"

"谁来唱？"

"当然是每个人都唱，你很快就会看到的。吃过晚饭就开始，一直唱到睡觉时间。不过，现在不像夏季学期那样好玩了，那个时候我们都是在图书馆下的小墙手球馆唱歌。你知道的，我们会带上桌子，大孩子围着我们坐，喝啤酒①，因为周六晚上有双份津贴。唱歌间隙我们在方庭周围乱跑，看起来像一群山洞里的盗贼，那些乡巴佬会到大门口不断地拍打门，我们就敲回去，冲他们大喊大叫。但这个学期我们只能在餐厅唱歌了。跟我去书房吧。"

到了书房，他们的主要任务是清理伊斯特的桌子，把橱柜、装饰品和桌布挪走，因为伊斯特住在底层走廊，唱歌时会用到他的桌子。

---

① 书中多次提到喝啤酒的情景，当时的风俗是，男孩们（无论年龄大小）吃饭时都要喝锡杯盛的啤酒，六学级男生经常出入酒馆，不受约束。

7点钟，夜宵适时送达，有面包、奶酪和啤酒，这些都是为唱歌准备的。随后杂务生们就开始收拾餐厅了。之前已经说过，校寄宿楼的餐厅是一间很长很高的房间，一边有两个大壁炉，两张铁皮大桌，一张放在正中间，另一张放在壁炉对面靠墙的位置。杂务生们把桌子围着壁炉摆成马蹄形，摆上用周六晚上的津贴买的成罐啤酒。大孩子们通常在这个时候陆续进来坐下，带着瓶装啤酒和歌谱。他们对这些歌曲已经烂熟于心，但是从一本来自某位已故英雄的手稿中仔细地抄写它们是一种风尚。

第六学级学生还没有来。为了打发这段时间，大家举行了一项有趣且历史悠久的仪式。每个新生轮流站到桌子上，表演一段独唱，如果拒绝演唱或中途停下来，就要接受惩罚，喝一大杯盐水。不过，今晚新生唱得像夜莺一样动听，盐水没有了用武之地。作为新生一员，汤姆唱了一首古老的西部歌谣《皮酒壶》，赢得了热烈的掌声。半个小时后，第五学级和第六学级的学生到了，在桌边就座，接下来是年纪比他们小点的男孩，剩下没有位置坐的男孩则站在桌子外围。

大杯小杯都斟满了酒，随后，领唱者唱起那首古老的海洋之歌——

湿漉漉的拉帆绳，
波涛起伏的大海，
扬帆的海风迎面吹来，
……

这是校寄宿楼雷打不动的开场曲，七十个孩子齐声歌唱，没有人在意声音是否和谐，一心想发出声音（噪音）——这一点他们无疑做到了，但总体效果不算糟。接着，他们唱起了《英国掷弹兵进行曲》《比利·泰勒》《塞林加巴丹之围》《三个快乐的邮差》，还有其他快节奏的激昂歌曲。《"切萨皮克号"与"香农号"》①这首歌最近被加进来，大家用它来称赞大布鲁克。他们唱起歌词——

勇敢的布鲁克挥舞长剑喊道，现在，我的兄弟们，上船，

我们将阻止他们唱起胜利之歌，哦！

屋顶都快塌下来了。第五学级和第六学级的学生都知道，"香农号"的那个"勇敢的布鲁克"跟我们这位大布鲁克一点关系都没有。第四学级的学生对此不太确定，但是大都认为大布鲁克当时在他叔叔的船上担任中尉。而低年级学生毫不怀疑，认为歌词里唱的就是我们的大布鲁克，他带领乘客航行，他们并不关心他是以什么身份领导的。中间休息时，瓶装啤酒的软木塞飞得到处都是，谈话轻松愉快，大男孩们（至少是其中觉得口干舌燥的人）把大杯子举过肩膀，让站在后面的小男孩把杯子清空。

接着，寄宿楼的负责人沃纳起身想说话，但是他没有讲，

---

① 这首歌描绘了1813年美国护卫舰"切萨皮克号"和英国战舰"香农号"之间发生的著名海战，英国赢得了胜利，但是后来美国又打败了英国。

因为每个男孩都知道接下来会发生什么。坐在桌子旁的大男孩互相打闹，站在后面的小男孩也相互捶打、欢呼，高兴地跑来跑去。然后餐厅里突然安静下来，沃纳提醒他们那项古老的寄宿楼习俗：要在唱歌的第一个晚上给本学期末要离开的人祝酒。他明白大家都知道他要说什么（响亮的欢呼声），就没有再作限制，只是希望大家把祝酒当回事。他们祝酒的对象是高年级橄榄球队的老大，在这个辉煌日子的领袖——"父亲"布鲁克！

祝酒声、碰杯声再度响起，大布鲁克站起来的时候，整个餐厅都沸腾了，直到一张桌子快散架，一加仑左右的啤酒打翻在地，所有人的喉咙都干了，餐厅才安静下来。这位英雄双手撑在桌子上，身子微微前倾，准备发言。没有动作，没有演讲技巧，一如他踢球的风格一样，他的话语平实、有力、坦率。

"校寄宿楼的先生们！你们对我的肯定令我十分骄傲，我希望我能说些想说的话作为回报。但是，我知道我不能。然而，我将尽我所能，说出一个即将离开的人，一个在这里度过了生命中美好时光的人该说的话。八年的光阴，我不指望以后还有像这八年时光一样美好的日子了。所以，希望你们都能听我说（众人大声欢呼'我们会的'），因为我要认真地谈一谈。你们一定要听我说；如果你不在乎我说的话，叫我'父亲'又有什么用呢？我打算严肃地聊一聊，因为我觉得确实应该这样。期末也是愉快的时光，第一天我们就进了球（热烈的掌声），在我的印象里，这是八年来最艰难、最激烈的比赛（疯狂的喊叫）。我要说，校队表现得十分出色，直到最后都保持着状态。他们最后的进攻足以击垮一栋房子。当我看到老克拉布被这最后一击撞翻时，我以为我再也看不到他了（大笑声、喊叫声，克拉布旁边的男孩猛拍克拉布的背）。不过，我们还是打败了他们。（欢呼声）——是的，不过我们为什么打败他们？回答我。（众人大叫'你的功劳'！）胡说！不是因为风向和开球——这些不会让我们赢得比赛。不是因为我们拥有学校最优秀的六名球员，我们确实拥有。我绝不会拿沃纳、赫奇、克拉布，还有那个小家伙，去换对方的任何六个球员。（热烈的欢呼声）——但是，六个人不可能坚持两个小时对抗两百人。那么，获胜的原因究竟是什么呢？我会告诉你们我是怎么想的。这是因为，我们比校队更信赖彼此，更加团结一致，有更深的友谊。我们对彼此有充分的了解，懂得如何整合每个人的力量——这就是我们今天打败他们的原因。我们凭借团队的力量作战，而他们则是单打独斗，这就是奥秘所在。（欢呼声）但是如何保持这一传统呢？如何进一步提升这种团队精神？这才是问题所在，因为在我看来，不论我们在乎什么，我们都要努力对抗校队。我知道，不管怎样，与拿到贝利奥尔学院奖学金相比，我宁愿连赢两场校寄宿楼比赛。（疯狂欢呼）

"现在，我和所有人一样为这栋寄宿楼感到骄傲。我认为这是学校最好的寄宿楼，货真价实。（欢呼声）但是它距离我的期望还有一段距离。首先，在这栋寄宿楼中，许多霸凌行为仍在上演。我非常清楚。但是我没有私下调查，也没有干预。这样做只会让霸凌行为变本加厉，甚至会鼓动年龄小的孩子带着眼泪来告状，这样我们会比以前更糟糕。第六学级学生插手通常并不是多好的举动，你们年轻人要注意记住这一点。你们会成为更优秀的橄榄球队员，因为你们学会了忍耐，学会了各尽其职，并坚持到底。但是毫无疑问，没有什么比霸凌更能破坏一栋寄宿楼了。霸凌者是懦夫，一个懦夫会造就很多懦夫；所以，如果霸凌继续在这里上演，那么我们就要和寄宿楼比赛说再见了。（小男孩们大声鼓掌，故意盯着桌旁坐着的弗莱什曼和其他男孩）此外，就是在小酒馆喝得酩酊大醉、酒后发脾气、打架，以及其他不合礼数的行径——记住我说的话，这类行为不会让你们成为优秀的落踢球手或冲锋队员。你们在这里喝了很多好啤酒，这对你们来说就够了。不管你们中有些人怎么想，喝酒不是美德，也不是男子汉气概。

"还有一件事我必须说两句。你们许多人想说：'新校长来这儿的时间还没我们有些学生长，却要改变所有古老的传统。拉格比，尤其是校寄宿楼，江河日下。捍卫古老的优良传统，打倒校长！'这一切我都听到了。同所有人一样，我喜欢拉格比的古老传统，我在这里的时间比你们任何人都要长。我要适时给你们一点建议，因为我不想看到有人被开除。'打倒校长！'说起来容易做起来难。我想你们会发现他在自己的位置上很有权力和地位，会是个难对付的家伙。不过话说回来，他推翻的是怎样的传统？他制止的是在集市上拔掉农民和行商的二轮马车的制轮楔的'好传统'，这可是怯懦的陋习。我们都明白它的来历，校长会反对也是理所当然的。但是，现在，你们当中谁来说一个他推翻的传统。"

一个五学级男孩大声说："猎犬。"他穿着镶有铜纽扣的绿色燕尾服和灯芯绒裤子，是体育兴趣队的队长，也是个公认的好骑手，身手敏捷。

"嗯，我承认，我们寄宿楼有六七条脏兮兮的哈利犬和比格犬，养了很多年了，但校长把它们没收了。不过仔细一想，养这些家伙有什么好处？不过是和 10 英里内的所有猎场看守人打架。相比之下，大型猎狗抓兔子的游戏好玩多了。还能想到其他的吗？"

没人回答了。

"好，我不再继续了。你们自己想想看，我相信你们会发现，他并没有阻挠任何值得保留的习惯。现在请记住，我再说一遍，如果你们要我行我素，而不按校长的要求来，当心惹麻烦，这样做会遭遇不幸。你们都明白，我不是那种在任何情况下都支持老师的家伙。如果我看到他制止我们玩橄榄球或板球，或者禁止我们游泳、打拳击，我会和所有人一样愿意挺身而出。但是他没有，相反，他是鼓励这些运动的。看到没有？今天我们踢球，他出来看了半个小时！（大声为校长欢呼）而且他是个强壮的大丈夫，也是个聪明人，一个从公学走出来的人。（再次响起一阵欢呼）所以，让我们忠于他，不要再说蠢话，作为这栋寄宿楼的老大，我提议为他的健康干杯。（高声欢呼）现在，我的夸夸其谈结束了，我很高兴自己能说完这一席话。但是，想到要离开一个生活了八年、爱了八年的地方，让人觉得很庄严。此时此刻，如果有人能为旧寄宿楼的利益说句话，不管是苦涩的还是甜蜜的，都应该让他讲出来。如果我不为寄宿楼和你们感到骄傲——是啊，没人知道我有多骄傲——我就不会这样批评你们。现在，让我们唱歌吧。但是我坐下之前，必须敬你们，连敬三杯，千言万语，所有敬意，都在这酒里。我希望我们每一个人，以后不管去往何处，每当回想起年少时这段勇敢而光辉的岁月，永远不会忘掉曾喝过的这杯酒。正是这杯酒，将在座所有人、之前离开的人，以及未来到这里的人紧密联系到一起。可爱、古老的校寄宿楼——全国最好的学校中最好的寄宿楼！"

亲爱的孩子们，不管你们是年龄大的还是年龄小的，不论你们来自哪个学校、哪个宿舍，请不要将这本小书随手扔掉，辱骂我和这本书，发誓读到这里就不再读了。我承认你们有理由这么做。现在，你们有谁会轻视一个没有信仰、为他的学校和寄宿楼挺身而出的人吗？你们知道你们不会这样做！那么，不要反对我赞扬拉格比古老的寄宿楼！我有权这样做，因为我为了你们的利益，花费了许多心血写下这段真实的历史。如果你们不满意，就去书写自己的学校和寄宿楼的历史吧，将知道的一切都记录下来，只要你们所言属实，我一定会拜读，绝不会批评指责。

最后几句话触动了听众心底最柔软的部分。他们对大布鲁克讲话的几个部分并不是很热情，但"全国最好的学校中最好的寄宿楼"这句话对所有人都意义重大，甚至让他们对运动和喝酒都失去了兴趣，不禁站起来疯狂鼓掌，（希望）下决心过全新的生活，牢牢记住大布鲁克所说的话。然而，他们并没有完全做到，我亲爱的读者们，稍后你们便会看到。

不过，大布鲁克的部分演讲内容的传承，尤其是涉及校长的内容，要仰仗他个人的声望。因为世上没有像我国学生这样固守既定形式和习俗的人——至少没有像这一代学生那样固守的人，即便这些形式和习惯非常愚蠢、没有意义。我们将每个离校的孩子奉为英雄，一年之后，在他往返牛津或剑桥的路上重访故地的时候，我们将怀着敬畏之心看待他。记得他的学弟见到他会很高兴，他细说过去的言行时一定会有听众，即便说的话太过伤感，会让天使（更不用说校长）落泪。

我们像对待玛代人和波斯人的律令 ① 一样看待学校每一项微不足道的习俗，认为违背或者改变它就是亵渎神圣。没有哪个大人或孩子像校长那样，对学校那些优良合理的旧习俗怀有如此强烈的喜爱之情。之前已经说过，他采取了果断的措施，坚决禁止那些有违此理的习惯。就像大布鲁克说的，要是校长与学生或者习俗发生冲突，学生们别无选择，只能屈服或离开，而遭到他唾弃的习俗也只有被摒弃的份。因为他说的话必须得到执行，任何人都不能质疑他说的话。孩子们从一开始很清楚这一点。他们觉得有一个强有力的人在掌控着他们，他想怎样就怎样，而且还没有意识到他是一个很有智慧和爱心的人，他的个人品质和影响力还没有时间发挥作用。除了少数几个和他接触较多的大男孩，大多数人甚至他所在寄宿楼的孩子都非常害怕和讨厌他。因为他发现学校和校寄宿楼处在一种极度自由和无序的状态，要用强力建立秩序。这项工作很有必要，却不得人心。

不过，如前所述，大布鲁克获胜了，孩子们为他欢呼，也

---

① 《但以理书》："玛代人和波斯人有例，凡王所立的禁令和律例都不可更改。"

为校长欢呼。接着他们又唱了好几首歌，祝福其他即将离开的人，每个人都发表了演讲，或华丽，或伤感，或单调……这里就没必要一一记叙了。

9 点半的钟声响起时，《友谊地久天长》刚唱到一半，现场极为喧闹，许多孩子一只脚蹬在桌子上，敲着大啤酒杯，手握着手，仿佛没有这些伴奏就无法尽情演唱这首经典老歌。唱歌期间，看门人进来了，手中端着五六支长长的木烛台，灯芯发出微弱的光。看门人把烛台插在自己能够得着的大桌子上的洞里，然后站到孩子们围成的圆圈外面，直到歌唱结束。这时，孩子们的喊叫声已经把他包围了。

"比尔，你这个老家伙，还有半个小时才敲钟。""过来，比尔，喝点鸡尾酒。""给我们唱首歌，老头。""你不想到桌子边吗？"比尔不情愿地喝掉递上来的鸡尾酒，放下空杯子，责备道："好了，先生们，还有十分钟就到晚祷时间了，我们必须马上把餐厅收拾好。"

孩子们大声叫着"不，不！"，用力唱起《比利·泰勒》，这已经是第三遍了。比尔哀求地看着大布鲁克，大布鲁克便起身制止了喧哗。"你们这些小孩，现在配合一下，把桌子搬回去，清走水壶和杯子。比尔是对的，打开窗户，沃纳。"沃纳就坐在长绳子边，接到命令后，他将大窗户拉上去，让夜晚清新的空气进来；烛光开始摇曳，壁炉内的火呼啸起来。围绕在桌旁的圆圈散开了，每个人都拎着自己的罐子、玻璃杯，还有歌谱本。比尔扑向大桌子，咯吱咯吱地把桌子推回原处——储藏室门外。住在底层走廊的男孩在朋友的帮助下搬走了自己的

小桌子。最后，几个不知疲倦的和音男孩站在大厅的大桌子上，演唱了一首《天佑吾王》，这个夜晚顿时显得有些悲凉。威廉四世国王殿下当时统治着我们，喜爱音乐的孩子自然很喜欢他，他们从那首他们非常喜欢的美妙歌曲的开头——尽管有点庸俗——知道了他：

> 来吧，同胞们，不论伟大还是渺小，
> 履行你们的职责，
> 大声唱"国王比利万岁"，
> 因为他减少了啤酒税。

其他在歌曲方面更有学问的人也用民谣的形式表达对他的赞美，我认为那是某位爱尔兰爱国者的作品。我只记得合唱的部分，歌词是这样的——

> 天佑我们的仁君威廉，愿他的名字永远蒙福：
> 他是众民之父，万物由他守护。

实际上，大致说来，在那些日子里我们都是忠诚的臣民。我相信我们的后代也像那样看待现在的女王陛下，会认识到时代的伟大转变，采用或创作同样打动人心但更加文明的歌曲，来赞颂她的荣耀。

接着，9点45分的钟声敲响，晚祷的时间到了。第五学级和第六学级的男孩靠着大墙手球馆两侧的墙，按照规定排队站好；中五学级和高年级男孩围着大厅中间的桌子；低年级学生围着第二张长桌子的半边，桌子一直延伸到离壁炉最远的边上。汤姆发现自己排在所有人后面，觉得精神和身体状态都不适合晚祷。他努力让自己严肃，却怎么都做不到，脑海里不断重复一些歌曲的副歌，眼睛盯着对面的男孩，对他们闪闪发亮的马甲感到好奇，猜测他们究竟是怎样的人。看门人上楼的脚步声传来，门口突然有一盏灯在闪烁。"安静！"说话的是站在那里的第五学级男孩，接着校长大步走进来，头上戴着方帽，手里拿着书，另一只手提着长袍。他走到餐厅中央，让沃纳开始点名。校长什么都没理会，只是静静地翻书找到那个地方；然后拿着便帽，手指指着书中某处，目视前方。他比我们任何人都清楚什么时候该看，什么时候可以不看。今晚是晚祷唱歌之夜，虽然十分吵闹，但是也没有出什么事。大家只是喝了些啤酒，还不至于犯事，尽管有几个男孩喝得脸颊绯红，头脑兴奋。所以，校长装作什么都没看见，用他低沉、洪亮、透彻的嗓音读起了赞美诗，以一种怪异的方式吸引了汤姆。晚祷结束后，汤姆还张嘴盯着校长离开的身影。这时有人拉了拉他的袖子，他转身看见了伊斯特。

"嘿，你被放在毯子里抛过吗？"

"没有，"汤姆说，"怎么了？"

"今晚很可能会进行这样的活动，就在第六学级睡觉之前。你要是害怕，就跟着我躲起来，否则他们就会抓到你，把你抛起来。"

"有人抛过你吗？会受伤吗？"汤姆问道。

"哦，抛过，天哪，我已经经历过许多次了。"伊斯特说。他蹒跚着随汤姆一起上了楼。"只要不掉到地上，就不会受伤。但是大部分人都不喜欢这事。"

他们停在顶层走廊的壁炉边，一群小男孩正聚在那窃窃私语，显然不愿意进寝室。不一会儿，一扇书房的门开了，一个六学级学生走出来，男孩们立刻往楼上跑，一声不响地回各自房间了。汤姆和伊斯特回到两人的房间时，心怦怦直跳，但是他已经下定决心。"我不躲，伊斯特。"他说。

"非常好，老兄，"伊斯特回答道，显然很高兴。"我也不躲了，他们马上就会来这儿抓我们。"

这个房间很大，放了十二张床，但是除了伊斯特和汤姆，没有看到别人。伊斯特脱掉外套和马甲坐在床尾，一边吹着口哨，一边脱掉靴子。汤姆也跟着开始脱衣服。

走廊里传来吵闹声和脚步声，这时门开了，冲进来四五个五学级的大孩子，领头的是盛气凌人的弗莱什曼。

汤姆和伊斯特睡在房间最里面的角落，起初并没有被发现。

"躲起来了，嗯？"弗莱什曼吼道，"兄弟们，把他们拉出来！看看床底下。"他拉起离他最近的一小块白帘子。"起来！"他吼道，扯住一个小男孩的腿要拖着走。小男孩死死抱住床腿，声嘶力竭地求饶。

"来，你们谁来搭把手，帮我把这个哭哭啼啼的小畜生拉出来。闭嘴，先生，否则我宰了你。"

"哦，求你了，弗莱什曼，求你了，沃克，不要折磨我！我可以给你们当杂务生，做什么事都可以，只求别抛我。"

"你死定了，"弗莱什曼一边说，一边使劲拉这个可怜的男孩，"不会伤着你的——你们！一起过来，兄弟们，上这儿来。"

"嘿，弗莱什曼，"另一个大男孩喊道，"放开他吧，你也听到了，大布鲁克说过，今晚如果我们还逼他们参加抛人游戏，我会完蛋的。别欺负人了，啊呀，就放了他吧。"

弗莱什曼骂骂咧咧地踢了一脚，放掉了他的猎物。小男孩怕他们反悔，又猛地钻到床下，在床底下爬来爬去，直到躲到那个六学级男孩的床下，他知道他们不敢动那张床。

"有许多孩子不在乎被抛起来，"沃克说，"这里，飞毛腿伊斯特在这里——你愿意被扔，是不是，小家伙？""飞毛腿"是伊斯特的绰号，他还有个绰号叫"黑人"，这么叫是因为他跑得很快。

"是的，"伊斯特说，"随你便，只是要当心我的脚。"

"还有个没躲的。嘿，是新来的小子！你叫什么名字，先生？"

"布朗。"

"好，'白人'布朗，你不介意被扔吗？"

"是的。"汤姆咬着牙说。

"那就跟上来，兄弟们。"沃克叫道。他们带着汤姆和伊斯特走了。另外四五个小男孩松了口气，从床底下和床后面爬了出来。

"飞毛腿太厉害了！"一个小男孩说，"他们今晚不会再回这儿了。"

"还有那个新来的，他肯定是个勇敢的小子。"

"啊，等他被抛到地上再说吧，到时再看看他还喜不喜欢被抛！"

此时，那一行人沿走廊来到 7 号房间。这间房最大，中间是一大片空地，最适合抛人游戏。他们和已经在这里的其他大男孩汇合，每人都带着一两个俘虏，有些小男孩愿意被抛，有些不是很开心，还有一些则怕得要死。在沃克的建议下，作为对大布鲁克的演讲的致敬，心里害怕的小男孩都被放走了。

接着，十几个大男孩抓住一块毯子，从床上扯下来。"飞毛腿进来，快！没时间浪费了。"伊斯特被丢到那块毯子上。"一，二，三，起！"他像个羽毛球一样被抛到空中，但是还没触到天花板。

"现在，兄弟们，加把劲啊，"沃克叫着，"一，二，三，起！"这一次，他四肢并拢，避免胳膊碰到天花板。接着又来一次，这样就算过关了，轮到下一个人，也就是汤姆了。按照伊斯特的建议，汤姆安静地躺着，虽然并不是特别反感"一，二，三"，但那声"起！"实在不怎么让人愉快。他们现在玩得正起劲，第一次就把汤姆拍到了天花板上，他的膝盖传来一阵刺痛。但是下落前瞬间的停顿才是最折磨人的，汤姆感到十分无助，仿佛五脏六腑都被抛出来，粘在了天花板上。身子回落的时候，汤姆差点大喊把他放下来，但是想到伊斯特，他没有喊出口。于是，三次被抛，他没有乱踢，没有叫过一声，为此被赞为小英雄。

他和伊斯特赢了，站在一边看着。没有什么惨剧发生，因为所有俘虏都很冷静，没有挣扎。这让弗莱什曼不是很满意。

在抛人游戏中，真正的恶霸喜欢的场面是挣扎、乱踢，是抓住毯子边不放，最终跌落到地上。对他来说，没人受伤或害怕，就没有乐趣。

"把他们两个放一起抛吧，沃克。"他建议道。

"你真是个可恶的恶霸，弗莱什曼！"沃克答道。"让另一个人上吧。"

两个男孩没有放在一起抛，因为这样做难度极大，两个人很难保持不动。从顶部坠落的过程中，人在空中会挣扎，有双双被抛出毯子的风险。弗莱什曼这样残暴的人从中会获得巨大的乐趣。

这个时候，有人大喊，那间寝室的学级长过来了。于是抛人游戏宣告结束，大家散开回了各自的房间。汤姆终于可以上床睡觉了，来公学第一天的经历，还需要慢慢消化。

第七章

# 埋头苦干

伊莱斯说："尽管走起来很困难，
但是只要这是我必须做的，
我就会想尽办法跟着他，
和他走得一样快。"

——民谣

　　我猜每个人都了解这种梦幻般的美妙状态：一天的兴奋和劳累过后，在一个喜欢的地方酣睡一夜，躺在床上半睡半醒，意识开始恢复。生活中没有比这更美好的了。只是美梦总是转瞬即逝。不管怎么努力维持，身心完全静止地躺在床上，这种状态最多持续五分钟。过了这段时间，不管我们多么想咬牙拒绝，那个愚蠢、冒失、清醒的实体——被我们称为"我"的东西——都会再度不耐烦又固执地占据我们的身体。

　　来到新学校的第二天早上，汤姆少爷就这样在床上躺到了7点半。他在干净的小白床上，看着博格尔（校寄宿楼历任擦鞋匠的通用名字）从一张床挪到另一张床，收集脏鞋和靴子，再将干净的鞋子放回原处。

　　他躺在那里，有些恍惚，不知道自己身处宇宙何方，但是他知道自己迈出了一直渴望迈出的人生中关键的一步。天刚亮，他懒洋洋地望着窗外，看到在大榆树枝头盘旋的白嘴鸦，呱呱叫着规劝懒惰的伙伴，之后成群结队飞往附近的耕地。博格尔用胳膊夹着鞋筐走出卧室，随手带上了门。关门声让汤姆彻底醒了，他坐在床上，环顾四周。肩膀和腰究竟是怎么回事？后背像是被人狠狠打过，这是他第一场比赛中的表现带来的自然结果。他抬起双膝，下巴抵在膝盖上，回想着昨天发生的一切，沉浸在新生活带来的喜悦中。来之前他想象过这种生活，如今这一切都成了现实。

过了一会儿，另外一两个孩子也醒了，开始坐起来小声说话。接着伊斯特翻了一两次身，也醒了。他朝汤姆点点头，开始检查自己的脚踝。

"真幸运，"他说，"今天早上可以躺床上了，我觉得我肯定瘸得非常厉害。"

这天是礼拜天，讲座还没有确定，所以在 11 点的礼拜之前，除了吃早饭就没有别的事了。这段时间并不容易打发，事实上，虽然有一定的抱怨声，不久后校长的第一次讲座对学校还是大有裨益的。男孩们躺在床上，没有人急着起床，那些有个好脾气的六学级学长的寝室更是如此。汤姆的寝室就是这样，管理寝室的六学级男孩允许小男孩们谈笑，做自己喜欢做的事情，只要不打搅到他。他的床比其他人的大，摆在壁炉旁的角落里，旁边是洗脸架和一个大水盆；躺在床上把白帘布塞进床垫，便形成了一个独立的空间。对几乎睡在他正对面的汤姆来说，这是绝佳的观察对象。他看到那个大男孩从枕头下抽出一本书，用手枕着头，背对着房间读起来。可是没过多久，几个淘气包就吵成一片，旁边几个小孩小声怂恿——"上啊，蝌蚪！""就是现在，小格林！""拽走他的毯子！""用拖鞋打他的手！"小格林和小霍尔（因为头很黑，腿很细，别的孩子叫他"蝌蚪"）并排睡在离这儿很远的门边，两个人总是相互捉弄，结果往往像这天早上一样演变成激烈的冲突。现在，他们全然不顾一切秩序和权威，都用一只手扯对方的被褥，另一只手拿着拖鞋，只要能够得着，就狠打对手的身体。

"别吵了，角落那边的人。"学级长坐起来，掀开帘子喊道，蝌蚪和小格林倒在乱作一团的床上。他看看表，说道："喂，已经过了8点了！今天轮到谁打热水了？"（这位学级长沐浴很讲究，他寝室的杂务生必须轮流下楼到厨房为他讨要或者偷热水，这个习惯还进一步升级，每天都有两个男孩下楼为整个寝室供应热水。）

"该伊斯特和蝌蚪去了。"一个保管执勤表的资深杂务生回答。

"我去不了了，"伊斯特说，"我瘸得厉害。"

"好吧，快点，你们再出个人，就这样办。"那个大男子汉说着下了床，穿好拖鞋，走到贯穿所有寝室的大走廊里，从皮箱里找出礼拜日穿的衣服。

"我替你去吧，"汤姆对伊斯特说，"我喜欢这种事。"

"那好吧，谢谢你，你真是个好伙伴。穿上裤子，带上我们俩的水壶。蝌蚪会教你怎么做。"

就这样，汤姆和蝌蚪穿上睡衣和裤子下楼了。他们穿过

"托马斯的洞穴"——其实就是小储藏室，晚上的蜡烛、啤酒、面包和奶酪就是从这里送出的；随后横穿校寄宿楼的中庭，沿着一条长长的走廊进了厨房。强壮而健美的厨师说她已经灌了十来罐热水，他们和厨师一番谈判，拿到了热水，战战兢兢地全速返回。几个五学级的"强盗"时刻寻觅着"热水护卫队"，围追堵截，一直追到他们寝室门口。他们像往常一样，侥幸脱身，但是一半热水都洒在了过道里。"不过，总比再下去要好，"蝌蚪说，"如果这些劫匪得逞，我们就得重新下去拿热水了。"

点名钟声响起的时候，汤姆和他的新伙伴已经穿上最好的衣服在楼下了。这周的值日学长把他的名字排在名册的最后，第一次听到自己的名字然后答"到"，汤姆感到很满意。接着到了吃早饭的时间。早饭过后，汤姆和伊斯特就在运动场和城里闲逛：只要没有人叫伊斯特替高年级生跑腿，他的腿就不怎么跛。于是，他们无所事事，消磨时间，直到上午的礼拜开始。

这是 11 月的早晨，天气晴朗，运动场一派热闹景象，挤满了各个年龄段的孩子。他们三三两两地在草地上玩耍，或沿着碎石路散步。伊斯特一路充当导游，指着路上经过的人向汤姆介绍：奥斯伯特，能把板球从小操场扔过白嘴鸦待的树林，扔到校长的墙上；格雷，拿到了贝利奥尔学院的奖学金，为表庆祝，学校放了半天假（伊斯特显然认为后面这一点更重要）；索恩，在 1 小时 2 分钟内跑完了 10 英里；布莱克，在上次与一群找碴儿的小镇混混的争斗中成功保护了自己。还有许多其他被人们当成英雄崇拜的人物，他们曾经在运动场上散步，而他们成名的地方早已没有了他们的踪迹。在餐厅旧桌子或大角柜的

柜门上（不知这些桌子和边柜是否还在）刻画或涂鸦他们名字的四学级男孩，会想知道他们曾是何等的少年。我的孩子们，无论你们在板球、学业或橄榄球上有怎样的作为，你们也会有同样的感受。两三年过去，你们的名字会像我们的名字一样，被时间慢慢地冲淡。但是，你们要勇敢地玩耍、工作，只要做好应该做的事，时间自会有定夺。

10 点 45 分的时候，礼拜的钟声响起，汤姆早早进了小礼拜堂，坐在最底下一排，看着其他同学进来坐好，一排排座椅慢慢都坐满了人。他试着翻译刻在门上的希腊语，可是毫无头绪。他很好奇，坐在礼拜堂最后面高级包厢里的老师们，有没有谁会成为自己的人生导师。接着门关上了，身穿长袍的校长和礼拜仪式都没有给汤姆留下很深的印象，因为他太惊讶、太好奇了。他旁边的那个男孩在面前的橡木嵌板上刻自己的名字，他忍不住要看看刻的是什么名字，刻得好不好；另一边的男孩睡着了，歪在他身上。虽然很多孩子都很专注认真，但总的说来，气氛一点都不虔诚。等到他出来再进入运动场的时候，他感觉一点都不舒服，似乎自己并没有真正去上教堂。

但是到了下午，礼拜堂就完全是另一番景象了。吃过正餐之后，他开始给母亲写家书，心情好多了；最初的好奇心已经没有了，他能够更专注于礼拜仪式本身。祷告完唱圣歌的时候，礼拜堂里渐渐暗下来，他开始觉得自己是真的在做礼拜。接着，对汤姆和拉格比每一个男孩的生命都很重要的大事——校长的第一次说教——开始了。

对于这一场景，已经有了比我更高明的描述者。橡木讲坛醒目地立在礼堂的座位前方。校长高大伟岸，眼睛炯炯有神，嗓音一会儿像低吟的长笛般柔和，一会儿又像轻装步兵的号角般清晰、震撼。从前到后，一直到礼拜堂的后门，一排排都是年轻的面庞：有的是刚离开母亲的小男孩，有的是下周即将离校拥抱大千世界的青年。这一幕伟大而庄严，每年这个时候都如此。那时礼拜堂唯一的光束投射在讲坛和值日学长的座位上，柔和的暮光笼罩着礼拜堂其他地方，在管风琴后面高高的走廊里逐渐没入黑暗。

可是，究竟是什么力量让三百个男孩在礼拜日下午聚到这儿，让他们在这二十分钟里交出自我（不管是否出于自愿）？的确，学校里总有些孩子真心实意地听，最深刻睿智的话也能够领悟。但是这样的人总归很少，屈指可数。那么，是什么让三百个鲁莽而幼稚的孩子镇定地坐在这儿听呢？我们打心眼里敬畏校长，但对天上地下的其他事物不太关心；比起基督教会，我们更看重学校里的小团体，日常生活中，我们会把拉格比的传统和男孩们的集体意见看得比上帝的律法还重。他讲的那些内容，我们连一半都理解不了；我们既不了解自己的内心，也不了解彼此，没有足够的信仰、希望和爱实现这样的目标。但是，当我们觉得一个人全力以赴，与这个小天地里的一切卑鄙、怯懦和不公作斗争的时候，我们就会听他的话，所有心情好的男孩都会听的（是的，连成年人也不例外）。他的声音不是那种从高处给底层挣扎或犯罪的人提出建议和警告的冷酷而清晰的声音，而是一种温暖动人的声音，他与我们并肩作战，呼唤我们帮助他、帮助自己、帮助彼此。因此，那个小男孩虽觉得疲倦，却第一次逐渐（总体上坚定地）明白了生命的意义：他偶然闯入的世界不是傻瓜和懒鬼的天堂，而是一个古老的战场，生死攸关，这里没有旁观者，最小的人也必须选择立场，而赌注则是生死。校长通过讲坛上说的每一句话以及自己的全部日常生活，告诉大家如何去打这场仗；告诉大家站在他们面前的是战友和队长。校长唤醒了大家心中的良知！这才是真正的童子军队长，他从不犹豫，命令毫不含糊，不论谁屈服或想要妥协，他都会（每个男孩都这么觉得）一直战斗到剩下最后一口气、最后一滴血。虽说他性格的其他方面也时常吸引和影响男孩们，但正是这种彻底和无畏的勇气赢得了绝大多数人对他的信任。

正是这种胜过一切的品质感动了像我们的主人公这样的男孩，他们除了过于少年气之外，身上没有什么特别的地方；我说的这种少年气是指他充满了动物的活力、善良的本性和诚实的冲动，憎恶不公与卑鄙，思虑不周以至于能弄沉一艘三层甲板船。在此后两年中，他到底会学坏还是变得更好，这一点是值得怀疑的。在内心形成坚定的目标和原则之前，不管他在一周内有什么罪行和过错，在礼拜天晚上离开礼拜堂的时候，他都会下定决心跟随校长。他感到，阻碍他全心全意坚守目标和原则的不过是自己内心的怯懦（在这个男孩的心里，怯懦是所有罪恶的化身）。

第二天，汤姆被妥善安排进了三学级，开始在教学楼的一个角落里上课。他基础很好，语法已经熟记于心，觉得功课非常容易。他的亲密伙伴伊斯特和校寄宿楼的其他朋友都在比他

高的低四学级，因此，没有什么会使他分心。很快，他就赢得
老师的高度称赞，老师认为他的年级被安排得太低了，期末应
该让他升学。他在学校里一切顺利，给母亲写的家书热情洋溢，
信中满是他的成就和在公学难以言表的快乐。

寄宿楼里一切顺利。临近期末，大家心情都很愉快，沃纳
和布鲁克对寄宿楼的管理也十分到位。诚然，总体制度粗暴严
厉，暗地里仍有霸凌行为，这不是好征兆。但是霸凌行为没有
再进一步发展，并不敢堂而皇之地进行，没有肆无忌惮地横行
于走廊、大厅和寝室，让小男孩整天提心吊胆。

作为新生，汤姆第一个月有权不干杂务，但是他对新生活
充满热情，并不想拥有这项特权。伊斯特和其他小伙伴看出这
一点，体贴地满足他的愿望：让他晚上替换着跑腿，清理书房，
这些活是杂务生的主要职责。从晚饭到晚上 9 点钟，三个杂务
生根据要求站在走廊里待命，只要听到学长的传唤就跑到门口，
最后一个到的就必须做杂役。通常是去食品室取啤酒、面包和
奶酪（这些大个子不和其他男孩一起吃饭，他们有津贴，在书
房和五学级室吃饭），清理烛台装新蜡烛，烤奶酪，灌啤酒，以
及传递关于寄宿楼的消息。汤姆刚开始有种英雄崇拜意识，认
为听命于大布鲁克，替他跑腿、给他准备晚餐是莫大的光荣。
除了这种夜工，每个学级长专门配有三四个杂务生。学级长是
这些杂务生的向导、贤师和朋友，杂务生们反过来也要回报学
长的提携，在每天早上第一节课下课到他吃完早饭回来这段时
间，轮流为他打扫书房。汤姆喜欢进学长的书房，看书房里的
画，偷偷翻阅里面的书。他打定主意替懒得干活的男孩做这项

差事。于是，大家很快都认为他是个心甘情愿替人效劳的好人。

汤姆还全身心地参与所有比赛，通过在校寄宿楼专用小球场不断练习，他很快就洞悉了橄榄球的所有秘密。

不过，他在猎犬追兔游戏①中的第一次长跑，尤其值得一提。这学期学习周的最后一个星期二，吃完正餐穿过大厅时，他听到有人大声跟他打招呼，是蝌蚪和其他几个杂务生。他们坐在一张长桌子旁，齐声叫道："过来帮我们做'野兔气味'。"

汤姆遵照神秘的召唤来到桌边，随时准备帮忙。只见这伙人正把旧报纸、练习册、杂志都撕成小碎片，装进四个大帆布包里。

"轮到我们楼为猎犬追兔游戏准备气味了，"蝌蚪解释道，"快撕，马上就到点名时间了。"

另一个小男孩说："我觉得最后一天还得这么辛苦地跑，真是让人感到遗憾。"

"这次是哪段路程呢？"蝌蚪说。

"哦，我听说是在巴比②跑，"另一个男孩回答，"路程至少有9英里，硬地赛跑，除非你是一流的飞毛腿，否则根本到不

---

① 也称"纸追"（paper chase）游戏，是一项户外越野竞速游戏，早在伊丽莎白一世执政时就开始在英国的中学里流行，通常是由跑得最快的人当"野兔"，其余人当"猎犬"。野兔先跑，沿途留下代表野兔气味的碎纸屑，猎犬必须在规定时间内跟上兔子，并在到达终点前将其抓住。拉格比的"大型猎犬抓兔子越野跑"（Bigside Hare and Hounds）也是类似的玩法，但是越野路线非常长。拉格比中学至今仍旧保留着这项运动。

② 巴比是拉格比东南4英里处的一个村庄。

了终点。"

"不过，我决定试试，"蝌蚪说，"这是这学期最后一次跑步了，如果能抵达终点，就有机会获得许多麦芽啤酒、面包和奶酪，还有一大碗宾治酒。科克酒馆的麦芽啤酒太有名了。"

"我也想试试。"汤姆说。

"那就把你的马甲脱掉，在门口听着。点名之后，你就知道在哪集合了。"

果然，点名之后门口有两个男孩喊道："参加大型猎犬追兔游戏的同学，在白厅集合。"汤姆系好皮带，脱掉多余的衣服，动身前往白厅——距城镇大约四分之一英里远的一座古老的三角屋顶建筑。他还说服伊斯特同去，不过伊斯特觉得他们不可能到达终点，这可是一年中最艰难的赛跑。

到了集合地点，有四五十个男孩在那里。许多人在橄榄球赛中奔跑的样子，汤姆都见过，因此确信他和伊斯特比他们更有可能到达终点。

等了几分钟之后，为这次比赛挑选的"兔子"——两个知名赛跑选手，腰上系四个装满"气味"的袋子，跟小布鲁克和索恩对了表，就沿着田野朝巴比的方向一路小跑起来。

接着，"猎犬们"围着索恩，索恩简短地解释道："'兔子'提前六分钟起跑。我们要跑到科克，每个在'兔子'开跑十五分钟内到达科克的'猎犬'，只要过了巴比教堂，都会被计入成绩。"接着他暂停了一分钟左右，大家对完表，把表放进口袋，由人领着穿过大门，进入兔子一开始穿过的田野。这时他们开始小跑，在田野里散开，寻找"兔子"沿路留下的气味线索。

老"猎犬"们直奔可能的目标，不一会儿，其中一个大喊"前进"，整个"猎犬"群加速跑向那个地点，最先发现气味的男孩和离他最近的两三个男孩已越过第一道篱笆，沿着前方草地中长长的灌木篱墙赶路。其余人冲到提前做好的沟那里，你追我赶地往前爬。还没爬一半，又一声"前进"响起，众人迅速跑起来，后面的老"猎犬"都咬紧牙关跟上幸运的领头者。"兔子"很勇敢，"厚厚"的气味铺满了另一处草地，一直到一片耕过的田地，这时众人的速度开始出现差别。之后，他们穿过一道篱笆（另一侧有条沟渠），沿着长满老荆棘树的大牧场往下走，下坡后就是第一条溪流。在这群孩子竞相冲下斜坡的时候，莱斯特郡的一大群绵羊穿过牧场跑开了。溪流很小，气味就在对面斜坡的前方，和以前一样"味道浓烈"。许多年纪小的男孩没有转弯，也没有重新确认气味来帮助已经筋疲力尽、远远落在后面"猎犬"——他们的腿像灌了铅，心脏像锤子敲击重物一样怦怦直跳，严重掉队的人开始怀疑还值不值得继续前行。

汤姆、伊斯特和蝌蚪开局良好，对于这么小的孩子来说，这已经很难得了。他们爬上斜坡，穿过另一片田野，发现自己赶上了最前面的猎犬，这些人跑过头了，正准备往回跑。他们在十一分钟内跑了 1 英里半的距离，这个速度表明这是最后一天了。最初的起跑者中，大约只有二十五个人抵达这里，其他人已经放弃了。跑在最前面的人忙着在田里四处搜寻，其他人喘口气，恢复体力。

接着又传来一声"前进"，是最左边的小布鲁克喊的。队伍再次专心致志地追赶，整个队伍和谐前进。气味依然清晰可辨，

但是没有那么浓了。当然，大家已经不需要气味了，因为跑到
这里时，每个人都知道必须要走的路线，不用再分头寻找气
味，而是全力奔跑，翻越篱笆。现在，跟上来的人都进入了计
时范围，他们来到巴比山的脚下，掉队的人不超过两三个。最
后 2.5 英里的直路对"猎犬"们可谓是优势地段，这一点"兔
子"们非常清楚。"兔子"们通常会在巴比山的一侧被发现，今
天所有人都睁大眼睛寻找，可是完全不见踪影。现在是"猎犬"

最艰难的时刻，除了仔细搜寻气味之外别无他法。因为现在是"兔子"的主场了，在接下来的两英里路程中，他们很可能会让整个"猎犬"队伍晕头转向。

眼下，我们的小男孩的困难在于，他们是校寄宿楼的，都跟着小布鲁克。小布鲁克清楚自己的实力，喜欢苦差事，他向左边大范围搜寻。你们这些小孩，只需稍加思考就会记得，赛跑的终点科克就在最右边的邓彻奇路上，上好的麦芽啤酒就在前方等着了。因此，往左边搜寻意味着多做很多工作。此时天色已晚，耍点花招也没人会注意，你们应该紧跟那些一直慢慢向右移动的机敏"猎犬"，别再跟着小布鲁克浪费时间了；他的腿是你们的两倍长，坚如钢铁，两三英里的路程对他来说不费吹灰之力。可是，他们还是坚持跟着他，一路哭着往前冲，汤姆和伊斯特跟得很紧，蝌蚪的大头开始拖他的后腿，落后了大约 30 码。

现在，一条小溪出现在眼前，两边的堤岸是硬黏土；腿一旦陷进去，几乎不可能拔出来。这时传来可怜的蝌蚪微弱的求救声，他被粘住无法动弹了。可是，他们没有多少力气去救自己的兄弟。又过了三片田野，再次确认一下气味，队伍向右发出了"前进"的指示。

两个男孩很绝望，他们完不成比赛了。小布鲁克也这么觉得，他亲切地说："穿过下一片田野时会经过一条小路，沿着路一直走，就到了科克下面的邓彻奇路。"说完这些，小布鲁克飞快地赶往最后一段路程，他的状态就像比赛开始时一样，肯定会第一个到达。他们奋力穿过下一片田野，"前进"的声音越来越微弱，随后完全消失了。整个"狩猎"队伍完全失去了踪影，到达的希望荡然无存。

"真见鬼！"伊斯特一恢复体力就叫起来。他扯下帽子，擦干汗，擦去脸上溅的泥土和汗珠，汗水变成厚重的蒸汽融入寒冷的空气中。"我早就说过会这样。我真蠢，居然来了！我们已经筋疲力尽了，不过我知道，这儿离终点已经很近了，如果我们熟悉这片土地就好了。"

"可是，"汤姆擦去汗，忍住沮丧说，"这也是没办法的事。不管怎样，我们已经尽全力了。我想，最好还是按照小布鲁克说的，找到这条小路，沿着巷子走？"

"我想是这样的——也没有别的办法了，"伊斯特嘟哝道，"下次最后一天我再也不来参加赛跑了。"

他们慢慢往回走，心情郁闷，终于找到了那条小路。两人一瘸一拐，踩在冰冷泥泞的车辙上，弄得泥水飞溅。他们逐渐觉得，这场赛跑已经耗尽了自己全部精力。夜幕快速临近，云层遮蔽了天空，天地一片黑暗、冰冷、沉郁。

"嘿，我猜肯定要锁门了。"伊斯特打破沉默，"天太黑了。"

"如果我们晚到会怎么样？"汤姆说。

"那就没有茶点了，会被送到校长那儿。"伊斯特答道。

这让他们更沮丧了。不久，附近田野里传来一阵微弱的招呼声。他们停下来回应，希望有个精明的乡下人来指路。只见可怜的蝌蚪正在20码外的一扇门那儿缓慢前进，他快要崩溃了。他在小溪里丢了一只鞋，一直在坚硬的湿黏土里摸索，直到泥土没过胳膊才找到，看起来没有哪个男孩比他更不幸了。

不过看到蝌蚪他们还是很高兴，因为蝌蚪要比他们更可怜。他们也让蝌蚪鼓起了劲，他现在不用害怕独自一人摸黑穿过旷野了。大家的心情都好了一些，三个人深一脚浅一脚，费力地沿着那条永远没有尽头的小路向前走。最后，小路变宽了，就在黑暗已笼罩一切的时候，他们来到一条收费路上停住，一时有些迷茫。他们完全迷失了方向，不知道该往左走还是往右走。

好在不必做决定，因为两匹跛马拉着一辆笨重的马车，亮着一盏灯，正缓慢地朝他们驶来。他们犹豫了一会儿，认出那是牛津来的马车——令人敬畏的"猪和哨子"。

马车缓缓地驶过来，男孩们集聚最后一点力量奋力奔跑，准备在马车经过时，从后面爬上去。不料筋疲力尽的伊斯特两腿一软，鼻子着地摔倒在路上。另外两个男孩向一个穿着破烂的老车夫打招呼，车夫停下车，同意收留他们，只收一先令。于是他们坐在后座上，跺着脚，冻得牙齿打战，马一路小跑着进了拉格比。此时距离锁门时间已经过去了四十分钟。

五分钟过后，三个一瘸一拐、浑身颤抖的小身影悄悄穿过校长的花园，从仆人房间的入口进了寄宿楼（其他门早已经锁了）。他们在走廊里碰到的第一个人是老门房托马斯，他一只手端着蜡烛，一只手拿着钥匙，慢悠悠地走着。

他停下来打量一番，露出了恐怖的笑容。"啊！伊斯特、霍尔、布朗，过了锁门时间。你们必须马上去校长书房。"

"是的，我们回来晚了，托马斯，但是我们可以先去梳洗一下吗？你可以宽限一下时间的，你知道。"

"直接去校长书房——这是命令。"老托马斯回答。他示意三个男孩朝走廊尽头的楼梯走，直通校长房间。三个男孩可怜兮兮地朝那边走，老门房的那句"这几个孩子可真倒霉！"让他们更沮丧了。老托马斯是在说他们的脸和衣服，但是他们认为这暗示了校长的精神状态。上了几步楼梯后，他们停下来商量对策。

"谁先进？"霍尔问。

"你——你年级高。"伊斯特回答。

"饶了我吧——看看我现在的样子，"霍尔答道，抖了抖他的夹克袖子，"我得跟在你俩后面。"

"好吧，不过你们看看我，"伊斯特说着，指了指身后的大片泥巴，"我比你还糟糕，二比一。你们都能在我裤子上种卷心菜了。"

"脏东西都在下面，你可以把腿藏在沙发后面。"霍尔说。

"过来，布朗，你是体面人——你得打头阵。"

"可我脸上全是泥。"汤姆辩解道。

"哦，说到脸上的泥，我们可是'有难同当'；如果继续在这里磨蹭，只会让事情更糟。"

"好吧，那我们就先擦一下吧。"汤姆说。他们试着擦掉外套上沾的脏东西，但是脏东西不够干，擦拭只会让衣服变得更脏。于是他们绝望地推开了楼梯口的门，来到校长房间的门厅。

"那就是书房门。"伊斯特小声说，向前推了汤姆一把。书房里传出欢声笑语，汤姆犹豫地敲了敲门，没有人回应。第二次敲门的时候，里面传来校长的声音："请进。"汤姆转动门把手，侧身进了书房，另外两个男孩跟在他后面。

校长放下手中的工作，抬起头。刚才他正拿着一个大凿子不停地凿一个男孩的帆船底部，船的线条表明是仿照尼西亚斯船的模型做的。周围还站着三四个孩子。房间另一头放了一张大桌子，几支蜡烛发出明亮的火光；附近摆放着书和文件，壁炉里旺盛的火焰把房间其他地方都映得通红。一切看起来都是那么亲切，像在家里一样舒适，男孩们顿时鼓足了勇气。汤姆从大沙发后面走出来。校长冲那几个要出去的孩子点了点头，他们用好奇的眼光打量着三个小"乞丐"，觉得很好笑。

校长背对着壁炉挺直身子，一只手拿凿子，另一只手拉着礼服的衣角，仔细打量着他们，眼睛里闪烁着光芒。他开口说道："哦，你们几个小家伙，怎么回来得这么晚呢？"

"请原谅，先生，我们出去参加猎犬追兔比赛，迷路了。"

"哈哈！我猜，你们没有跟上，是吗？"

伊斯特不喜欢校长轻视他的跑步实力，站出来说："不过，先生，我们已经到了巴比附近了，但是那时——"

"这是怎么回事，你怎么这副样子，我的孩子！"看到伊斯特的可怜相，校长打断了他的话。

"我在路上摔了一跤，先生，"伊斯特说着低头看了看自己，"猪和哨子路过——"

"什么？"校长问。

"牛津的马车，先生。"霍尔解释道。

"哈哈！那是'校准器'马车。"校长说。

"我想从后面上去，结果脸朝下摔倒了。"伊斯特继续说。

"没有伤到吧？"校长说。

"哦，没有，先生。"

"好，你们三个现在上楼去换件干净衣服，让宿管弄些茶点。你们还太小，不适合跑这种长跑。跟沃纳说我见过你们了。晚安。"

"晚安，先生。"三个男孩兴高采烈地跑开了。

到了寝室，蝌蚪说："心肠多么好的人啊，甚至没有罚我们学二十行诗！"半个小时后，他们坐在宿管房间的壁炉旁，身边放着丰盛可口的茶点，还有冷肉。"比食堂里的食物好两倍。"蝌蚪咧嘴笑着评价道，嘴里塞满抹了黄油的烤面包。他们顿时把所有委屈忘得一干二净，决心要在下学期的猎犬追兔比赛中第一个抵达终点，还把这个游戏列为他们最喜欢的游戏。

一两天后，寝室外大走廊的箱子和旅行皮箱被清走运到了楼下，由舍监打包。男孩们则在空场地中玩战车比赛、斗鸡和枕头大战。这是一个明确的信号——这学期就要结束了。

接下来就是成群结队的返乡队伍。汤姆加入了一个队伍，他们打算雇一辆四匹马拉的驿递马车前往牛津。

很快就到了最后一个星期六。这天，校长到各年级派发奖品，听老师们就自己履职的情况和学生们的表现做最后汇报。汤姆非常开心，因为他得到了老师的表扬，而且升到了低四学级，他的朋友都在这个学级。

第二周星期二的早上 4 点钟，宿管和女舍监的房里正煮着热咖啡。孩子们裹着大衣和围巾，狼吞虎咽地喝着咖啡，四处乱窜，倒在行李上打滚，围着女舍监问各种问题。校门外停着几辆轻便马车和汤姆那个队伍租的四匹马拉的马车，驾车的小伙子穿着他们最好的外套和马裤，临时雇来的短号手吹起了《南风和多云的天空》，唤醒了半条街的和平居民。

喧哗声越来越大，搬运工拿着箱子和袋子，摇摇晃晃地走来走去，短号吹得更响了。老托马斯坐在他的小房间里，旁边放个黄色的大袋子，他正从里面取出旅行经费递给每个孩子。他借着烛光，核对自己手写的笔迹潦草的、脏兮兮的单子和校长的单子，还有他的现金数额。他向一边歪着头，抿着嘴，眼镜因为长期使用而有些模糊不清了。他核对单子时很谨慎，锁上门，只开一扇窗户，要不然他会被逼疯，失去所有的钱。

"托马斯，快点，我们还没在邓彻奇追上过海弗莱尔 ①。"

---

① 海弗莱尔（Highflyer）被认为是给人印象最深刻也最危险的四轮敞篷马车，车身由两组弹簧支撑，有两个座位。

"这是你的钱，拿好，格林。"

"喂，托马斯，校长说我有 2 英镑 10 先令，你只给了我 2 英镑。"——恐怕格林少爷并没有严格照事实说话。托马斯的头偏得更厉害了，继续盯着脏名单。格林只好离开了窗口。

"嘿，托马斯，别管他，我的是 30 先令。""我的也是。""还有我的。"其他人也大声嚷嚷。

不管怎样，汤姆这一队收拾好行李，拿到钱就冲向校门口。短号手疯狂地吹奏《白兰地酒珠》，可能暗示音乐家和驾车的小伙子们已经有些醉了。所有行李都被小心翼翼地放在车厢里或前后的行李箱里，这样外面就看不到帽盒了。五六个小男孩带着豌豆枪，和小号吹奏者一起从后面上了车。前面的大男孩大都在抽烟，不是为了享受，而是因为他们现在是自由逍遥的绅士了，而抽烟是最正确的公开宣告这个事实的方式。

领头者说："鲁滨孙的马车一分钟之后就上路，它去伯兹寄宿楼接人了。我们要等他们靠近，来一场比赛。现在，小伙子们，如果你们打败他们，领先 100 码的距离进入邓彻奇，每个人将得到半英镑奖金。"

"没问题，先生。"驾车的小伙子们咧嘴笑着喊道。

不一会儿，鲁滨孙的马车带着一个小号手飞奔过来，甩掉了两驾马车。骏马飞驰，男孩们欢呼雀跃，号角吹得响亮。上天一定特别眷顾这些孩子和驾车的小伙子，否则他们在最开始的 5 英里肯定已经翻了二十次车了。有时候他们几乎并驾齐驱，车顶的男孩互相用豌豆枪射击，一会儿超过一辆比他们先出发的邮递马车，一会儿冲上高坡，一会儿又轮子悬空跨过宽沟。

一切都在一个黑暗的早晨进行，引导他们的只有自己的灯。不过，一切都结束了，他们只在索瑟姆街超越一辆马车。最后一发子弹留在了牛津的谷物市场，他们上午 11 点多抵达那里，在天使旅馆坐下来享用了一顿奢侈的早餐，当然为此花了不少钱。这队男孩在这里分开，各自踏上回家的路。汤姆叫了一辆两匹马拉的轻便马车，阔气得像个贵族，虽然他兜里只剩下五先令，离家还有 20 英里。

"去哪，先生？"

"法灵登的红狮旅馆。"汤姆说着递给马夫 1 先令。

"没问题，先生。"马夫对左边的驭马男孩说，"红狮，杰姆。"汤姆坐上咯吱作响的马车踏上了返乡之路。在法灵登，汤姆被旅馆老板认了出来，得到钱支付了牛津马车的费用，随即跟着旅馆老板进了另一辆轻便马车。这位漂亮的小绅士就这样抵达了父亲的府邸，乡绅布朗看上去脸色很难看，他得为牛津到这里的旅途支付 2 英镑 10 先令。不过，乡绅很快就消了气。汤姆回到家非常开心，他很健康，还养成了良好的品格。他给家人讲起了拉格比的勇敢故事，讲学校的各种趣事和他的快乐。那一天，在拉格比中学第一学期结束的日子，英国坐下来吃晚餐的人中，没有比布朗夫妇和汤姆更幸福的人了。

第八章

『独立』战争

他们是不敢选择

憎恶、嘲笑和辱骂的奴隶，

宁愿沉默着退缩，

逃避他们必须思考的真理：

他们是奴隶，

不敢三三两两地与正义站在一起。

——洛威尔《论自由》


    第二学期开学的时候，汤姆被分进了低四学级。这是低年级人数最多的班，有四十多个男孩，年龄从九岁到十五岁不等。他们要花大部分精力学习拉丁文和希腊文，根据李维的一部著作、维吉尔的《牧歌》和欧里庇得斯的《赫卡柏》，每天一点一点地进行。对于倒霉的老师来说，管理低四学级肯定是件苦差事，因为学校里最让人头疼的学生都在这里。最笨的学生卡在这里，一辈子都不可能掌握那些词形变化规则；他们是低龄学生的欢乐之源，也令低龄学生害怕。低龄学生每天都在课堂上取笑他们，但是到了玩耍时间，他们就会转而欺负取笑他们的低龄学生。有三四个穿着燕尾服、下巴上刚长出绒毛的倒霉家伙，校长和班级老师一直在争取将他们升到高年级，只是，哪怕推荐标准再宽松，他们的句法分析和理解能力恐怕也达不到要求。这个年级的男孩大多在十一二岁，正是最淘气、最不计后果的年纪，伊斯特和汤姆·布朗就是典型。他们像猴子一样满肚子都是鬼点子，像爱尔兰女人一样会找借口，戏弄老师，相互捉弄，在课堂上找乐子；即使百眼巨人亲自监管他们，也会被弄得不知所措。想让他们消停半小时，或者认真听讲半小时，几乎是不可能的事情。剩下的都是九到十岁的小神童，他们一学期升一级，其他男孩都望尘莫及。成年人的任务就是确保这些早慧的孩子能得到公平对待。由于老师要处理的事情太多，他们没有得到公平对待，他们的成绩总是被迫下滑三四个名次，他们的诗被剽窃，书被涂上墨水，外套被漂白，生活因此变得艰难。

低四学级和低四学级以下的所有学生都在大礼堂上课。没人相信他们会在进门前预习功课，离上课还有四十五分钟，他们就被老师赶进教室，分散坐在长凳上，借助词典和语法书推敲二十行维吉尔和欧里庇得斯作品中的句子，一脸困惑。在这四十五分钟里，低年级老师要么一起在大礼堂里来回巡视，要么坐在课桌旁阅读或检查作业，必要时维持一下秩序。但是低四学级现在超员了，人数太多，老师无法顾及每一个学生，结果这个班成为占班级人数最多的淘气鬼们的乐土。

之前已经说过，汤姆凭借良好的品格从三学级升上来，但是事实很快就证明，低四学级对他的影响太大，他很快就沉沦了，变得和其他男孩一样难以管教。实际上，有几个星期，他保持住了稳重的形象，赢得了新老师的青睐；而接下来的这个小插曲，让新老师重新认识了汤姆。

除了老师用的那张课桌外，大礼堂的角落里还有一张没人用的桌子。低四学级学生有一个雄心勃勃的目标：爬过三个台阶，将这张可容纳四个孩子的桌子据为己有。关于使用权的争论引发了骚乱，结果老师最后完全禁止使用这张桌子。当然，这对敢冒险去占有桌子的人来说是个挑战。由于两个男孩躲在里面空间还绰绰有余，即使有禁令，桌子还是很少空着。桌子前面挖了几个小洞，老师来回踱步的时候，躲在里面的人可以通过小洞看到老师。上课时间临近时，有人趁老师转身时溜下台阶，混进下面的一大群学生中。汤姆和伊斯特成功占据那张桌子不下六次。他们越来越胆大包天，经常趁老师在大礼堂另一头的时候，在桌子底下玩墙手球。一天，不幸到来了，游戏进行得比平时激烈，球从伊斯特的指间滑了出去，慢慢滚下台阶，滚到礼堂中间。这时，来回走动的老师们刚好转过身子，面对那张桌子。两个小"罪犯"通过监视洞看到，老师正沿着礼堂过道慢慢走过来，旁边所有男孩自然都停下手中的功课观看。汤姆和伊斯特不仅被揪了出来，还当场挨了荆条，颜面尽失，稳重的形象从此也荡然无存。不过，班里大多数学生都有过这样的遭遇，他们并没有太大的心理负担。

实际上，他们只在乎会不会在月考时受到惩罚。那时校长会过来检查前一个月的学习成果，这是漫长而令人不安的一个小时。第二次月考在汤姆沉沦之后不久就到来了，考核日那天早上，他和同学们来做祷告时，心里一点都不乐观。

祈祷和点名的时间似乎比平时短了一半。他们还没来得及翻译完在书页边缘做了标记的一小部分难懂的内容，就已经坐在桌子旁等待。校长站在中间，和老师小声讲话。汤姆完全没有听见他们说什么，他的眼睛也没有离开过书。但是，凭借某种直觉，他知道校长的下唇在抖动，眼睛里有股怒火，左手紧紧地攥着长袍。这种不确定感最让人难以忍受，汤姆知道，在这种情况下，校长一定会惩一儆百，警戒男孩们。"要是他真开始这么做，"汤姆想，"我也就不用那么担心了。"

最后，耳语停止了，被叫到名字的不是汤姆。他抬头看了一会儿，但是校长的脸太可怕了。汤姆拼命避免与他对视，又把头埋进书里。

第一个被叫到名字的是一个聪明活泼的男孩，与他们有着相似之处：他跟校长有些关系，深受校长喜爱，可以随意进出校长的房子，所以被选出当第一个牺牲者。

"Triste lupus, stabulis。"①那个不幸的小男孩开始念书了，结结巴巴地读了大约八至十行。

"就到那，够了，"校长说，"现在翻译出来。"

平日里那个男孩也许能翻译得非常好，但是现在他的头脑不听使唤了。

"Triste lupus，那头悲伤的狼。"他开始翻译。

全班都弥漫着恐怖的气氛，校长的怒气几乎到了极点。他三步走向小男孩，打了他一耳光。耳光打得并不重，但是吓得

————————

① 出自维吉尔的《牧歌》，翻译成英文是：the wolf is a scourge to the flocks。

男孩直往后退，不料碰到了背后的长凳，一下子翻过去倒在了地板上。整个礼堂死一般的静寂。汤姆之前从来没有见过校长在课堂上打人（之后也不会再见到了），这对他的刺激必定很大。不过，这个牺牲者当时救了整个班，因为校长转向了最高的长凳，余下的时间里注意力都在最优秀的学生身上。虽然课程结束时，他的训斥所有人都不会忘记，但是这场糟糕的批评大会就这样结束了，没有更严厉的惩罚或鞭打。第二节课上课前，四十个小捣蛋鬼用不同的方式向"悲伤的狼"表示感谢。

但是，汤姆发现，稳重的形象一旦失去后就很难恢复，此后数年，他在学校里都谈不上稳重。老师们看不惯他，他也看不惯老师。他理所当然地把老师当成天敌。由于大布鲁克在圣诞节离校了，还有一两个六学级男孩也要在即将到来的复活节离校，现在寄宿楼里的事情也不像过去那样愉快顺利。这些人的管理虽然粗暴，但是总体得力且很公正，也在建立更高的标准。实际上，此后几年一度出现过好的势头。不过，眼下一切都可能再次陷入黑暗和混乱。因为新一批学级长要么还很小，靠着聪明升到了最高一级，但是体力和性格不适合参与管理；要么就是心术不正的大块头，他们在交友和品位上都有堕落的趋势，不明白自己的位置和工作的意义，意识不到肩上的责任。由于管理不善，寄宿楼风气开始变坏。喜爱运动与喝酒的五学级大男孩很快就开始篡夺权力，像学级长一样让年龄小的孩子做苦役，若有人想反抗，就会遭受欺凌。上文提到的年龄大点的六学级男孩和这帮五学级男孩联合起来，小一点的因为同伴投敌，无力与他们正面对抗。于是，杂务生没有了法定主人和保护人，受到一帮不受约束的男孩的欺凌，他们唯一的权利就是用自己的身体进行抵抗。就像大布鲁克曾经预言的，校寄宿楼逐渐分裂成小帮派和小团体，失去了那种坚强有力的团体意识。大布鲁克在的时候非常重视团体意识，有了这种团体感，他在比赛中的非凡表现和在学校事务中的领导地位才得以维持。

在这个世界上，在对个性的重视方面，没有哪个地方能比得过一所公学。要升入高年级的孩子们，我恳求你们记住这一点。现在这个阶段，你们比过去任何时候都更有力量去对社会产生影响。要做大丈夫；为任何真实、正义、可爱、可称赞的事情而勇敢地说话和行动，如有必要，勇敢地反击；永远不要试图讨人喜欢，你只要尽到自己的责任，并帮助他人尽到责任。这样做，你们可以改善学校的风气，让它变得比你们来时更好，从而给尚未出生的同胞带去不可估量的、长期的好处。孩子们像羊群一样，不论是好是坏，都会互相效仿；他们厌恶思考，极少有稳定的原则。实际上，每所学校都有自己传统的是非判断标准（违背就要受到惩罚），界定哪些事是卑贱下流的，哪些事是合法正确的。这种标准不停地在变，只不过是一点点地慢慢变化；在这个标准的约束下，是学校里的学生领袖决定着其他学生的态度和行为，使学校要么成为培养绅士的高贵机构，要么成为一个让小男孩比在伦敦街头闯荡更容易接触到邪恶的地方，或者介于两者之间。

不过，校寄宿楼情况的恶化在一段时间内并没有给我们的汤姆和伊斯特造成很大的影响。他们住在一个好寝室，同寝的学级长是唯一一个能让一切有序进行的男孩，他们的书房就在学级长的走廊里。因此，虽然多少也会受使唤，有时还会遭到恶霸的拳打脚踢，但是他们的处境整体上还是不错的。崭新的校园生活，有各种比赛、冒险，还能结交亲密的朋友，如此无忧无虑，如此缤纷多彩，如此充满希望，同这些相比，他们和年级老师之间的麻烦、大孩子偶尔的虐待就不值一提了。上述事件发生之后的某一年，那位学级长离开了。再没有其他六学级男孩搬进汤姆和伊斯特的走廊书房。一天吃过早餐后，弗莱什曼抓住他们，要求把他的书和家具搬下楼摆进那间空书房，他已经将其据为己有。这让两人感到厌恶和愤慨。从这时起，他们日渐感受到弗莱什曼及其同伙的"暴政"带来的压力。麻烦已经找上了门，他们小心翼翼地在其余杂务生中寻找同情者和伙伴。这些受压迫者私下会面、议论，谋划如何解放自己，向敌人复仇。

一天晚上，伊斯特和汤姆完成了第一节课的功课，在书房里坐着。像年轻的威廉·退尔[①]一样，汤姆在沉思默想，琢磨着杂务生遭受的不公，尤其是他自己的委屈。

"我说，飞毛腿，"汤姆起身剪烛花时终于开口了，"五学级男生有什么权利这样使唤我们？"

"除了让你做杂务之外，他们不敢胡作非为的。"伊斯特答话时头都没抬，他正在看《匹克威克》的开头。这本书刚出版不久，他躺在沙发上如饥似渴地读着。

汤姆再次陷入了沉思，伊斯特接着读他的书，不时发出咯

①　瑞士民间传说中的英雄，带领民众反抗奥地利统治。人物事迹见弗里德里希·席勒的剧本《威廉·退尔》。

咯的笑声。如果比较两个男孩的面部表情，一定会很有意思：一张脸极其严肃，意志坚定；另一张脸容光焕发，洋溢着欢乐。

"你知道吗，老兄，我想了很多。"又是汤姆先说话。

"哦，是的，我知道，你在想干杂务的事。汤姆，来听听这段，见鬼，太有意思了。温克尔先生的马——"

"我心意已决，"汤姆打断他的话说，"我不会再给六学级之外的人干杂活了。"

"好极了，兄弟，"伊斯特手指放在书上，抬起头看着汤姆喊道，"但是如果你打算这么做的话，会招来很多麻烦。不过我本人是支持抗议的，如果我们能拉其他人加入的话——现在的情况太糟糕了。"

"我们不能找个六学级男生带头吗？"汤姆问。

"不错，或许可以。我想摩根会插手。只是，"伊斯特停顿了一下，又说，"你明白，我们得告诉他这件事，那违反了寄宿楼的原则。你不记得大布鲁克说过要我们学会自己承担责任吗？"

"啊，真希望大布鲁克再回来——他在的时候才没有这么多事。"

"谁说不是呢，当时最强壮最优秀的男生都在六学级，五学级的家伙害怕他们，他们让一切都井井有条。可现在六学级男生太小了，五学级根本不怕，在寄宿楼里想干什么就干什么。"

"这样我们就有了两个主子，"汤姆愤愤不平地叫道，"一个是合法的主子，他们至少对校长负责；另一个是不合法的主子——是暴君，无法无天。"

"打倒暴君!"伊斯特大喊,"我完全支持法律和秩序,赞成来场革命。"

"如果只为小布鲁克干活的话,我不会在意,"汤姆说,"他是个心地善良、有绅士风度的人,应该在六学级——我愿意为他做任何事。但是那个恶棍弗莱什曼,他跟谁说话就踢谁、骂谁。"

"那个懦弱的畜生,"伊斯特插话道,"我恨死他了!他也知道这一点,他知道我们两个认为他是懦夫。他在这个走廊占一间书房,实在太烦人了!那帮人现在正在他书房里吃夜宵,你听到了吗?我敢打赌,他们在喝白兰地。真希望校长出来抓住他。我们必须尽快换书房。"

"换不换我都不会再为他干杂务了。"汤姆捶着桌子说。

"杂——务——生!"走廊传来一声叫喊,来自弗莱什曼的书房。两个男孩看着对方,都不说话。9点的钟声敲过了,晚间值日的杂务生已经离岗,他们俩离吃夜宵这伙人最近。伊斯特坐起来,开始露出滑稽的表情,遇到困境时他总是会这样。

"杂——务——生!"又喊了一声。没有人回应。

"过来,布朗!伊斯特!你们两个该死的小滑头,"弗莱什曼走到敞开的门边,吼道,"我知道你们在里面——别想跑。"

汤姆悄悄走到房门口,一声不响地拉上门闩。伊斯特吹灭了蜡烛。"先设个障碍,"他悄声说,"汤姆,记住,不可投降。"

"放心。"汤姆低声说。

又过了一会儿,他们听到那帮人出来了,沿着走廊来到他们的门口。有人在窃窃私语,他们屏住呼吸,只能听出弗莱什曼的声音："我知道那两个小兔崽子在里面。"

弗莱什曼喝令他们开门，没有人回应。攻击开始了。幸运的是，门是橡木做的，非常结实，挡住了弗莱什曼等人的撞击。接着消停了一会儿，只听一个围攻者说："他们就在里面，安全得很呢——你们没看到这个门纹丝不动吗？门闩肯定被拉上了。我们早该撬锁了。"伊斯特轻轻推了汤姆一下，提醒他这伙人已经发现了端倪。

弗莱什曼等人开始撞击几块薄弱的门板，有一块经受不住重击，断了。但是破碎的门板朝内卡在了缺口处，门内有绿桌面呢衬底，想从外面移开碎块并不容易。被围困者不屑于再躲藏，用沙发抵住门增强防御。那伙人又撞了几次，见没有什么效果，只好撤退，发誓要报仇雪恨。

第一波危险解除了，伊斯特和汤姆只能安全撤退，因为现在快到睡觉时间了。他们聚精会神地听着，确定那伙人又回去吃夜宵了，才小心翼翼地拉开第一个门闩，然后是第二个。很快，推杯换盏的声音又开始了。"现在，准备开溜吧。"伊斯特说着猛力打开门，冲进走廊，汤姆紧随其后。他们跑得很快，没被抓住。但是弗莱什曼注视着他们，只听嗖的一声，一个空泡菜瓶子扔了过来，差点砸中汤姆的头，在走廊尽头碎了一地。拐弯的时候，伊斯特说："如果没有人将他制服的话，他是不介意杀人的。"

没有人追来，两人拐进餐厅，发现壁炉旁围了一群小男孩。他们讲了自己的故事——独立战争已经打响——谁愿意加入革命力量？有几个男孩立刻站出来，表示自己肯定不会为五学级干杂务。只有一两个男孩悄悄走了，离开了这群反抗者。他们能做什么呢？"我很想直接去找校长。"汤姆说。

"千万别——你不记得上学期寄宿楼的学生会议了吗？"另一个人插话道。

实际上，在那场隆重的学校会议上，学校负责人起身先说了几起向老师举报的事件，指出这是违反公共道德和学校传统的；六学级就这个主题召开了一场会议，他们决心立刻停止那种行为，并声明，任何人，不管是哪个年级，如果不先去找学级长说明事实就向老师求助，会受到公开惩戒，并被孤立。

"既然如此，那我们试着说服六学级的同学吧。先说服摩根。"另一个男孩建议。"没用——泄密解决不了问题。"大家都这么认为。

"你们这些家伙，听我一句。"餐厅尽头传来一个声音。他们都吓了一跳，转过身，看到说话者从一条长凳上起来，抖了抖身子。他一直躺在那里，没人注意到他。他身材高大，看起来很懒散，四肢粗壮，外套和裤子显得紧绷绷的。"谁那里都不要去——只需要站出来说你们不干杂务，他们很快就会厌倦你们。我几年前就用这招对付过他们的前辈。"

"天哪！你干过？快告诉我们怎么做。"大家异口同声地叫起来，将他团团围住。

"嗯，就像你们一样。当时五学级使唤我们，我和另外几个同学反抗，最终战胜了他们。那些善良的同学立即停手了，还在使唤我们的恶霸们很快也害怕了。"

"那时候弗莱什曼在这儿吗？"

"在！一个脏兮兮的小鼻涕虫，也是个不争气的家伙。他从来不敢和我们一起，经常给恶霸干活讨好他们，出卖我们。"

"他那时为什么没被孤立呢？"伊斯特问。

"哦，谄媚者永远不会被孤立，他们太有用了。另外，他不断从家里带来大篮子，里面装着酒和野味，用这些东西讨好那些人，让他们支持自己。"

9点45分的钟声响了，小男孩们跑上楼，一边继续商量，一边不住地赞美他们的新顾问。那个人又躺在了餐厅炉边的长凳上。他躺在那里，看起来非常奇怪。他的名字叫迪格斯，熟人都叫他"邋遢鬼"。他年龄小，个儿却长得高，非常聪明，差不多是五学级中最拔尖的。我猜想，他家中的朋友没有给他穿燕尾服是考虑到他的年龄，而不是他的身形和在学校里的地位。甚至他的夹克外衣也总显得太小了。他有毁衣服的天赋，让自己显得很寒酸。他与弗莱什曼那帮人没有什么交情。那帮人背后讥笑他的穿着和举止，他知道这一点，就通过在一群男孩面前问弗拉什曼最讨厌的问题并表现得很亲密来报复他。他跟大点的男孩关系都不近，他的古怪让他们敬而远之，他确实是个非常奇怪的家伙。此外，除了那些缺点，他还身无分文。来到学校的时候，他带的钱和其他男孩一样多，但是很快就花光了，没有人知道他是怎么花的。接下来，他就不计后果地向别人借钱；债务越积越多，债主又逼得很紧时，他手头找到什么东西，就在餐厅里拍卖。就连课本、烛台和书桌都卖掉了。这次拍卖过去几周后，书房已经不宜再待了，他干脆住在五学级室和餐厅，在旧信纸背面和奇怪的碎纸片上继续练习写诗。没人知道他是怎么上课的。他从不骚扰小男孩，很受他们喜爱，但是他们都带着同情的眼光看他，叫他"可怜的迪格斯"，他们没有能力抵制他的外表带来的不良影响，也无法完全忽略敌人弗莱什曼的嘲笑。不过，他对大男孩的嘲笑和小男孩的同情似乎都无动于衷，依然过着古怪的生活，而且似乎自得其乐。这里有必要专门介绍一下迪格斯，因为他不仅给汤姆和伊斯特目前的"战争"提供了很大的帮助（很快就会讲到），而且在不久升到六学级的时候，他还选择他们做自己的杂务生，免除了两人打扫书房的任务，两个男孩以及对他们的故事感兴趣的人，对他永远心存感激。

没有人比这两个小男孩更需要一个朋友了，因为经历围攻之后的第二天早上，对反抗者的暴力全面爆发。弗莱什曼守株待兔，在第二节课前抓住了汤姆，让他去给自己取帽子，结果

得到了一声干脆利落的回答："不去。"于是弗莱什曼抓住汤姆，扭他的胳膊，用各种方法折磨他。汤姆后来得意地对其他反抗者说："即便如此，他也不可能让我哭，而且我知道，我踢中他的小腿了。"许多杂务生都联合起来的消息很快就传开了。弗莱什曼鼓动同伴和他一起到处追逐、围攻那些没有参与反抗的小男孩，抓住了就各种拳打脚踢，教他们认清现实。反过来，恶霸们的床单也被撕成碎片，浸到水里。杂务生将恶霸们的名字写在墙上，再配上能想到的所有侮辱性的绰号。这场战争进入了白热化阶段，但是很快，就像迪格斯告诉过他们的那样，善良点的五学级男孩都放弃了让他们干杂务的念头，弗莱什曼和他的两三个密友不得人心，只能更隐蔽地开展行动。但是，作为彻头彻尾的坏家伙，他们从不错过秘密折磨人的机会。弗莱什曼在各个方面都是内行，尤其擅长说些尖刻残忍的话，经常把从来不怕挨鞭子的孩子弄哭。

由于其他方面的行动被打断，弗莱什曼就把主要精力放在了与他住在一个门里的汤姆和伊斯特身上，一有机会就强行进入他们的书房；有时一个人，有时带着同伴，坐在那里干扰他们做事。看到自己给这两个男孩造成的显而易见的痛苦，他总是幸灾乐祸。

这场风暴改善了寄宿楼其他地方的氛围，现在的状况要比大布鲁克离开之后的状况好了许多。但是，一团狂暴黑暗的雷雨云仍然笼罩在走廊的尽头，那里就是弗莱什曼的书房；伊斯特和汤姆的书房也在那里。

弗莱什曼觉得，伊斯特和汤姆就是反抗的始作俑者，而且反抗很大程度上取得了成功。但是，最让弗莱什曼怀恨在心的是，在最近频繁发生的冲突中，他们公开叫他懦夫和告密者。这种羞辱实在切中要害，弗莱什曼无法原谅。弗莱什曼猛揍他们的时候，他们就大声说弗莱什曼害怕踢球，躲避一个比他矮一半的笨蛋。这些事情大家都知道，但是从小男孩的嘴里喊出来，最让他感到耻辱；他觉得这两个男孩看不起他，怎么折磨都不能让两人闭嘴，他的伙伴公然嘲笑和轻视他（虽然他们没有干预他的恶行，也没有因此减少和他的交往），这一切都使他发狂。无论如何，他都不会让这两个人有好日子过。于是，这场斗争就变成了弗莱什曼与两个小男孩之间的私人恩怨。一场你死我活的战争在走廊尽头的那块弹丸之地打响。

顺便说一句，弗莱什曼十七岁上下，有着与其年龄相称的高大与强壮。在那些不怎么需要勇气的比赛中，他表现得很好，在需要勇气的运动中也能保持体面。他举止不拘礼节，让人以为他很豪爽，而且只要他愿意，就有足够的能力讨人喜欢。他在学校的形象总体上是个好人。甚至在寄宿楼里，由于精通用钱之道，经常供应各种好东西，又善于拍马屁，他不仅得到同辈的宽容接纳，还颇有人气。不过小布鲁克极少跟他说话，还有一两个正派的人逮到机会就表达对他的不满。但是坏孩子们现在正占上风，弗莱什曼对小男孩们来说是一个可怕的敌人。这一点很快就很清楚了。弗莱什曼极尽诽谤之能事，用各种办法伤害他所选择的牺牲者，让伊斯特和汤姆在寄宿楼里孤立无援。其他反抗者一个接一个地离开了他们，弗莱什曼越来越得势。他们穿过寄宿楼的时候，另外几个五学级男孩开始对他们冷眼相待、欺负他们。白天，伊斯特和汤姆一直躲在校外，或者至少不在寄宿楼和方庭里，晚上则仔细锁好门窗，这样才能勉强坚持下去，不会感到太痛苦，但这已经是他们所能做到的极限了。老迪格斯开始以一种不拘礼节的方式关注他们，有一两次弗莱什曼到他们书房的时候，迪格斯也进来了，弗莱什曼见状立刻逃走。两个男孩被老迪格斯深深地吸引了，他们认为迪格斯一定在密切关注着他们。

大约就在这个时候，一天晚上，餐厅里要举行一场拍卖，除了其他男孩的多余物品之外，迪格斯当时所有珍贵的物品都会拿去拍卖。伊斯特和汤姆商量之后，决定用他们的现金（大概是英国标准货币四先令）尽可能把迪格斯的物品赎回一些。他们按时参加了拍卖，汤姆拍到了迪格斯的两批物品。第一批的价格是 1 先令 3 便士，（按照拍卖人的说法）包括：一块外形像捕鼠器的"珍贵的旧金属混合物"，一把缺了柄的烤乳酪叉，还有一个炖锅。第二批物品包括一块让人讨厌的脏桌布和一块绿台面呢帘子。伊斯特用 1 先令 6 便士买了一个仿皮纸箱和一把丢了钥匙的锁，这把锁之前应该很漂亮，现在已经严重磨损了。不过，还需要解决一个问题：如何让迪格斯收回这些物品，又不伤害他的感情。他们的办法是，把物品放在他书房，他外出从来都不锁门。迪格斯参加了拍卖会，记得是谁买走了那些物品，不久就来到他们书房，静静地坐着，又红又大的手指发出咔吧声。接着，他抓起汤姆和伊斯特的拉丁文诗，开始检查、修改，最后站起来，背对着他们说："你们两个心肠太好了，我很看重那个纸箱，那是我姐姐去年夏天送给我的。我不会忘记的。"说完，迪格斯慌慌张张地进了走廊。这场面让他们有些尴尬，但是，让迪格斯知道了这一切，两个男孩并不后悔。

第二天是星期六，是每周的 1 先令津贴发放的时间，这对那些挥霍无度的小男孩来说可是件大事。小家伙们听说所有津贴都会被没收，用来买德比赛马会彩票，心里愤愤不平。德比赛马会是英国每年的盛大事件，赛事举办期间，拉格比会买很多彩票来庆祝。亲爱的读者，我承认这不是一项有教益的风俗，它带来了下注、赌博等令人讨厌的后果。但是当时我们伟大的议会认为那天暂停国务是对的，许多议会成员也下了很大的赌注，男孩子们以前辈（打赌者）为榜样，你能责怪他们吗？无论如何，我们都效仿了他们。首先是奖金丰厚的校级彩票，一等奖有六七英镑的奖金，然后是各个寄宿楼有一种或者一种以上的独立彩票。名义上大家都是自愿参与，如果不愿意，没人会强迫你把钱投进去。但是除了弗莱什曼，校寄宿楼里还有三四个表现积极的小绅士认为这是义务，是必须做的事情。因此，为了让小男孩们轻松履行义务，他们分发津贴时，悄悄把津贴汇在一块扣了下来。抱怨是没用的，那个星期六买的馅饼、苹果和墙手球都比平时少很多。钱收走之后（否则就花光了），夜间值日的杂务生在走廊里喊"校寄宿楼的绅士运动员们，彩票马上就在餐厅开奖了"，许多小男孩听到后得到了安慰；被叫一声"绅士运动员"是很愉快的事情，况且还有机会抽到一匹热门的马。

餐厅里挤满了人，体育兴趣小组的人站在一张长桌子的一头，面前放一项礼帽，帽子里是折起来的彩票。接着，其中一个人开始照名单喊名字，被叫到名字的人从帽子里抽一张彩票打开。大部分大男孩抽过之后就离开餐厅，直接回书房或五学级室了。体育兴趣小组抽到的都是空白彩票，因此闷闷不乐。热门马还没有人抽到，现在轮到高四学级抽奖了。小男孩上前抽出彩票时，弗莱什曼或者旁边的某个男孩会一把夺过去，打开彩票。大奖依然没有出现，轮到蝌蚪抽了。他在帽子里搅了一把，抽出彩票后想跑，结果被抓住了。和其他人一样，他的彩票也被强行打开了。

"给你！是万德雷尔！第三热门的马。"打开彩票的人大叫。

"喂，请把我的彩票给我。"蝌蚪抗议道。

"嘿，别急呀，"弗莱什曼插话道，"现在，你打算以什么价格卖掉万德雷尔？"

"我不想卖。"蝌蚪答道。

"哦，你竟然不想卖！现在听好了，你个小笨蛋，你对它一无所知，那匹马对你没用。它不会赢的，但是我想要，它可以让我保底。现在我给你半克朗来换它。"蝌蚪坚决不从，但是耐不住威逼利诱，最终以1先令6便士的价格卖掉了部分权益。这个价格相当于正常市场价值的五分之一。不过，他很开心自己卖掉了，就像他明智地说的那样："万德雷尔也许不会赢，但好歹1先令6便士到手了。"

很快，伊斯特过来了，抽了一张空白彩票。不久就轮到了汤姆，他的彩票和其他人的一样，被那群人抓住并打开了。"原来在这里，"开奖的男孩大叫着举起彩票，"哈卡维！啊，弗莱什曼，你的小朋友运气不错嘛。"

　　"把彩票给我！"弗莱什曼咒骂着，趴到桌子上伸出手，脸色气得发紫。

　　"你不喜欢它吗？"开奖者答道。他本质不坏，也不是弗莱什曼的仰慕者。"给你，布朗，抓紧了。"他把彩票递给汤姆，汤姆揣进兜里，弗莱什曼立刻冲到门口，免得汤姆带着彩票逃掉。他一直盯着汤姆，直到抽奖结束，所有男孩都走了，剩下五六学级体育兴趣小组的成员留下来处理名单核对、下注等事。弗莱什曼还在门口，汤姆没有动，伊斯特站在朋友旁边，料到会有麻烦。

　　体育小组的人现在都围着汤姆。民意不允许那些人真的抢走彩票，但是通过威胁或哄骗迫使他以低价卖掉全部或部分权益，是合法的行为。

　　"好了，小布朗，过来，多少钱能把哈卡维卖给我？我听说它不打算比赛了。我用 5 先令来换。"打开彩票的那个男孩最先发话。汤姆记得他做的好事，而且此刻孤立无援，汤姆希望交个朋友，就打算接受这个提议。这时，另一个男孩大喊一声："我给你 7 先令！"汤姆犹豫了，看了看他们俩。

"不，不！"弗莱什曼鲁莽地打断说，"让我和他谈，然后我们抽签决定彩票归谁。来，先生，你了解我的——5 先令把哈卡维卖给我们，不然你会后悔的。"

"我不会卖的。"汤姆立刻回答。

"你们现在给我听好了！"弗莱什曼转向其他人说，"他是寄宿楼里最狂妄的小无赖——我早就告诉过你们了。我们承担所有麻烦和风险搞彩票，到头来却让他这种人得了好处。"

弗莱什曼忘了解释他们承担的是什么风险，但他的话其余人都听进去了。赌博让孩子像大人一样自私、残忍。

"确实如此，我们总是抽到空白彩票。"一个男孩叫道。"现在，先生，不管怎样，你应该卖一半。"

"我不会卖的。"汤姆说。他的脸一直红到发根，心里想这些人都是自己不共戴天的仇敌。

"好得很，我们来收拾他吧。"弗莱什曼喊起来，揪住了汤姆的衣领；有一两个男孩犹豫不决，但是其余人都加入了。伊斯特抓住汤姆的胳膊想把他拉走，却被其中一个男孩打了回去。汤姆被他们拖着，不停地挣扎。他的肩膀抵着壁炉台，几个人死死地把他按在壁炉前，弗莱什曼拉紧他的裤子，对他施加额外的折磨。可怜的伊斯特甚至比汤姆更痛苦，他突然想起了迪格斯，急忙跑去找他。一个男孩动了恻隐之心，说道："你愿意

10 先令卖掉它吗？"

汤姆的回答只有呻吟和挣扎。

"喂，弗莱什曼，他已经受够了。"那个男孩说着，放下了他抓的那只胳膊。

"不，不。还有一轮等着他呢。"弗莱什曼答道。但是可怜的汤姆已经受不了了，脸色惨白，头耷拉在胸前。就在这时，迪格斯发疯似的冲进礼堂，伊斯特紧跟在身后。

迪格斯把汤姆拉过来，架到桌子边。"你们这群禽兽！"这时他能说的只有这句话。"天啊！他快死了。快，取些凉水来——去找宿管。"

弗莱什曼和另外一两个男孩溜走了。其余人既惭愧又后悔，有的弯腰对汤姆道歉，有的跑去找水。伊斯特则奔去找宿管。水来了，他们把水泼在汤姆的手和脸上，他开始恢复意识。"妈妈！"——声音虚弱而缓慢——"今天晚上好冷。"可怜的老迪格斯像个孩子一样哭了起来。"我在哪？"汤姆睁开眼说道，"啊！我现在记起来了。"他又闭上眼，呻吟起来。

一个男孩小声说："我说，我们实在帮不上什么忙，宿管马上就要来了。"其他人都跑了，只有一个男孩留了下来。他和迪格斯待在一起，默默地伤心，给汤姆的脸扇风。

宿管拿了一大把盐进来，汤姆很快就恢复了体力，能坐起来了。有一股烧煳的味道。宿管检查了汤姆的衣服，吃惊地抬起头。男孩们都没有说话。

"他怎么会这样？"没有人回答。

"这里肯定发生了什么不好的事情，"她非常严肃地补充道，

"我要向校长报告这件事。"仍然没有人作声。

"我们最好还是带他去病房吧？"迪格斯建议道。

"哦，我现在能走路。"汤姆说。迪格斯的建议得到了伊斯特和宿管的支持，他们送汤姆去了病房。那个坚持留下来的男孩很快被其他人团团围住，他们都担心自己的命运。"他告密了吗？""宿管知道了吗？"

"没说一个字儿，真是个坚强的小家伙。"停顿了片刻，他接着说，"我讨厌这样的事，我们就是禽兽！"

与此同时，汤姆躺在宿管房间的沙发上，伊斯特守在他身边；宿管拿出酒和水，还有一些帮助恢复的药。

"伤得重吗，亲爱的老伙计？"伊斯特小声问。

"只伤到了腿肚子。"汤姆回答。实际上，汤姆的腿烧伤很严重，裤子有一部分已经烧焦了。但是，他很快就绑着冰冷的绷带躺到了床上。起初他觉得自己崩溃了，想给家里写信让家人带自己回家。脑海里回荡着几年前学到的赞美诗，他睡着了，喃喃地唱着——


> 在那里恶人止息搅扰，
> 困乏人得享安息。


但是一夜酣睡之后，男孩子的精气神又回到了汤姆身上。伊斯特进来报告说，整个寄宿楼都站在他这一边。除了他们决心永远不被恶霸弗莱什曼打败外，其余的事汤姆都忘了。

宿管没能从他们两人嘴里套出一句话，那天早上她将自己知道的一切都告诉了校长，但是除此之外，校长再也无法了解更多了。

我相信，现在学校里不大可能再发生这种事了，彩票和赌博也已经销声匿迹。但是我写的是我们那个时代学校的情况，除了讲些好的事情，还需讲些坏的。

第九章

**多灾多难**

我说起最可怕的灾祸，

海上陆上惊人的奇遇，

间不容发的脱险。

——莎士比亚[①]

汤姆在病房里待了几天，回到寄宿楼后，他发现情况跟伊斯特描述的一样，比之前好多了。弗莱什曼的残暴行为甚至连他亲密的朋友都表示反感，而他的怯懦又一次在寄宿楼里暴露无遗。迪格斯在彩票抽奖后的那个早上碰到了弗莱什曼，双方发生了激烈的争吵，弗莱什曼挨了揍，却没有还手。不过，弗莱什曼习惯了这种事，之前也经历过这种尴尬的事件；而且正如迪格斯所言，他用讨好奉承的方式重新赢得了人们的青睐。两三个参与折磨汤姆的男孩过来求汤姆原谅，感谢他没有告发自己。摩根派人去请汤姆，有意让这次事件进一步闹大，但是汤姆恳求他不要这么做。摩根同意了，汤姆承诺以后遇到类似情况会立刻去找他——这个承诺他恐怕不会遵守。汤姆自己完

---

全占有了哈卡维，中了二等奖，奖金大概是30先令。他和伊斯特三天就花光了这笔钱：给书房添置了图画，买了两个新球板和一个板球（都是最好的），买了香肠和腰花做夜宵，最后给所有参与"独立战争"的反抗者买了牛排馅饼。钱来得容易去得也快；要是学期过半的时候兜里还揣着钱，他们会浑身不舒服。

然而，弗莱什曼愤怒的余火依旧在燃烧，不时借着拳头和羞辱爆发出来。他们都觉得和弗莱什曼之间还没有完。不过，没过多久，这出戏的最后一幕就上演了，汤姆和伊斯特在拉格比受欺负的日子也结束了。他们现在晚上经常偷偷溜到餐厅，一方面是希望在那儿找到迪格斯，同他说说话；另一方面是因为做些违反规则的事情十分刺激。说来遗憾，自从他们在自己年级丢掉了稳重的形象之后，这两个小男孩就养成了犯禁（也就是冒险）的习惯。我想，这和成年人进行走私犯罪是一样的道理。首先是考虑不同。他们从来没想过学校为何要制定这些规矩，原因对他们来说无关紧要。他们只是把规则当成规则制定者的一种挑战，如果不接受这种挑战就太没胆了；再者，在低年级中，他们没有足够的事情可做。他们很轻松就能完成年级的功课，保持很好的排名来获得每年的常规升级；他们也没有太多上进心，便把过剩精力都用在了比赛和惹是生非上。寄宿楼有一项规矩：晚饭之后，所有杂务生，除了在走廊里值日的两三个以外，都要在自己书房里一直待到9点；如果有人在走廊或餐厅逗留，或在其他人书房时被抓住，就要受到惩罚或鞭打。而现在，打破这项规矩成了所有男孩的日常乐趣。但是规则实际执行起来并没有规则本身那么严格，因为大部分六学级学生晚上都在五学级室，图书馆在那里，他们通常也在那里上课。不过，学级长有时也会突然来辖区巡访，巡视走廊、餐厅和杂务生的书房。如果书房主人正在招待一两个朋友，只要听到第一次踢门和不祥的"开门"命令，每个人都像小鸡看到了老鹰的阴影，开始找掩护——一个小男孩钻到沙发下，另一个躲到桌子底下。这时，主人会急忙扯下一两本书打开，温柔地喊道："哈啰，谁在敲门？"他紧张地扫视四周，确认没有腿和胳膊伸出来出卖藏起来的男孩。"开门，先生，马上，我是斯努克斯。""哦，非常抱歉，我不知道是你，斯努克斯。"接着，小男孩会假装很热情地打开门，心里却祈祷野兽斯努克斯没有听到刚才的混乱。如果书房里没人，斯努克斯就会继续巡视走廊和餐厅，找出那些不守规矩的男孩。

一天夜里，在禁令时段，汤姆和伊斯特来到餐厅。他们坐在紧挨着门的壁炉前的座位，迪格斯像往常一样倚着靠里的壁炉。他正忙着抄写诗歌，伊斯特和汤姆就着壁炉的火光小声聊天，拼接他们最喜欢的一个旧墙手球球拍，球拍已经被打断了。不一会儿，底层走廊传来了脚步声。他们听了一会儿，确认不是学级长，就继续做手头的事。这时，门开了，弗莱什曼走了进来。他没有看见迪格斯，便断定这是个下手的好机会。两个男孩并没有为他让道，他就撞了其中一个，警告他们让开。

"你想干什么？"被撞的男孩低吼道。

"我想怎样就怎样。这里没你们什么事了，回书房去。"

"你赶不走我们。"

"我赶不走你们？你们要是敢待在这，看我不揍死你们。"

弗莱什曼蛮横地说。

"嘿，你们两个，"迪格斯的声音从餐厅那头传来，他起身用胳膊肘支撑着身体，继续说道，"你们只有打败那个家伙，才能摆脱他。揍他，两个一起上——我就在一旁看着，保证公正。"

弗莱什曼吓了一跳，后退了两步。伊斯特看着汤姆，说道："我们要试一试吗？"汤姆斩钉截铁地回答："要。"于是，两人握紧拳头，朝弗莱什曼扑过去，心怦怦跳得厉害。他们的个头刚到弗莱什曼的肩膀，但是在同龄人里算是硬汉了，而且受过完美的训练。弗莱什曼虽然高大健壮，却养成了不良的饮食习惯，且缺乏锻炼，因此身体素质并不是很好。不过，弗莱什曼虽然很懦弱，却受不了这种侮辱，而且他自信轻易就能摆平他们，就对两人说："你们两个无耻的小混蛋！"还没等他骂完，两人就扑上去，冲着够得着的地方拳打脚踢。弗莱什曼发了狠，一阵疯狂猛打，但是无法使出全力，他们离得太近了。不过，就实力来说，汤姆和伊斯特的胜算不大。又过了一会儿，弗莱什曼将汤姆逼得连连后退，汤姆转着圈碰到一条长凳翻了过去。弗莱什曼带着冷笑转身攻击伊斯特。这时，坐在桌子上的迪格斯跳下来。"暂停，"他大叫，"这一轮结束了，半分钟后开打。"

"关你——什么事？"弗莱什曼结结巴巴地说，开始失去信心了。

"我要看到公平，我跟你说过。"迪格斯咧嘴笑着说，粗大的红手指捏得噼啪作响，"你每次只向其中一人发起进攻，这不公平。准备好了吗，布朗？时间到。"

两个小男孩又冲上去。他们知道近身缠斗是最好的机会，弗莱什曼比以往更加野蛮和慌张：他掐住伊斯特的喉咙，想逼他退到铁皮桌子边。汤姆搂住弗莱什曼的腰，想起了在白马谷跟哈里·温伯恩学到的古老摔跤术，用腿钩住弗莱什曼的腿内侧，用尽全力向前扑。三人都打了个趔趄，摔倒在地板上。弗莱什曼的头撞到了一条长凳。

两个小男孩立刻跳起来，但是弗莱什曼躺在那儿没有动。他们有些害怕了。汤姆弯腰看了看，吓得魂不附体，大叫："他流了好多血！快过来，伊斯特，迪格斯，他要死了！"

"他没死。"迪格斯一边说话，一边慢悠悠地从桌子上下来，"都是假的。他只是害怕决出胜负。"

伊斯特和汤姆一样害怕。迪格斯托起弗莱什曼的头，弗莱什曼呻吟起来。

"怎么回事？"迪格斯喊道。

"我的脑壳碎了。"弗莱什曼呜咽着说。

"啊，我去找宿管过来。"汤姆喊道，"我们该怎么办？"

"胡说八道！不过是一点皮外伤而已，"迪格斯检查了弗莱什曼的头，冷冷地说，"他只需要冷水和一块破布。"

"让我走吧，"弗莱什曼坐起来，粗暴地说，"我不需要你们的帮助。"

"我们真的非常抱歉。"伊斯特带头说。

"得了，不要猫哭耗子假慈悲，"弗莱什曼答道，用手帕按住伤口，"我告诉你们，你们俩都要为此付出代价。"说完就出了餐厅。

"看来他伤得不重。"汤姆深深地叹了一口气说。看到敌人行动如此自如，他多少松了口气。

"他没伤着什么，"迪格斯说，"你们等着看吧，他再也不会欺负你们了。但是，你的头也破了，衣领上有血。"

"是吗？"汤姆举起手摸了摸头，"我不知道。"

"是的，把血擦干净，不然你的外套就不能穿了。你的眼睛也受伤了，飞毛腿。最好用凉水好好冲一冲。"

他们匆匆离开餐厅，上楼去冲洗伤口，伊斯特说："要是我们就此摆平了老朋友弗莱什曼的话，这点伤不算什么。"

从某种意义上讲，他们的确摆平了弗莱什曼，弗莱什曼再也没动过他们一根手指。可是他仍不吝于用伤人的恶毒语言进行攻击。诽谤重复多遍就会有人相信。五学级和大一点的男孩对汤姆和伊斯特也同样如此，因为弗莱什曼跟他们多少有些关系，汤姆和伊斯特却跟他们一点也不亲近。弗莱什曼成功地让汤姆和伊斯特成了不受欢迎的人；甚至在这些流言的发起者已经离开学校后，这种状况也没有改变。弗莱什曼离校这件事（小男孩都期盼已久）发生在上述遭遇的几个月后。在一个晴朗的夏夜，弗莱什曼正在布朗斯菲尔①享用杜松子酒宾治，当时他已经喝多了，嚷着要动身返回学校。路上，他碰见了一两个洗澡回来的朋友，就提议喝杯啤酒，他们同意了。天气炎热，他们渴得要命，没有注意到弗莱什曼已经喝过了头。结果，弗莱什曼烂醉如泥。他们想带他走，但是没有成功，便租了一辆

---

① 拉格比附近的一个村子。

手推车，找两个人推着他。路上刚好遇到一位老师，他们自然都逃走了。其余男孩的逃跑引起了老师的怀疑，杂务生中的"善良天使"鼓动老师检查学生运送的货物，检查之后，他亲自护送担架回寄宿楼。校长早就盯上了弗莱什曼，第二天一早就安排他退学了。

人所行的恶在他离开后还会继续存在。弗莱什曼走了，但是就像上面那句话所暗示的，男孩们仍然受到他的仇恨带来的影响。此外，他们一直是反非法杂务罢工的鼓动者。这是正义的事业，也取得了很大的成功。但即使是那些从未使唤过小男孩或是已经欣然放弃了这种行为的最优秀的五学级学生，都会不由自主地对反抗的始作俑者心存怨恨。毕竟他们年级的权威受到了挑战——无疑是有正当理由的；实际上，理由正当到他们立刻就承认了错误，没有积极参与冲突；假如他们支持弗莱什曼和他的同伙，反抗者一定会很快让步。总的来说，他们很高兴自己这样做了，而且抵抗行动成功地击败了那些挑战他们的同学，他们觉得法律和秩序因此得到了维护。但是，要让他们立刻原谅反叛者，也挺难的。他们普遍担心，"如果不注意的话，这些小捣蛋鬼就会变得很嚣张"。

亲爱的孩子们，事实就是如此，而且肯定一直都是如此。这个可怜的旧世界抱怨存在着极其恶劣和不公平的既得利益，即使天使加百列从天而降，成功推翻这些既得利益，他也必定会失去他的名声。这种情况可能会持续很多年，没准是几个世纪，不仅是这些既得利益的维护者，而且他所解救的劳苦大众也会抛弃他。他们不会请他吃饭，也不会让自己和他的名字一道出现在报纸上；他们小心翼翼地在议会或俱乐部里谈论他。那么我们还能期待什么呢？我们只有像科苏特、加里波第、马志尼这样贫穷、英勇、笨拙的人，正义事业在他们手上并不会胜利。这些人的盔甲千疮百孔，而坐着休闲椅、有大量银行存款的体面人物可以随便攻击他们。但是你们都是勇敢的孩子，厌恶安乐椅，没有存款，不是银行家。你们只需要让自己头脑清醒，站在正确的一边，所以请牢记，大部分人，尤其是体面人物，十次有九次是错误的；如果你们看到一个大人或一个孩子真诚地替弱者奋斗，无论他多么执迷不悟、心浮气躁，都不要跟风去谴责他。如果你们不能支持他、帮助他，让他更明智，至少记住他找到了这个世上值得为之奋斗和受苦的事情——这也是你们自己要做的。所以，在想到和说起他的时候，请宽厚一些。

伊斯特、汤姆、蝌蚪和另外一两个小男孩遭到排挤，他们与每个人作对，大家也都不待见他们。前文已提过他们与老师和五学级的矛盾，和六学级的关系基本上也如此。他们看到学级长们在五学级学生的威胁下，和五学级学生沆瀣一气，推卸责任，因此并不尊重这些学级长，也不愿意服从他们。为大布鲁克这样的英雄打扫书房是一回事，为斯努克斯、格林这号人干活就完全是另一回事了。这些人从来没在球场上经历过激烈的对阵争球，甚至连夜里走廊的秩序也维持不好。因此，他们只是勉强去干活，免得（并不总是能逃脱）挨打，成了别人眼中既懒惰又不情愿干活的人。晚饭后，五学级室里经常会讨论和安排这类事情，他们的名字常被提起。

一天晚上，斯努克斯带头说："我说，格林，那个新来的男孩哈里森是你的杂务生吗？"

"是的，怎么了？"

"哦，我比较熟悉他，想免除他的责任，要不换个人吧？"

"你要把谁分给我？"

"嗯，让我想一想。有威利斯、约翰逊——不行，不是他。对了，我知道选谁了——小伊斯特，我把他分给你。"

"你这是想得美。"格林回答。"我告诉你我怎么做，如果你愿意，我可以给你两个人换威利斯。"

"哪两个人？"斯努克斯问。

"霍尔和布朗。"

"得了，就是白送我也不要。"

"那也比伊斯特要好，因为他们没那么机灵。"格林说着，站起来靠在壁炉台上——他不是个坏小子，也无法平息叛逆的五学级学生。他的眼睛闪着光，继续说道："我之前有没有跟你说过，那个小流氓上学期是怎么耍我的？"

"没有，怎么回事？"

"事情是这样的，我的书房他从来没有打扫干净过，只是把烛台塞到橱柜里，扫了地上的碎屑。最后我实在忍无可忍，把他叫过来，让他当着我的面重新打扫整个房间。那个小兔崽子扬起的灰把我呛了个半死，显然他之前从来没有扫过地毯。打扫完之后，我说，'现在，小绅士，记住，我希望你每天都这样做，打扫地板，把桌布扯下来抖一抖，把灰都弄干净。'他嘟哝着说：'知道了。'事实上，他根本没这样干，我敢肯定，一两天内他甚至碰都没有碰过桌布。于是我设了个圈套。一天晚上，我撕了些纸片撒在桌子上，把桌布原样盖好。第二天吃过早饭之后，我一到书房就扯下桌布，纸片果然还在，飘到了地上。我愤怒到了极点，心想'这次总算逮住你了'，就派人叫他过来，拿出我的手杖。他过来时双手插在口袋里，一副无所谓的样子。'我不是告诉你每天早上抖桌布吗？''是的。''今天早上抖了吗？''抖了。''你这个小骗子！我昨晚在桌子上放了一些纸片，你要是拿掉桌布肯定会看到的，看我不好好揍你一顿。'这时，这个小鬼从口袋里抽出一只手，弯腰拾起两片纸递给我。每片纸上都用大号圆字体写着'哈里·伊斯特，他的标记'。那个小捣蛋鬼发现了我的陷阱，拿走了我的纸，又在那里放了他的纸，每一片纸都有他的标记。他真是厚颜无耻，我很想揍他一顿，但毕竟是我设陷阱在先，就作罢了。当然，那个学期结束之前我一直受他摆布，他值日的那几周里，我的书房又臭又乱，完全没办法待。"

"他们还经常把别人的东西弄得一团糟，"另一个男孩插话道，"霍尔和布朗上周负责晚上的杂务。我喊杂务生来，把我的烛台给他们，让他们拿去清理。他们离开之后就再也没有出现。哪怕清理三遍也该出现了，于是我出去找他们。他们不在走廊，我就下楼去餐厅找，那儿有音乐声，发现他们正坐在桌子边听约翰逊吹长笛。我的烛台被卡在栅栏中间，刚好伸进火里，已经烧得通红，彻底坏掉，再也立不起来了，我必须再弄个烛台。不过，我把他们俩狠狠揍了一顿，这是唯一让人舒心的地方。"

他们总是会惹上这种麻烦。因此，一方面是由于自身有错，一方面是由于环境，还有一方面是由于他人的过错，他们发现自己成了被流放者、假释犯或类似的人物——总之是危险的人，这类人过着仅能糊口、无人管束、不计后果的生活，而且不得不忍受这种生活的折磨。尽管如此，小布鲁克一直很支持他们，他现在是寄宿楼的领头人物，刚升入六学级；迪格斯也像个男子汉一样支持他们，给他们好的建议，但他们并没有从中受益。

小布鲁克和迪格斯升入六学级后，寄宿楼的情况有了好转，规矩和秩序得以恢复。即便如此，汤姆和伊斯特也不可能轻易或者立刻再度树立稳重的形象，之前养成的许多不受约束的出格习惯顽固地留在了他们身上。他们还是小孩子的时候，在学校惹点麻烦不会有人太在意，但现在他们升入了高年级，所有人犯错后都会立刻被直接送到校长那里。于是他们开始引起校长的注意，而且由于他们在同龄人中算得上是领袖人物，校长无时无刻不在盯着他们。

他们究竟会变好还是变坏，只能说可能性一半一半，这种学生最让老师忧心。你已经知道了他们第一次被送到校长那里的情景，那次会面非常愉快，所以他们不像大多数同龄人那样怕校长。"大家只是怕他的样子，"汤姆常常对伊斯特说，"你不记得了吗？第一个学期的时候，我们比锁门时间晚了一个小时才回来，他一句重话都没有说。"

不过，下一次汤姆来到校长跟前的时候，场面就完全不一样了。这场会面就发生在我现在要叙述的阶段，是我们的主人公即将遭遇的一系列困境中的头一个。

拉格比的埃文河是一条水流缓慢的小溪，水不是很清澈，里面有（或有过）很多鲢鱼、鲮鱼、斜齿鳊和其他淡水鱼，还有少量梭子鱼苗，但都不值6便士，既不适合钓鱼，也不值得食用。不过，这条河非常适合游泳，有许多漂亮的小水池和几个可以游泳的笔直河段，彼此相距不到1英里，从学校步行二十分钟就到。学校的理事们租用（或者曾经租用）这1英里水域，供学生洗澡。河上有座木板桥，连着一条通向邻村布朗斯菲尔的小路。木板桥是一种奇特古老的独木桥，有五六十码长，一直延伸到河两岸平坦的草地上，因为冬天这里经常发洪水。"木板"的上游是年龄小的男孩洗澡的地方——斯利思，所有新生都要先在这洗，直到他们向洗浴管理员（由学校雇的三个稳重的成年人，整个夏天每天都参与这种活动，防止发生事故）证明自己游得很好，才会获准去下游150码远的安斯蒂。这里有个约6英尺深12英尺宽的深潭，小家伙们在这里喘着粗气奋力游到对岸，认为自己从水深超过身高的水里游过来很了不起。"木板"下游有更大更深的洞，其中第一个是拉蒂斯洛，最后一个是斯威夫特。斯威夫特很有名，有些地方深达10或12英尺，宽有30码，从这里可以一直游到磨坊。斯威夫特是为五学级和六学级准备的，那儿有一个跳板、两处台阶。其他深潭各有一处台阶，低年级学生可随意在这些地方洗澡，不过每栋寄宿楼的学生往往都自发聚集在某一个水池。校寄宿楼的学生这时喜欢拉蒂斯洛水池，汤姆和伊斯特学会了像鱼一样游泳，整个夏季都在那儿，像时钟一样规律，总是一天去两次，有时一天去三次。

　　现在，孩子们有（或自以为有）权在这段水域随意抓鱼，他们不明白，只有在拉格比这一侧，他们才享有这项权利（如果确实有的话）。不凑巧的是，拥有河流对岸的那个绅士，有段时间没有出面干涉，后来便要求他的看守人不让男孩们在他那边捕鱼。结果，两边先是争吵，之后动起手来。争吵愈演愈烈，有个看守人被推到河里，随后上演了一场激烈的打斗。地主和看守人找到学校，叫嚣着要揪出犯事的少年，校长和老师们能做的也就是维持秩序。甚至校长本人的权威都阻止不了嘘声。大家情绪很激动，这周值日的四个学级长带着手杖走进学校，扯着嗓门喊道："安——静！"终于，主要的犯事者遭到鞭打并被关禁闭，但是胜利一方反而招致众人不满。地主骑马经过校门口时听到一片嘘声，他冲向那帮男孩，试图用鞭子抽他们，却被球板和三柱门挡了回去，遭到鹅卵石和墙手球的追击。不管怎样，那些恼人的看守的存在对学生们来说都是一种负担，他们把小溪看得太紧了。

　　跟汤姆一个阵营的男孩，为了抗议这种剥夺他们合法消遣的暴政，开始用各种方法钓鱼，尤其是下"夜线"①的方式。如果这种激愤之情持续下去，城边上的小渔具店很快就会大赚一把，几个理发店也开始囤积渔具。男孩比他们的敌人有一大优势，他们白天大部分时间都不穿衣服在河边消磨，游泳游累了，就到河另一边钓鱼，或者下"夜线"；只要看守出现，他们就跳

————————

① 夜间将带饵钓钩放入水中，第二天再查看。

进水里游回去，混在其他洗浴者中间。看守们很聪明，没有跟着过河。

这种状态维持了一段时间。一天，汤姆和另外三四个男孩在拉蒂斯洛洗澡，当然，他们继续采取行动，重新下"夜线"。他们上了岸，站着或坐着冲洗身体，从衬衫开始穿好整套衣服。这时，一个身穿平绒射击外套的人从对岸走过来。那是个新看守，他们没有认出或注意到他。那人走到他们正对面停下，开口说道：

"刚才我看见你们几个小绅士在这边钓鱼了。"

"喂，你是谁？关你什么事，平绒衣老头？"

"我是这条河的新看守人，主人让我时刻注意你们这些小家伙。我告诉你们，我是来真的，你们最好待在自己那边，否则我们就没法和睦相处了。"

"嘿，说得没错，平绒衣——大声说出来，让我知道你现在的想法。"

"看这里，老家伙，"伊斯特喊道，举起一两条不幸的淡水鱼和一条小鲹鱼，"你想闻闻它们，看看它们生活在哪一边吗？"

"看守，我得给你一点建议，"汤姆穿着衬衫坐在岸边，双脚划着河水，大声说，"你最好从这里去斯威夫特，大孩子在那里，他们是下夜线的好手，我要给你出个主意，让你抓住五磅重的鱼。"汤姆离看守最近，这种玩笑让看守很生气，他盯着我们的主人公，仿佛是要记住样子好秋后算账。汤姆毫不胆怯，目不转睛地盯着看守，然后笑出声来，突然唱起了他们最喜欢的寄宿楼歌曲——

我和我的伙伴，

正在布下陷阱，

遭到看守紧盯，

我们毫不在意：

因为我们会摔跤、搏斗，伙伴们，

任何地方都能跳跃。

在一年的这个季节，

这是宜人的夜晚我的喜悦。


其他男孩也哈哈大笑，跟着汤姆唱。看守悻悻地转身走了，但是显然决心要整治他们。男孩们并没有把这件事放在心上。

不过，现在是蜉蝣生长的季节。柔和朦胧的夏季在埃文河边丰美的草地上伸着懒腰。一群群绿色和灰色的飞虫扑动翅膀，在芦苇、水面和草地上翩翩起舞，优雅而慵懒。蜉蝣肯定是短命昆虫中的"食莲者"①，最是快乐、慵懒、无牵无挂，在英格兰的河边翩翩起舞，做梦一样度过几个小时沐浴阳光的生命旅程。

在埃文河里，每一条小不点淡水鱼都对这些蜉蝣虎视眈眈，每天狼吞虎咽地吃掉数百只。这些贪吃鬼！每个钓鱼爱好者都要为那些可怜的蜉蝣报仇。

一个星期四的下午，晴空万里，汤姆借来伊斯特的新钓竿，

---

① the Lotus-eaters，也译作"吃荽陀果的人"，是《奥德赛》中提到的居民。他们食用这种食物后便不再思念家乡，过着梦幻般无忧无虑的生活。丁尼生有一首诗即名 the lotus-eaters。

独自一人去了河边。钓了一会，收效甚微，没有一条鱼上钩。他沿着河岸悄悄巡行，很快注意到对面大柳树下的水潭里有几只大鱼在觅食。这里水很深，不过往下约 50 码远是浅水区，他急忙朝那里跑。地主、看守、校长的严格禁令，一切的一切，汤姆都忘得一干二净。他挽起裤腿，纵身一跃，不出三分钟就游到了柳树<u>丛</u>。

　　这种大鲢鱼或者其他淡水鱼通常不轻易上钩，可是这时它们完全沉浸在吞食蜉蝣的喜悦中，不到半个小时，汤姆少爷就往那棵柳树下送了三条大家伙。刚要甩钩钓第四条，只见 100 码开外有个人正朝河岸走来。他又看了一眼，确定来人正是那个看守。能在那个人来之前赶到浅水处吗？不可能，除非不拿钓竿。除了上树，恐怕没有别的办法了。汤姆贴着树，使劲往上爬，同时往上拉钓竿。刚爬到一个离地约 10 英尺、枝叶伸到河面的大树权上躲起来，看守就到了那片草<u>丛</u>。看守走到树下时，汤姆心跳加速，再朝前走两步，他就过去了。可是真倒霉，死鱼的鳞片反光，让看守注意到了。他在树下停住，把鱼一条一条拾起来，鱼身的僵硬程度表明，它们一个小时前还活蹦乱跳的，还在进食。汤姆在树权上蹲得更低了。他听见看守在拍打草<u>丛</u>。"要是能把钓竿藏起来就好了。"想到这里，汤姆悄悄把钓竿移到身边。"柳树不会长出 12 英尺长、没有树叶的笔直的山核桃木枝条，真倒霉。"唉！看守听到树叶沙沙作响，接着就看到了钓竿，然后是汤姆的手和胳膊。

　　"哎呀，你在这里呀？"看守跑到树下，"马上给我下来。"

　　"至少还有树。"汤姆想。他没有答话，尽量躲起来，但是一直在摆弄钓竿。"我有麻烦了，除非耗到他饥肠辘辘，自己离开。"他想从树上跳进水里，迅速游到对岸，可是那些小树枝太密了，很难爬到岸上；还没上去，看守可能就已经从浅水处绕过去，在对岸等着了。他只好放弃这个计划。这时，他听到看守开始爬树了。这样是绝对不行的，于是汤姆退到树杈与树干的连接处，举起钓竿站着。

"喂，平绒衣，你再往上爬，当心手指。"

看守停下来，抬头看了看，咧嘴笑了："哦！原来是你呀，这次跑不了了吧，小少爷？啧啧啧，真是太巧了。现在，我告诉你，赶紧下来，这样对你最好。"

"谢谢你，平绒衣，我在上面很舒服。"汤姆说着，缩短了手里的钓竿，准备发起攻击。

"非常好，请自便。"看守说。不管怎样，他总算又退到地面，坐在岸边。"我一点也不着急，你可以慢慢来。收拾了你之后，我会教你老老实实叫我的名字。"

"真倒霉，"汤姆想，"给他起绰号真是蠢透了。刚才要是叫他'看守'，说不定就能下去了。这下要任他摆布了。"

看守静静地掏出烟斗，填好烟丝，点上火，眼睛一直盯着汤姆。汤姆愁眉苦脸地坐在树杈上，注视着看守——两个人，一堆鱼，一派惨淡光景。他越想越难受。"马上就是第二次点名了。"汤姆想。看守面无表情地抽着烟。"如果跟他走，我应该会挨鞭子，但也足够安全。我不可能在这坐一整晚。不知道能不能用钱打发他。"

"喂，看守先生，"他温顺地说，"给你两先令，让我走，怎

么样？"

"20 个先令也不行。"迫害汤姆的人嘟哝着说。

他们就这样坐着，第二次点名也过了。阳光穿过柳树的枝丫斜射进来，汤姆明白，学校锁门的时间近了。

"我要下来了，看守。"汤姆最后叹了一口气说。他已经累得快虚脱了。"现在，你想怎么样？"

"送你去学校，把你交给校长。我接到的命令就是这样。"平绒衣一边说话，一边把烟斗里的烟灰敲出来，这已经是他第四管烟了。他站起来，抖了抖身体。

"好吧，"汤姆说，"但是别抓住我，你明白吧。我会老老实实跟你走，所以不要揪我的衣领，也不要有其他粗暴行为。"

看守看了他一会儿，最后说道："非常好。"于是汤姆从树上下来，沮丧地跟着看守走到寄宿楼，刚到就要锁门了。他们经过校门时，蝌蚪和站在门口的几个男孩冲出来，大喊"救人！"但是汤姆摇摇头，他们只是跟到了校长门口，又一脸困惑地回来了。

跟上次汤姆站在这里的时候相比，校长完全变了个人，严厉得让人害怕。看守将白天发生的事一一讲给校长听，连汤姆给他起骂人的外号这种事都没有漏掉。"其实，先生，"小罪犯插话道，"只是叫他平绒衣。"校长只问了一个问题。

"你知道河岸的规矩吗，布朗？"

"知道，先生。"

"那明天第一节课后，等着我吧。"

"我猜到就是这样。"汤姆喃喃自语。

"那个钓竿怎么处置，先生？"看守继续说，"主人吩咐我们，我们可以没收所有钓竿——"

"哦，求你了，先生，"汤姆插嘴说，"那根钓竿不是我的。"校长看起来有点犹豫，好心的看守看到汤姆难受的样子，心就软了，不再提这个要求。汤姆第二天挨了顿鞭子，几天后碰到平绒衣，给了他半克朗，感谢他没有索要钓竿。他们成了莫逆之交。噢，亲爱的读者，我恐怕得告诉你们，在那个蜉蝣纷飞的季节，汤姆又在那棵柳树下钓了许多鱼，而且再也没有被平绒衣抓住过。

不到三个星期，汤姆（有伊斯特陪着）又一次经历了糟糕的会面。不过这一次校长没有那么可怕。几天前，他们被安排到墙手球馆干杂务，捡扔到球场外的球。站着看比赛的时候，他们看到教学楼的楼顶上落了五六个几乎全新的球。"我说，汤姆，"他们完成任务后，伊斯特说，"我们可以想办法把那些球弄下来，你觉得怎么样？"

"不管怎样，我们试试看。"

于是他们仔细勘察墙壁，跟老斯顿普斯借了一柄煤锤，又买了几枚大钉子。试了一两次，就攀上了教学楼，捡到很多墙手球。他们很喜欢那个地方，空余时间都在那里，在每座塔的塔顶都刻上自己的名字。很多地方都有他们的名字，最后，在其他地方都被刻过之后，他们在大钟的指针上刻下了"H. 伊斯特，T. 布朗"。刻字的时候，他们抓住分针，干扰了时钟的正常运行。第二天早上，老师和学生们成群结队去做祷告，进方庭的时候，分针指向离整点还有三分钟的位置。于是他们都停下来，慢慢等待。当整点钟声敲响时，门被关上了，学校里有一半人迟到。托马斯被派去了解情况，在分针上发现了他俩的名字，便如实向校长报告。他们被校长叫去，走的时候，一群朋友嘲弄似的做各种动作，暗示他们即将面对的命运。

但是，校长听了事情原委，并没有大发雷霆，只是让他们背诵荷马的三十行诗，告诉他们这种壮举可能会让他们骨折。

唉！第二天城里就要举行最盛大的集市，由于近来发生了几场争吵和不愉快的事故，校长在早上祷告后宣布，男孩们不许进城。越是不允许，伊斯特和汤姆越喜欢做。两人在第二节课后出发了；抄近路穿过操场，走到学校背面，沿一条通往城区的小巷一直往前走。进入高街时，他们跟一位老师撞了个满怀。那位老师很聪明，却不是个正人君子。他抓到自己的几个学生离校进城，罚他们背诵诗文，却把不是自己学生的伊斯特和汤姆送到校长那里。校长知道他们早上参加过祷告，就用鞭子狠狠地抽了他们一顿。

这顿鞭子当时对他们产生了不好的影响，那个老师的不公正行为让他们怀恨在心。这个时候已临近期末，第二天晚上，托马斯来敲门，说校长想见他们。两人面面相觑，默默担心起来。会是什么事呢？他们干过的错事数都数不清，又有哪件被学校发现了？可是拖延没什么用，他们立刻动身去书房。到了那里，发现校长并没有生气，但是非常严肃。校长让人找他们来，是要在放假前和他们认真谈一谈。这学期，他们因为故意违反校规挨了好几次鞭子。不能再继续这样下去了，否则对他们自己和其他人都没有好处。现在他们正在学校里成长起来，而且有了影响力。他们似乎认为规则是老师们凭个人喜好随意制定的。但事实不是这样，规则是为了全校的利益而制定的，必须遵守。有意或无意破坏规则者，一律不应该留在学校。校长说，如果他们必须离开，他会很遗憾，毕竟待在学校对他们两人都有好处。他希望他们在假期里好好想一想这些话。说完之后，校长和他们道了晚安。

就这样，伊斯特和汤姆慌慌张张地离开了校长书房，心里非常忐忑：他们从来没有想过会离开学校，这样的结果他们完全无法承受。

出门时，他们遇到了老霍姆斯。霍姆斯是另一栋寄宿楼的学级长，体格健壮，热情活泼，这会儿正要去找校长。他们听到校长亲切地跟进来的人打招呼，跟对待他们截然不同。门关上了，两人心情沉重，回到书房，决心不再违反任何规定。

五分钟后，他们年级的老师敲响了校长的书房门。这位老师来得比较晚，是个年轻的模范教师。"请进！"他走进书房的时候，校长还在跟霍姆斯交谈，"你知道，我对那件事几乎一无所知，倘若我有所察觉，肯定会当众开除那个孩子。我不希望这样做，因为我认为他还是有些优点的。除了狠狠打他一顿，也没什么了。"他停下与霍姆斯的谈话，与老师握了握手，霍姆斯也跟老师握了手，准备离开。

"我明白。晚安，先生。"

"晚安，霍姆斯。请记住，"校长加重了语气，补充道，"当着全楼学生的面狠狠打一顿。"

霍姆斯离开书房，门又关上了。校长看着满脸疑惑的老师，简短地解释道："一起恶劣的霸凌事件。寄宿楼的领导沃顿虽然非常好，却瘦弱无力。其实体罚才是处理这种事的唯一方法。[①]所以，我让霍姆斯去执行。他非常谨慎，值得信赖，而且执行力很强。要是六学级学生都像他这样就好了。如果要完全维持住秩序，就必须依靠这样的人。"

我不希望自作聪明的人阅读这本书。但是如果他们读了，当然会竖起长耳朵，对着上面的故事号叫，更准确地说是咆哮。非常好，我不反对。但是我必须再对你们补充一点：第二天吃完早饭，霍姆斯将全楼的同学召集起来，发表了一番关于霸凌事件的讲话，然后把霸凌者"狠狠揍了一顿"。很多年后，那个孩子找到霍姆斯，对他表示感谢，说那是对他做的最仁慈的事情，也是他性格的转折点。他成了一个很好的人，是学校的光荣。

校长和那位老师又谈了一会儿，说道："我想跟你讲讲你们年级的两个孩子，伊斯特和布朗。我刚找他们谈过话。你觉得他们怎么样？"

"嗯，学习不是很刻苦，做事不考虑后果，精力充沛。但我很喜欢他们。我认为他们本质上是非常好的学生。"

"很高兴听你这样说。我也是这么想的。但是他们让我很为难。在我的寄宿楼里，他们非常活跃、大胆，在杂务生中起带头作用。失去他们我会很遗憾，但是，如果我看不到他们在品德上有所长进，没有表现出男子汉气概的话，我真不希望他们

---

① 体罚作为一种曾经相当普遍的教育手段已经式微。

待在这里。明年他们就可能给年龄小的孩子造成极大的伤害。"

"啊，希望你不要把他们送走。"老师恳求道。

"如果能有其他办法，我也不会开除他们。但是，不知道半日休假后，他们会不会惹什么愚蠢的、不经过大脑的麻烦，逼着我第二天就用鞭子抽他们。我很怕见到他们两个。"

两人沉默了一会儿。很快，校长又开口了：

"他们意识不到自己在学校应承担的责任和应该做的事，怎样才能让他们感受到这些呢？"

"我觉得如果给他们中的一个人分一个小男孩照看，他们就会变稳重了。我得说，布朗是两人中最莽撞的。没有他，伊斯特不会闹出这么多麻烦事。"

"好吧，"校长似乎叹了口气，说道，"我再想想。"接着又谈论其他问题了。

# 第二部分

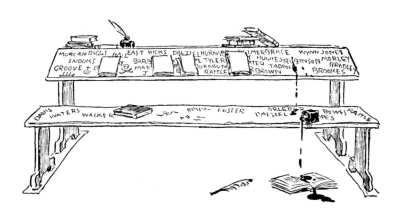

我认为它是真理，随着它
用不同的调子对着声音清澈的竖琴歌唱，
人可以其死亡为垫脚石，
进入更高的境界。
——丁尼生《悼念集》

第一章

**潮流转向**

每个人，每个民族，

每当到了抉择时刻，

都要面临真理与谬误的斗争，

选择行善或作恶。

……

勇士会选择直面，

懦夫会袖手旁观，

可怜的精神怀疑不定，

直至他的主被钉上了十字架。

——洛威尔

现在，我们主人公的求学生涯迎来了转折点，具体情况是这样的。下学期开学的第一天晚上，汤姆、伊斯特，还有一个刚在展翅鹰下马车的男孩，三人兴高采烈地冲进女舍监的房间。所有男孩都这样，不管多喜欢家里，刚返校时依然如鱼跃大海。

"啊，维克西夫人，"有个男孩喊着，抓住这个做事有条不紊、精力充沛的小个子黑眼睛女人，她正忙着将已经到达的男孩们的亚麻织品放入各自的储物格，"你瞧，我们又回来了，还是那么快乐。我们帮你收拾东西吧。"

"对了，玛丽，"又一个男孩喊道（两个称呼都是在叫她），"哪些人回来了？校长让老琼斯走了吗？来了多少新生啊？"

"我和伊斯特可以使用格雷的书房吗？你知道你答应过要给我们尽力争取的。"汤姆大声喊道。

"我会睡在4号房吗？"伊斯特吼道。

"老山姆、博格尔和萨莉怎么样了？"

"噢！上帝保佑！我的孩子们啊！"玛丽终于插上话了，"哎呀，你们快把我摇散架了。现在，快去宿管房间吃晚餐，你们知道我没工夫说话——宿舍里有的是人，去找他们。哦，伊斯特少爷，别动那些东西——你弄混了三个新生的用品。"她说着冲过去，伊斯特则举起战利品，绕着打开的箱子躲开了。

"喂，看这儿，汤米，"他喊道，"真好玩！"他在头上挥舞着几个漂亮的小睡帽，睡帽做工精美，还有标记，是某个遥远乡村家庭里的巧手所做。怀着不舍和牵挂之情缝制那些精细针脚的慈母和姐妹们肯定想不到这会给自己疼爱的少年带来麻烦。年轻的女舍监很聪明，赶忙夺过来，伊斯特没来得及看睡帽上的名字。

"好了，伊斯特少爷，你再不走我真的生气了，"她说，"楼上有美味的冷牛肉和腌黄瓜，今天是开学第一晚，我的房间不欢迎你们老生。"

"腌黄瓜万岁！走吧，汤米、史密斯。我们一定会弄清楚这个年轻的伯爵是谁，我敢肯定：我希望他睡在我房间。玛丽第

一周总是很凶。"

三个男孩转身离开房间时，女舍监碰了碰汤姆的胳膊，说道："布朗少爷，请稍等，我有话要对你说。"

"好啊，玛丽。伊斯特，别把腌黄瓜吃完了，我马上过来。"

"哦，布朗少爷，"等其他人都走了，年轻的女舍监继续说道，"阿诺德夫人说，你可以使用格雷的书房。夫人想让你接待这位小绅士。他是新生，今年十三岁，虽然看起来不像。他身体很弱，以前没离过家。我对阿诺德夫人讲了，你会善待他，起码不会让别人欺负他。他进了你们年级，我让他睡在 4 号房你旁边的床上，所以伊斯特这学期不能睡在那儿了。"

听完这些话，汤姆相当苦恼。他得到了梦寐以求的两倍大的书房，可附加条件让人高兴不起来。汤姆看向房间那头，沙发远处的角落有一个瘦弱的男孩，脸色苍白，有一双蓝色的大眼睛和一头浅色的金发，整个人仿佛快要缩进地板里了。汤姆一看就明白了，如果没有人照顾，这个新来的小子第一学期肯定会很悲惨；可谁要是想帮他渡过难关，定会惹上一身麻烦。汤姆很诚实，一旦接待了他就不会坐视不理。可是又不禁想，如果让他取代伊斯特成为自己的室友，那些计划该怎么办，还怎么在窗下保留一个瓶装啤酒的酒窖，怎么下夜线，怎么策划到布朗斯菲尔磨坊和凯迪克小树林的探险？他和伊斯特早已对这个书房志在必得，向往着以后每天晚上从锁门起到 10 点钟，一起聊钓鱼，喝瓶装啤酒，读马里亚特的小说，给鸟蛋分类。至于这个新生，他大概永远也不会离开学校周围，而且肯定胆小怕事，总是会被人嘲笑，让人用莫莉、珍妮等女孩子气的绰号来称呼。

女舍监观察了一会儿，看出了汤姆的心思，便像个聪明的谈判者一样，开始诉诸他的热心肠。"可怜的小家伙，"她说，几乎是在耳语，"他爸爸过世了，他又没有兄弟。他妈妈是位温柔体贴的女士，今天上午离开他时，简直伤心欲绝；听他妈妈说，他的一个姐姐身体消瘦、奄奄一息，所以——"

"好吧，好吧，"带着仿佛挣扎过后的一声叹息，汤姆打断道，"我想我只好放弃伊斯特。一起来吧，小家伙。你叫什么名字？我们先去用餐，然后我会带你去我们的书房。"

"他叫乔治·阿瑟。"女舍监一边说，一边带汤姆走到他跟前。汤姆真的准备跟他做室友了，抓住他纤弱的小手时，汤姆感觉自己一口气就能把他吹跑。"我已叫人把他的书本等物件放在书房里，他妈妈给书房贴了新壁纸，给沙发换上了新护套，还挂了新的绿色粗呢门帘。"（老练的女舍监说这些，是要说明这个新生对建立和谐的伙伴关系贡献很大。）"阿诺德夫人让我告诉你们，"她补充道，"她想请你们俩上楼喝茶。你带路吧，布朗少爷，我知道，你们会相处得很好的。"

这是给汤姆少爷的通知！他返校第一晚就上楼喝茶，仿佛他是五六学级的学生，是校园生活里的重要人物，而不是低年级杂务生中最鲁莽的小捣蛋鬼。他觉得自己立刻被推到了更高的社会地位，将向一种更高的道德准则看齐。然而，一想到不能跟伊斯特等人一起在宿管房间享用可口的晚餐，不能在饭后跑到朋友书房诉说假期的经历和奇遇，不能为即将到来的新学期谋划五十个计划，同时及时掌握消息（比如谁走了，来了哪些新生，谁得到了谁的书房，新的年级监督员睡在哪里）……一想到要舍弃这些，他就觉得很遗憾。不过，汤姆不断安慰自己说，有个新生跟在后面，他也没法做这些事情。于是，他带上这个由他照顾的新生，沿着走廊走向校长的私人住宅，心情好得出奇。

在这里讲两个年轻人在客厅里受到的招待，既无必要，也不相干。那位主持招待的夫人还在世，所有受过她高贵文雅的款待的男孩，都对她敬爱有加；她带着这份尊崇，目前在英格兰北部的家中安享晚年。是的，在这待过的许多人如今都有一颗勇敢的心，正在乡村助理牧师的职位上，在伦敦的会所里，在印第安的阳光下，在澳大利亚的城镇和空地中，努力工作、承担责任。他们回忆起那间客厅，都无比欢乐、充满感激，同时将自己受到的很多最高级、最好的培养归功于在那儿受到的教育。

除了阿诺德夫人和一两个大点的孩子，屋里还有一位年轻老师、小少爷小布鲁克（现在读六学级，继承了他哥哥的位置和影响力）和另一个六学级学生，他们正在炉火边聊天。小布鲁克少爷现在十八岁，体格魁梧，身高 6 英尺，像运煤工人一样孔武有力。他和那位老师对汤姆亲切地点点头，这让汤姆感到无比光荣，然后他们继续聊天；另一个男孩没有注意到汤姆和阿瑟。女主人讲了几句亲切的话，男孩们马上不知不觉放松了，开始互相交谈。不久，她说要去写一封信，让大家和她的几个孩子待在一起。年轻人们迅速热络起来，汤姆滔滔不绝地说起他骑着一匹非凡的马打猎的事，还听人讲述英格兰湖区的冬季盛景。这时茶送进来了，校长也到了。

校长问候炉火边的男孩们，给人感觉非常直率、和蔼，充满男子汉气概。看到他和小布鲁克互相看着对方亲切地握手，汤姆心里很高兴；他突然注意到，小布鲁克的身高快赶上校长了，和校长一样强壮。汤姆的茶杯还是满的，转瞬间，校长回身和他热情地握手，仿佛彻底忘记了之前的不愉快，说道："呀，布朗，你来啦！你父亲和家人都好吗？"

"一切都好，先生。"

"这就是要和你共享书房的小家伙吧。嗯，他看起来不像我们希望看到的样子。他需要一些拉格比精神的感染，还有板球。你要带他远足几次，到比尔顿农场和凯迪克小树林，让他看看我们这儿有个多么漂亮的小乡村。"

汤姆在想，校长知不知道他去比尔顿农场是为了掏白嘴鸦的窝（这样做完全违背了农场主的意愿），去凯迪克小树林主要是为了方便下夜线。校长什么不知道呢？他总是能为这一切找到高贵的用途！汤姆几乎下定决心，永远放弃白嘴鸦馅饼和夜线。校长一会儿谈起假期里的事情，一会儿又谈到对新学期的展望，获得贝利奥尔学院奖学金有多大希望，还有板球队成员的情况，茶点时间就这样愉快地结束了。每个人都很安心，每个人都觉得自己虽然年轻，但在学校这片小天地里有存在的价值，有事情等着自己去做。

用过茶点不久，校长就去书房了。几分钟后，男孩们也起身离开，穿过校长住房的便门，到了中间的走廊。

在走廊另一头，有一群男孩围着炉火大声说笑。门打开时，突然鸦雀无声，他们认出走来的是汤姆，又大声打招呼。

"喂，布朗，你从哪里来呀？"

"哦，我刚和校长喝完茶。"汤姆骄傲又庄重地说道。

"瞎说！"伊斯特喊道，"噢！原来玛丽叫住你，你又没来吃饭，是这个原因。你损失大了——牛肉和腌黄瓜真是美味极了。"

"我说，小家伙，"霍尔发现了阿瑟，一把抓紧他的衣领，喊道，"你叫什么名字？从哪里来？多大了？"

所有人都转过来看着阿瑟。汤姆见他畏畏缩缩，看上去很害怕。不过汤姆觉得最好让他自己来回答，只在需要时站在他身边支持他就行了。

"阿瑟，先生。我来自德文郡。"

"不要叫我'先生'，你个小笨蛋。你多大了？"

"十三岁。"

"会唱歌吗？"

可怜的阿瑟浑身发抖，犹豫不定。汤姆出声了："去你的，蝌蚪。不管他会不会唱，到了十二周后的星期六他都得唱，现在离那还早着呢。"

"你跟他很熟吗，布朗？"

"不熟，但他是我室友，我们会共用格雷以前的书房，祷告时间快到了，我还没有看过书房呢。一起走吧，阿瑟。"

两人离开了。汤姆迫不及待地想让他照顾的这个男孩安全地藏起来，这样好对阿瑟的行为举止提出建议。

"汤姆·布朗的室友真古怪。"这是炉火边男孩们的评价。老实说，汤姆也是这么想的，不过他点上蜡烛，看到崭新的绿粗呢门帘、地毯和沙发，倒是非常满意。

"我说，阿瑟，你妈妈心肠真好，让我们住得这么舒适。不过现在听好了，碰到有人找你说话，你要答得很爽快，不要害怕。如果你害怕的话，就会受人欺负。也不要说你会唱歌，永远不要谈到家，或者你的妈妈和姐姐。"

可怜的小阿瑟眼看就要哭了。

"请问，"他说，"我——我可以和你谈家事吗？"

"当然可以，我很乐意。但是不要和你不认识的男孩谈，否则他们会说你想家，说你是'妈宝'，或者类似的话。这张书桌真好！是你的吗？书皮真是精美极了！哎呀，你的课本看起来真像小说！"

在一个五学级的男孩看来，阿瑟的私人物品全都又新又好。汤姆立刻被迷住了，差点儿忘记了屋外的朋友，直到祷告钟声响起。

我已经描述过校寄宿楼的祷告，第一晚和其他晚上是一样的，只不过返校迟的男孩会缺席，新生则排成一队，站在较远的桌边——他们的身形样貌各有不同，正如父亲对汤姆说自己年少读书时讲到的，像马上要惹麻烦的幼熊。汤姆一边这么想着，一边看着那排男孩，还有队伍里柔弱可怜的小阿瑟。祷告过后，他带阿瑟到楼上的 4 号房，领着他认了床位。房间又大又宽敞，通风很好，透过两扇大窗户，可以欣赏学校周围。房间里有十二张床，壁炉边最远角落里的那张住着负责房间纪律的六学级男孩，其他床位则归低五学级和低年级杂务生（前面说过，五学级男孩睡在单独的房间里）。杂务生中年龄最大的也不过十六岁，他们都要在 10 点钟之前上床睡觉；除去挑灯夜读的时候，六学级男孩在 10 点到 10 点 15 分上床睡觉，老门房会在这个点来熄灭蜡烛。

进屋没一会儿，睡在 4 号房的男孩都到齐了。小家伙们安静地来到自己床边，边脱衣服边低声交谈；年纪稍大的男孩，包括汤姆，脱了外套和背心，坐在床上聊天。可怜的小阿瑟待在自己的位置上，面对新奇事物感到不知所措。他以前从未想过要和陌生男孩同睡一间房，感到既奇怪又痛苦。想到要脱掉外套，他就受不了；不管怎样，经过一番挣扎，外套脱掉了，他停下来看了看汤姆，汤姆正坐在床尾，有说有笑的。

"请问，布朗，"他小声问，"我可以洗脸洗手了吗？"

"当然，你自便，"汤姆盯着他说，"窗户下面，从你的床这边数第二个是你的盥洗架。你要是把水用完了，明早就必须下楼去打水。"说完，他继续和别人聊天。阿瑟羞怯地从床位中间溜到盥洗架边洗漱，一时引起了整个房间的注意。

房间里依然有说有笑。阿瑟洗完后脱掉衣服，穿上了睡袍。他看看四周，感到更紧张了。两三个小男孩已经上床了，他们用下巴抵着膝盖坐着。烛光明亮，房间里依然闹哄哄的。对于一个可怜、孤独的小男孩来说，这是个难熬的时刻。可是这次他没有问汤姆能不能做，便双腿跪在床边，像小时候每天做的那样，对聆听世人的乞求，为弱小的孩子和强大的成年人承受痛苦的主敞开了心扉。

　　汤姆背对着阿瑟，正坐在床尾解皮靴的鞋带，没有看到当时的情况。房间突然安静下来，他惊讶地抬起头。这时两三个男孩大声嘲讽小阿瑟，屋子中间有个蛮不讲理的大个子，捡起一只拖鞋朝跪拜的阿瑟扔过去，还说他是爱哭鼻子的小家伙。汤姆看到这一切，马上把刚脱下的皮靴扔向那个恶棍的头。那个人连忙伸手去挡，正好打在了肘部。

　　"该死，布朗，你要干什么？"他大声叫起来，疼得直跺脚。

　　"别管我什么意思，"汤姆边说边站起来，身体里的每一滴血都在翻腾，"如果有谁想要另一只皮靴，就尽管试试。"

　　可能会有什么结果，谁也不知道。这时那个六学级男孩进来了，大家都默不作声。汤姆和别的孩子匆忙上了床，脱去衣服，不一会儿，像钟表一样准时的老门房熄灭了蜡烛，像往常一样说了句"晚安，绅士们"，然后便关上房门，走向下一个房间。

　　许多男孩睡前都在想刚才的小插曲。不过，可怜的汤姆一点都不瞌睡。兴奋之情和潮水般的记忆在他脑海中互相追逐，让他没法思考，也无法分析问题。他的头痛得厉害，心狂跳不止，强忍住才没从床上跳起来，在房间里奔跑。他想到了妈妈，想起几年前在妈妈膝边做的承诺。他轻轻躺下，哭了起来，仿佛心都要碎了。当时他只有十四岁。

　　我亲爱的小朋友们，在当时，即便是在拉格比公学，一个小孩子当众祷告也需要不小的勇气。几年后，校长阿诺德的勇敢和虔诚对学校产生潜移默化的影响，形势开始逆转；在他去

世前，至少在校寄宿楼（我相信在其他宿舍也一样），规矩已经改变了。但是可怜的汤姆没赶上时候。他来的头几个晚上屋里吵吵闹闹，他就没有跪地祷告，而是坐在床上，等蜡烛熄灭后溜出去祷告，生怕别人看到。很多可怜的小孩子都是这么做的。后来他想，不如就在床上祷告，至于是跪着、坐着还是躺着，都没有关系。于是汤姆就像所有不敢在人前祷告的人一样，过去一年很多次祷告都敷衍了事。

可怜的汤姆！最先也是最让他痛苦的是他意识到自身的懦弱，这让他心都碎了。他想到了别的令他厌恶的罪恶，这些罪恶让他的灵魂备受煎熬。他对妈妈、对良心、对上帝撒谎了。他怎么能容忍呢？而阿瑟这个弱小可怜的男孩，这个他曾经同情甚至有些鄙视的柔弱男孩，却做了他这个吹牛大王不敢做的事。汤姆暗自发誓，为了感谢这个孩子今晚的善举，以后无论碰上什么情况，自己都会支持他，鼓励他，帮助他，替他分担。汤姆心里终于感到了一丝安慰。他决定明天给家里写信，告诉妈妈发生的一切，告诉妈妈自己曾经是个胆小鬼。他决心明天早晨就去证明自己，这时他心里平静了。早晨做祷告要比晚上更困难，可是他想，再也不能错过一次机会了。他动摇了好几次，因为心里的魔鬼让他看到，老朋友会用"圣徒""老古板"等难听的名字称呼他，并小声告诉他别人会误解他的动机，只剩那个新生和他在一起。可是，他有义务通过一切方法使自己产生影响力，只有这样才能为大多数人做好事。接着更加狡猾的诱惑来了："我非要这么做来显示自己比别人勇敢吗？我有权利现在开始吗？我是不是应该在书房祷告，让别人了解我是这么做的，并尽力引导他们，而在公共场所，我至少应该和以前一样？"可是那天夜里，他心中的善良天使太强大了，他决心按照那股让他找到平静的强烈冲动去做，然后翻了个身准备睡觉了，不想再去推理。

第二天早晨，他起床洗完脸穿衣服，还没穿背心和外套的时候，十分钟的钟声响起了。于是他当着全屋人的面，跪下祷告。他一句话也说不出来——钟声仿佛也在嘲讽他，他注意听着房间里的窃窃私语，大家会怎么想他呢？他感到难为情，既不想继续跪着，也不想站起来。终于，一个微弱的声音仿佛从内心深处传来，坚定地说出税吏说的那些话："神啊，开恩可怜我这个罪人！"[①]他一遍又一遍地重复，像抓住生命一样紧紧抓住它，然后站起来。这时他感到安慰而谦卑，准备好面对整个世界了。不过，他的担心是多余的，除了阿瑟之外，还有两个男孩像他一样跪下来，他重新面对这伟大的学校，感到自己又学到了一课：战胜自己的懦弱就战胜了整个世界。

他还意识到，以前他夸大了自己行为的影响。有几个晚上，他跪下祷告时总有一两个人冷嘲热讽，可是很快就听不到了，除了三四个男孩之外，其他人一个个都像他那么做了。恐怕这多多少少是因为，汤姆能打败房间里除学级长之外的所有同学；无论如何，每个人都知道，只要汤姆稍有不满，他就会尝试打架，既然汤姆·布朗喜欢上了祷告，就没有人会冒险和他硬碰硬。4 号房有些小孩把这个新情况告诉了他们的好朋友，在其

① 出自《路加福音》18:13。

他几个房间里，可怜的小家伙们也开始祷告了。有一个房间的学级长听说之后果断干预，略有成效；但是在其他房间，经过短暂的斗争，忏悔者仍遭到欺凌和嘲笑，原来的情况还持续了一段时间。不过，最终，在汤姆·布朗和阿瑟各自即将离开校寄宿楼时，祷告已经在所有房间成为常规。我相信现在仍然是这样，原来不虔诚的情况已经不复存在。

第二章

新 生

天赋的本能，

在他体内生长，

犹如长在林地角落的紫罗兰，

不费力气就会染成蓝色。

——洛威尔

这学期一开始，汤姆就成了一个刚出家门的温柔小男孩的私人教师，新角色给他带来不少小麻烦，但是我不打算逐一叙述。他感觉自己好像又成了新生，但是他没有成功扮演这个角色所必需的耐心和温顺。从早到晚，他心里都有一种责任感：哪怕把阿瑟单独留在书房或操场一个小时，他也会浑身不自在。每节课下课或每次点名之后，他都会在学校门口等阿瑟，以防有人捉弄阿瑟，问他超出常规的问题。早餐和晚餐期间，他会盯着阿瑟的餐盘，防止有人抢夺食物。总之，用伊斯特的话说，他像母鸡带着小鸡一样跟在阿瑟后面咯咯叫。

阿瑟用了很久才不那么拘束，这让汤姆的工作愈发艰难。阿瑟非常胆小，如果汤姆不跟他讲话，他几乎从不开口。最糟糕的是，他凡事都赞同汤姆，这对布朗家的人来说最难忍受。

晚上坐在书房时，阿瑟这个令人恼火的习惯往往让汤姆很生气，好多次都差点发火。他想告诉阿瑟，一个人理应拥有自己的意志，理应畅所欲言；可是一想到那样只会吓到阿瑟，且回忆起第一晚在 4 号房从阿瑟身上学到的一课，他便努力克制住了，决定静静坐着，一言不发，等阿瑟先开口。但是他总在这个游戏上落败，不得不失望地说话，生怕不说话会让阿瑟以为他有什么烦心事，而且他也厌倦了干坐在那里。

真是苦差事！可是既然接了任务，汤姆就打算坚持下去，克服困难完成它，让自己满意。伊斯特等老朋友开始称他为"保姆"，拿他说些俏皮话。这些打趣更坚定了他的决心。不过，老朋友们像往常那样持其他立场时，汤姆感到非常困惑。

"听着，汤姆，"伊斯特会说，"你的过度溺爱会惯坏有前途的孩子。为什么不让他自己闯一闯，寻找他自己的位置呢？如果你继续护着他，以后他肯定会一文不值。"

"没错，可是他还没有准备好单打独斗，我每天都在帮他，试图让他成长——但他很古怪。可怜的小家伙！我一点也不能理解他。他的情况我见所未见、闻所未闻——他整个人看起来非常紧张，你说的每句话似乎都会像刀斧一样伤害到他。"

"这种男孩没得救了，"伊斯特说，"你只会惯坏他。听着，汤姆，我来告诉你怎么做。你去找一个大硬纸盒，往里多塞点棉絮，再把他和一个奶瓶放进去，贴上'小心搬运——此面朝上'的标签，送他回去找妈妈。"

"随你怎么说，我想我应该帮他一把。"汤姆微笑着说，"他这个人身上有可取之处，有时我觉得他很有勇气。毕竟勇气是唯一持久的东西，是吧，飞毛腿？但是如何把他的勇气激发出来呢？”

汤姆从裤兜里抽出一只手，抓了抓后脑勺，还把帽子斜盖在鼻子上，这是他开始动脑筋思考的习惯动作。他神情困惑地盯着地面（显得很滑稽），不一会儿抬起头，与伊斯特的目光相遇。这位年轻的绅士拍拍他的背，手搭在了他的肩膀上，一起漫步穿过方庭。“汤姆，”他说，“你是我见过的最好的人，我确实喜欢你做事的态度。该死，我真希望能像你一样对待事情，但是我肯定只会闹笑话。一切都是个笑话。如果我马上就要挨鞭子了，我本应该吓得要命，可还是忍不住笑出声来。”

“布朗、伊斯特，快去墙手球场给琼斯做苦工。”

“喂，这可不是开玩笑的，”伊斯特突然爆发，扑向通知他们的小绅士，一把抓住他的衣领，“听着，汤姆，快从那边抓住他，免得他大喊大叫。”

他们抓住这个年轻人，使劲从方庭拖到了校寄宿楼餐厅。他是那种身材小巧、长相好看、满头卷发的可怜小男孩，一些大孩子宠爱他们，为他们作诗，教他们喝酒、说脏话，事事都惯着他们，尽其所能地糟蹋着他们的现在和未来。[①] 这些受宠的小绅士特别喜欢在大孩子玩游戏时跑来跑去为他们找杂务生。他们随身携带铅笔和纸，记下他们派过去的所有男孩的名字；

---

① 一位好心而睿智的评论家（也是一位老拉格比）在空白处写道：“在1841—1847 年，小朋友之间的友谊并不算坏。”在这之前，许多大男孩和小男孩之间也能建立高尚的友谊，然而，我不能删掉这段话。许多男孩会知道保留下来的原因。——原书注

通常派过去的人数是实际需要的五倍，不去的人都会挨一顿打。
眼下这个孩子住的寄宿楼非常嫉妒校寄宿楼，只要他找得到，
就会挑选校寄宿楼的杂务生。可这回他找错人了。抓他的两个
人砰的一声关上门，伊斯特抵住门，汤姆从俘虏身上搜走名单，
让他在旁边站好，自己慢悠悠地检查那份记录。

　　"放我出去，放我出去！"男孩愤怒地大叫，"我马上就去
告诉琼斯，让他揍死你们俩。"

"漂亮的小可爱，"伊斯特说着拍拍男孩头上的帽子，"汤姆，听听他怎么骂人的。你说他是不是有教养的孩子，我想不是。"

"别碰我，——说你们呢！"男孩吼道。他暴跳如雷，踢了伊斯特一脚，伊斯特悄悄绊倒他，把他放倒在一个安全的地方。

"小心点，小家伙，"他说，"像你这种傲慢的家伙喜欢说这种话没有什么好处，不要再这样了，不然后果不堪设想。"

"我出去以后，一定会叫人揍你们，一定会的。"男孩一边回答，一边抽泣。

"你这一套我们也会，记住了。"汤姆说。他检查完了那份名单。"现在给我听好了。我们刚从墙手球场过来，琼斯已经有了四个杂务生，比他需要的还多两人。如果他想换上我们，早就亲自叫住我们了。听着，你这个小恶棍，除了我们俩，你的名单上有七个人的名字，其中有五个是我们寄宿楼的。"汤姆走到他跟前，拉他起来，他像一只挨了鞭子的小狗一样哀叫着。

"现在听着。我们不会去给琼斯做苦工。如果你告诉他你派过我们，我们俩就各揍你一顿，让你长长记性。"说完，汤姆撕碎名单，丢进了炉火里。

"还有，"伊斯特说，"别再让我抓到你在我们楼周围鬼鬼祟祟，挑选我们楼的男孩做苦工。要不然，我们会让你无处躲藏，连喘息的地方也没有。"说完，他开门放这个小绅士逃到方庭，临了还踢了一脚。

"这是个乖孩子，汤姆。"伊斯特说着双手插进兜里，信步来到炉火边。

"这是我们培养的最差的家伙，"汤姆学着他的样子回答道，

"谢天谢地，从来没有大个子要宠我。"

"你永远不会像他那样，"伊斯特说，"我真想把他放在博物馆里，给他写上：信基督教的小绅士，十九世纪，受过高等教育。拿根长杆惹怒他，然后听他像喝醉的水手一样咒骂！我想，他会让一个体面的社会大开眼界。"

"你猜他会告诉琼斯吗？"汤姆说。

"不会，"伊斯特说，"就算告诉也无所谓。"

"没错。"汤姆说。随后，他们又继续说阿瑟的事情。

这个小绅士有头脑，不会笨到去告诉琼斯。要知道，伊斯特和布朗是学校出了名的最不好惹的杂务生，他们根本不在乎琼斯来打他们两个，而且很可能会说到做到，连本带利地打回去。

上述谈话之后，伊斯特经常来书房观察阿瑟。很快，他认可了汤姆的看法，阿瑟是位十足的小绅士，迟早会克服自己的羞怯。这给了我们的主人公很大的安慰。汤姆每天都能感受到生活中有一个目标的价值，这个目标让他走出自我。那是一年当中比较无聊的日子，没有他关心的比赛，不过他经常说那段时间他在学校比以往都要快乐。

从锁门到晚餐时间，汤姆允许自己和照顾的对象分开。这一个小时或者一个半小时里，他经常尽情玩耍，到熟人的书房串门，在餐厅里打闹、闲聊；时而跳上旧铁皮桌，在桌上刻下自己的名字，时而参加欢乐的合唱——事实上就像是我们现在所说的消耗精力。

这很符合他的脾气，阿瑟对这样的安排也很满意，所以一连好几个星期，汤姆晚餐前都不在书房。一天晚上，他突然急匆匆地回来找一把旧凿子、几个软木塞，还有当时需要的其他物件。他翻箱倒柜，过不久抬头一看，马上被小阿瑟的可怜样儿吸引住了。阿瑟当时坐在书桌前，双手托着头，眼泪一滴一滴落在面前摊开的书上。汤姆立刻关上门，坐在旁边的沙发上，伸手搂住了阿瑟的脖子。

"哎呀，小家伙！出什么事了？"他关切地说，"你不开心吗？"

"没事，布朗，"阿瑟抬起含着泪水的眼睛说，"你对我真好，我很开心。"

"你为什么不叫我汤姆呢？许多人这么叫我，但都没有你叫得好听。你刚才在读什么？听着，有什么事，你要跟我说，不要自己闷闷不乐。"汤姆的目光投向那本书，发现是《圣经》。他沉默片刻，心里想："第二堂课，汤姆·布朗。"然后轻声说道："我很高兴看到你这样，阿瑟，我感到很惭愧，我自己很少读《圣经》。每天晚餐前我出去的时候，你都读吗？"

"是的。"

"很好，希望你以后等等我，我们一起读。不过，阿瑟，你为什么看着看着掉眼泪呢？"

"哦，不是因为我不开心。以前我爸爸在世的时候，我们喝完茶经常会阅读一些段落。现在我想再读一遍，试着回忆爸爸是怎么说的。我记得不全，想起来的许多话，我想我也不是很理解。可是这一切都清晰地浮现在我的脑海里，一想到再也不能和爸爸一起阅读，我有时就忍不住要哭了。"

阿瑟以前没有提过他的家庭，汤姆也不鼓励他这么做，因为他那笨拙的学生式推理让他认为，阿瑟会因为想家变得过于娇柔、缺乏男子气概。但是现在他相当有兴致，完全忘记了凿子和瓶装啤酒的事情。不用人鼓励，阿瑟就讲起了他的家庭往事，直至听到祷告钟声的召唤，他们才遗憾散场，前去餐厅。

从那以后，阿瑟常说起他的家庭，尤其是他过世一年的爸爸。很快，汤姆对阿瑟记忆中的爸爸又爱又敬，简直都快赶上阿瑟本人对他的感情了。

阿瑟的爸爸曾是英格兰中部诸郡的一个教区的牧师。战争期间，那儿发展成为一座大城市，随之而来的艰难岁月使城镇不堪重负，走向衰落。商业贸易毁了一半，古老的悲惨故事随之上演。雇主裁员，工人被迫离开，到处游荡，身体憔悴饥饿，心灵躁动不安，想到妻儿在家挨饿，只好搬起最后几件家具去了当铺。小孩子辍学，在肮脏的街头巷尾流浪，没精打采，无心玩耍，衣衫褴褛，痛苦不堪。接着是工人与雇主之间的可怕斗争——工资降低，罢工，长期反复的犯罪活动，常常以暴乱、火灾和郡义勇骑兵队的到来而告终。这里不必细讲这些故事，没有将它们铭刻在灵魂中的英国人不配称英国人。本书的小读者们（上帝保佑你们笑逐颜开、心地善良），你们很快就会从故事中学到。

二十五岁时，阿瑟的爸爸被抛进了这样的教区和社会状态，当时这位年轻的已婚牧师充满信心、希望和爱。他像个男子汉一样与之斗争，头脑中有许多美好的乌托邦理想，比如人的完善、光辉的人性等；他对那些受困于贫穷的罪人充满真正健全的基督教之爱，觉得自己是其中的一员，把财富、力量和生命都倾注到他们身上。他像男子汉一样战斗，得到了男子汉应得的奖赏。这奖赏不是银壶或银托盘，上面刻着称赞其美德的华丽铭文；不是富裕的生活或显赫的地位，这些他不追求也不在乎；不是贵妇或打扮漂亮的年轻女人的感叹和赞美，那些女人会服侍他穿拖鞋，给他的茶加糖，认为他是个"忠诚的人"而崇拜他。这份奖赏是体现了男子气概的尊重，来自那些心有不甘、视其秩序为天敌的人；是当地每个犯错或不义之人（不论是老板还是雇工）心中的恐惧和怨恨；是妇女儿童日益富有人情味、热爱家庭，不仅让自己舒心，也成为丈夫、父亲的慰藉。

这些事情当然需要时间，必须绞尽脑汁、费尽心思，挥洒汗水和鲜血，为之奋斗。老阿瑟把这理解为付出，认为这是理所当然的。当他感到长期的劳累让他未老先衰，热病流行场所的沉闷空气影响了他的健康时，他既不怜悯自己，也不以殉道者自居。妻子凡事都支持他。妻子婚前非常热爱社交，有许多爱慕者和追求者；当她嫁给青年牧师阿瑟，住进那个烟雾弥漫的街区（是宪章运动和无神论的摇篮，郡里所有正派家庭几年来都离开了）时，她以前所属的伦敦社会对可怜的范妮·伊夫琳表示同情。可是不知道为什么，阿瑟夫人似乎不太在乎。如果丈夫的教区在绿色的田野间，有和蔼可亲的邻居，她会更加欢喜，这一点她从不故意否认。但是他们去了那里。不管怎样，空气不算糟糕；那儿的人也很好——如果你在初次接触时礼貌待人，对方也会以礼相待。他们不指望能创造奇迹，让所有人一下子都变成模范基督徒。所以她和阿瑟悄悄地来到人群中，和他们交谈，就像对待同等级的人一样对待那些人。他们不觉得是在做什么不寻常的事，所以非常自然，丝毫没有那种傲慢和优越感，不会让自立的穷人感到愤慨。就这样，他们逐渐赢得人们的尊敬和信任；十六年后，整个街区都敬重正直的老阿瑟，老板和员工面临罢工，有任何争吵和困难都会找他。有他在场，人们就会不惧不偏，说出真心话。女人则喜欢听取阿瑟夫人的建议，把她当作朋友，碰到麻烦都来找她；孩子们全都对她崇拜得五体投地。

他们有三个孩子，一头一尾是女儿，儿子小阿瑟排行居中。小阿瑟自幼身体虚弱，父母认为他可能会患上肺痨，就一直把他留在家里，由父亲来教育。父亲是他的伙伴，他从父亲身上获得了良好的学识，早早接触到许多普通男孩多年后才会接触到的学科，并对它们产生兴趣。

阿瑟十三岁那年，父亲觉得他的身体足够强壮了，经过再三考虑，决定送他去上学。这时，镇上突然暴发了一场严重的斑疹伤寒。牧师和医生跑了大半，还有些人坚守岗位，工作量增加了十倍。老阿瑟和妻子不幸染疾，没几天老阿瑟就病故了，好在妻子范妮痊愈了，得以在丈夫临终时伺候他，并记下他的遗言。直至生命的最后时刻，老阿瑟都很清醒，平静而快乐，怀着无畏和信任把妻儿托付给了为他而生、为他而死（他也尽全力为之而生、为之而死）的主。他的遗孀的哀痛深沉而克制，一个由工人在镇上成立的"自由思想俱乐部委员会"提出的请求让她很有感触。此前老阿瑟曾竭力反对该俱乐部，而且险些压制住了，如今他们请求允许俱乐部成员帮忙抬棺材。其中两人被选中和另外六个劳动者（老阿瑟的同事和朋友）一起把老阿瑟送进坟墓。那一天，教区的商店关门，工厂停工，但是没有一个老板扣发当日薪水。许多年后，镇上的人仍深深怀念那个勇敢、慈爱、满怀希望的牧师和他的妻子——他俩在世的时候曾教导他们互相宽容，互相帮助。

这和我们的故事有什么关系呢？噢，亲爱的孩子们，让一个人按照自己的方式继续说下去吧，否则你们将得不到任何有价值的内容。我必须向你们展示抚育和培养小阿瑟的是什么样的人，否则你们不会信任他。我必须让你们相信，让你们也明白：这个胆小、虚弱的男孩，何以拥有最勇敢、最强壮的男孩所欠缺的优点，何以让人初次接触之后就从各方面感受到他的存在和榜样作用，而他本人却不知不觉，<u>丝毫没有征服别人的</u>企图。他身上有父亲的精神，父亲所托付的那位"朋友"没有辜负他的信任。

那天晚餐后，还有以后几年的几乎每个夜晚，汤姆和阿瑟都会一起读《圣经》，读完互相探讨，伊斯特和另外一两个朋友偶尔也会加入。起初，阿瑟的读书方式和他谈论书中人物生活的方式，让汤姆无比吃惊，可以说是惊呆了。第一晚，他们碰巧读到了埃及闹饥荒的篇章，阿瑟开始谈论约瑟，活脱脱一位政治家风范——仿佛他会谈起格雷勋爵和改革法案，只不过对他来说，约瑟夫和饥荒是更真实的事物。汤姆发现，阿瑟认为《圣经》是真实人物最生动有趣的历史，这些人也会犯错，就像任何一个在拉格比公学闲逛的人一样，比如校长、教师或六学级学生。不过，汤姆很快就不觉得惊讶了，他的眼界似乎改变了。从此以后，《圣经》在他眼里变成了一部讲述人与神的著作，他以前认为和自己完全不同的那些人，如今成了他的朋友和向导。

不过这里必须说明，就我们的目的而言，一夜的读书故事足够了。现在我们来谈这个话题，虽然它一年以后才会发生，远晚于下一章故事中所记录的事情。

一天晚上，阿瑟、汤姆和伊斯特一起读"乃缦找先知以利沙医治麻风病"的故事。读完，汤姆啪的一声合上了《圣经》。

"我真受不了乃缦那个家伙，"他说，"在见证了神迹之后，为着他那个软弱的无赖主人在临门庙里屈身，自己回去时还要跟着在临门庙屈身。我想不明白，以利沙怎么会费力治愈乃缦。他一定很瞧不起这个家伙。"

"哦，你还是这样，总是像井底之蛙一样看问题。"伊斯特插嘴道。他经常和汤姆唱反调，这样做一半是因为爱争辩，一半是因为信念。"你怎么知道乃缦不会重新考虑？你怎么知道乃缦的主人是个无赖？看他主人写的信可不像是个无赖，而且书里也没有这么说。"

"我不管，"汤姆回答道，"如果乃缦并不打算屈身，当时他为什么说这话？他离开先知，回到王宫时说的话，再真诚不过了。"

"没错，可是汤姆，"阿瑟说，"看看以利沙对他说的话：'你可以平平安安地回去。'如果乃缦是错的，以利沙不可能说这种话。"

"照我看，这句不过是在说：'你和我所想的不一样。'"

"不，不，根本不是这个意思，"伊斯特说，"公正地解读这句话，按照你发现的去理解别人。我喜欢乃缦，我看他就是个好人。"

"我反对。"汤姆坚定地说。

"嗯，我想伊斯特是对的，"阿瑟说，"我只知道，尽己所能去做是正确的，尽管那不是绝对的最好。每个人并非天生就是殉道者。"

"当然，当然，"伊斯特说，"不过他这是老毛病了。我告诉过你多少次了，汤姆，要把钉子钉到该钉的地方。"

"我跟你说过多次了，"汤姆回答道，"只要立场坚定，有理有据，总能切中要害。我讨厌折中和妥协。"

"是的，汤姆是个干脆彻底的人，一定拥有彻底的动物特征，有毛发和牙齿，爪子和尾巴，"伊斯特笑道，"面包要整条吃，宁愿天天不吃，也不要半条。"

"我不知道，"阿瑟说，"这很令人不解。可大部分正确的事情难道不是适当妥协的结果吗？我的意思是在不放弃原则的前提下。"

"你说到点子上了，"汤姆说，"我反对在放弃原则的前提下妥协。"

"你想得美，"伊斯特笑着说，"我早就看透他了，阿瑟，你迟早也会看透他的。世界上没有哪个通情达理的人会听他说话。除了公平和正义，别的他什么都不想要；只要你们就"公平"和"正义"达成一致，那么结果肯定就是他想要的，而不是你想要的。这就是他所谓的妥协。我支持他的话时，他才给我布朗式的妥协。"

"听着，哈里，"汤姆说，"别开玩笑了。我是认真的。看这里，这是让我热血沸腾的地方。"他翻开《圣经》读起沙得拉、米煞和亚伯尼歌对王说的那段话，最后一句读了两遍，读到否定句时加重了语气，仿佛这段话给他带来了真正的快乐，使他难以割舍。

他们沉默了一会儿，随后阿瑟说道："是的，这是一个光荣的故事，但是汤姆，我认为它没有证明你的观点。有时候只有一条路，而且那是最崇高的路，到那时，勇者将挺身而出。"

"总有一条最崇高的路，而它总是正确的路，"汤姆说，"我想要知道，这句话校长去年告诉过我们多少次了？"

"嗯，你是说服不了我们的。对吧，阿瑟？今晚不会有布朗式妥协，"伊斯特看看他的表，"8点钟了，我们必须准备第一堂课了。真无聊！"

于是他们取出书本开始预习。但是阿瑟没有忘怀，在谈话过后又想了很久。

第三章

阿瑟交朋友

让大自然做你的师长：
大自然挥洒出绝妙篇章；
我们的理智却横加干扰，
毁损万物的完美形象。
剖析无异于屠刀。
合上你空洞的书本，
再休提艺术和科学；
来吧，带着一颗赤子之心，
用心观照和领略。

——华兹华斯

新学期开始六个星期后，一天晚上，汤姆和阿瑟在夜宵前开始作诗。阿瑟突然停下来，抬头说道："汤姆，你了解马丁这个人吗？"

"哦，我知道，"汤姆抽出抓后脑勺头发的手，把拉丁语和希腊语词典扔到沙发上，高兴地说，"我跟他很熟。他这个人非常好，不过疯疯癫癫的。你知道吗，我们叫他'疯子'。他总做些稀奇古怪的事情，没人能完全理解。上学期他驯养了两条蛇，经常把蛇装在口袋里，我敢肯定，现在他橱柜里有几只刺猬和老鼠，也许还有旁人不知道的东西。"

"我很想认识他，"阿瑟说，"今天上课时他坐在我旁边，把书弄丢了，就翻看我的书。他看起来非常温柔、善良，我很喜欢他。"

"啊，可怜的老疯子，他经常丢书，"汤姆说，"因为没有学到书本上的内容，老师叫他站起来回答时他经常哑口无言。"

"这样我反而更喜欢他了。"阿瑟说。

"嗯，我可以告诉你，他是个有趣的人。"汤姆躺在沙发上，回忆时忍不住笑了。"上学期，有一天我们和他玩了一个游戏。有段时间他经常在书房里做化学实验，制造难闻的臭味，估计后来有同学告诉了玛丽，玛丽又告诉了校长。总之，有一天晚餐前，校长从图书馆出来后没有回家，大步走进了餐厅。我和伊斯特，还有五六个同学，在壁炉边仔细地盯着校长，因为他一年到头也不会过来一次，除非是雨天，或者餐厅有人打架。'伊斯特，'他说，'带我去马丁书房。''哦，好戏开始了。'其余的人低声说。在伊斯特的带领下，我们跟随校长上了楼。新宿舍不够宽敞，穿着长袍的校长站在里面显得十分拥挤，我们听到老疯子的屋里发出咔嗒、咔嗒、咔嗒的声音。然后声音突然停了，门闩很快插上了。疯子听出了伊斯特的脚步声，以为有人要来围攻他。

"'校长来了，马丁。他是来见你的。'伊斯特大声喊道。

"接着门闩慢慢被抽出来，老疯子打开门，站在屋里，看起来害怕极了。他没穿外套，衬衣袖子卷到肘部，瘦长的双臂像水手的胳膊一样，布满锚、箭头和字母等文身图案，一股让人熏倒的臭味迎面扑来。校长唯一能做的就是站住不动，我和伊斯特捏紧鼻子，从他腰间往里面看。一只老喜鹊站在窗台上，耷拉着翅膀，一副难受的样子，看起来中毒不浅。

　　"'你到底在做什么，马丁？'校长说，'千万不要再这样了——你干扰到了整条走廊。'

　　"'对不起，先生，我只是在混合粉末，它们没有什么危害。'疯子紧张地抓住杵和臼，为了向校长证明他做的事情没有害处，又捣起来。咔嗒、咔嗒、咔嗒的声音再次响起，还没来得及捣第六下，只听"呼"一声，一阵烟雾后喷出一团火焰，杵和臼在书房里乱滚。我们赶紧退到走廊。那只喜鹊振翅飞到院子里，咒骂个不停；疯子把手指含在嘴里，号叫着跑出来。校长抓住他，叫我们去打些水。'你瞧，你个没头脑的家伙，'校长说，不过见他没怎么受伤，倒是很高兴，'你看你根本不知道自己究竟在做些什么，现在记住了，独自做化学实验这事，你必须放弃。'接着，校长抓住马丁的手臂看了看，我看见他使劲咬住嘴唇，双眼炯炯有神，很严肃地说：'你看，你在身上做了这么多愚蠢的标记，永远都摆脱不了，不出一两年，你就后悔了。马上去宿管房间，检查一下有没有受伤。'他俩走了，我们都留在马丁屋里，打量着房间里的一切，直到他的一只手缠完绷带回来，将我们撵出去。不过，我要弄明白他究竟在做什么，叫他祷告后来我们这儿吃晚饭。"

　　说完，汤姆去找马丁了。马丁独自住在新宿舍的一间小书房里。

阿瑟喜欢的这个马丁，是当时（恐怕现在也是）在公学里格格不入的那种不幸的孩子。如果我们知道如何对待孩子，很有可能把马丁培养成一名自然哲学家。他热爱鸟类、兽类和昆虫，对各类动物及其习性的了解超过拉格比公学的任何人——也许无所不知的校长除外。从某种程度上说，他还是名实验化学家，亲手制作过一个电动装置；谁敢冒险闯入他的书房，就等着享受轻微的电击吧——他最大的乐趣和荣耀就在于此。去他书房绝对是一场充满刺激的冒险，除了可能会有蛇掉到头上、缠在你腿上，或者老鼠钻进你裤兜里觅食之外，还有经久不散的动物和化学物品的气味弥漫整间屋子，有时还会突然碰到实验引发的意外，最惊人的结果就是普通男孩闻所未闻的爆炸和气味。当然，这些事情让可怜的马丁在宿舍里很不受欢迎。首先，他几乎"毒害"了所有邻居，邻居们则总在观察他那些宠物，随时准备扑向其中一个，还引诱他心爱的老喜鹊飞进隔壁书房，让那只肮脏的老鸟醉倒在啤酒和糖水泡过的烤面包片上，这让他大为恼火。马丁因为自己的"罪行"住在一间书房里，窗户正对着一个10英尺见方的小院子，对面"病房路"的书房比马丁的书房略高，正好可以俯瞰它的窗子。现在，对面正好住着伊斯特和另一个男生——同样喜欢捉弄人且头脑灵活。他们花很多时间和精力准备工具，骚扰马丁和那些动物的栖息地。一天早上，马丁的窗外出现一个旧篮子，用一根短绳吊着，里面放了一个他做的鸟窝，窝里有四只嗷嗷待哺的小寒鸦（是马丁目前生活的骄傲与荣耀，他甚至称寒鸦是他亲自孵出来的）。每到清晨和深夜，都见他探出半个身子，满足那窝羽毛未丰的雏鸟的各种需要。经过深思熟虑，伊斯特和室友在鱼竿的一头绑了一把刀，看到马丁出门后，他们拼命锯了半小时，割断了吊着篮子的绳索。篮子落到地上，住在里面的雏鸟发出此起彼伏的抗议。没过多久，可怜的马丁回来了。他收拾完残局，把那一窝鸟（少了一只，那只在落地时扭断了脖子）放回原位。这一次，他把绳索和电线拧在一起用来吊篮子，找麻烦的人用什么锋利工具都不管用。但是就像塞瓦斯托波尔的俄罗斯工程师一样，伊斯特和室友自有对策。第二天，他们在窗台上安装了一把射豆枪，不断训练，直到能够瞄准马丁照顾雏鸟时站立的地方。马丁一去喂食，他们就开始射击。马丁也买了一把射豆枪，试图一边回击，一边用另一只手喂鸟，结果却是白费力气。他的注意力分散，乱射一气，可伊斯特他们每一枪都打在他脸上和手上，惹得他不住地号叫、咒骂。最后，他只好把鸟窝安置在屋子的角落里，他那间房子早已塞得满满当当了。

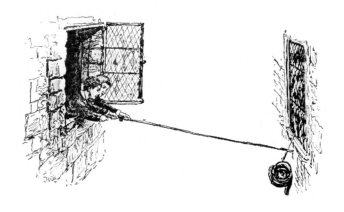

他的房门上装满了他自己发明的巧妙门闩，因为不同寻常的气味从屋里飘到邻近书房时，邻居往往会发起围攻。门板像往常一样被撞坏了，但是门框抵抗住了所有围攻者，屋主在门后继续忙活。我想，他的心态大概很像过去生活在匪徒横行的日子里的边境农民，不论白天还是黑夜，自己的财物和牛随时都可能会被抢走。

"开门，马丁，老朋友——就我自己，汤姆·布朗。"

"来了，稍等。"一把门闩抽掉了，"你确定伊斯特没和你一起？"

"噢，快开门吧。"汤姆踢了一脚，另一把门闩咯吱作响，他进屋了。

屋子真小，长 5 英尺 6 英寸、宽 5 英尺、高 7 英尺。屋里有六本破旧的课本，一些化学书，一本关于动物标本剥制术的书，一本斯坦利论鸟的书，一卷比威克①的书，最后一本在最上面的架子上，保存得较好。另有一些别无他用的架子，则成了鸟类、兽类和爬行类动物的容身处。屋里没有地毯和窗帘。整张桌子摆放着马丁的杰作——那个电动装置，上面小心地盖着余出的桌布。寒鸦笼子占了一面墙，一把短柄小斧、一对鞋底钉，还有他的锡制蜡烛箱——里面有一窝小老鼠——装饰了另一面墙。既然任何物件都不应闲置，马丁能够这样利用蜡烛箱也挺好的，因为他从来不用蜡烛。和其他同学一样，他每周都会领一磅蜡烛，不过蜡烛是有价值的资产，可轻易换成鸟蛋

---

① 托马斯·比威克（1753—1828），英国木刻师和自然史作家，最著名的作品是《英国鸟类史》。

或雏鸟，所以不出几个小时，马丁的蜡烛就会跑到比尔顿路豪利特的鸟贩子手里，换得一颗老鹰蛋、夜莺蛋或红雀雏鸟。马丁心灵手巧，一直想给自己弄盏灯，刚才他突然想出一个伟大的发明：一条燃烧的棉线灯芯，插在装满某种合成物的姜汁啤酒瓶里，照亮了屋子。灯火彻底熄灭后，马丁就会像迪格斯一样，在走廊或餐厅的炉火边游荡，借着火光作诗或习诗。

"好吧，老朋友，这学期你的屋子还是那么难闻。瓶里那个东西真臭！不用担心，我不是来找麻烦的，是想请你在祷告后去我们书房。你知道小阿瑟吧，我们得到了格雷的书房。我们可以美美地吃一顿，再聊聊掏鸟窝的事情。"

接到邀请，马丁显然非常高兴，答应一定到。

祷告一结束，五六学级的男孩就像贵族般退到自己房间，其他人则像平民一样坐在餐厅里等候晚餐。汤姆和阿瑟领过面包和奶酪就站起来，想引起学级长的注意，那位学级长负责晚餐的值日，在餐厅来回走动。他碰巧是个随和的人，所以听到两人说"请问我能出去吗"，他愉快地点头应允。汤姆和阿瑟赶忙跑回书房，为马丁准备盛宴。是汤姆坚持要这样做的，因为当时他非常高兴，他高兴的理由有必要详细说明。事实上，这是阿瑟第一次主动找朋友，汤姆称这是个重大的进步。汤姆很容易就能和别人打成一片，一个学期就发展了二十段友谊，阿瑟的矜持和孤独让他时而生气，时而感到心疼。其实，汤姆每次带伙伴到书房，阿瑟都能和他们相处愉快，甚至有说有笑；但是，汤姆觉得只是因为他的存在，阿瑟才与别人结交，如果没有他，阿瑟可能还在孤独的荒野中。这增加了他的责任意识。

虽然他也没有完全理清头绪，但他明白这份责任，不假思索地肩负起来，感觉这种责任和信任是他学校生活的中心和转折点，决定着他的成败，更是他目前面临的主要任务和考验。虽然汤姆经常把自己弄得灰头土脸，不断与自我作斗争，但是他正在成长为一个新的男孩。当他第一次有意识地与"自我"和"邪恶"搏斗时，他就像每一个充满勇气和恪守原则的男孩那样，一天比一天更富有男子汉气概，也更加成熟周到。穿过校门时，他已经不再叹气了。伊斯特和三四个男孩正跑出校门口，去找些不太合规矩的乐子，可能还会与村夫、看守人或农场工人吵上一架，跳过晚餐和点名，喝几瓶菲比·詹宁斯的啤酒，最后很有可能被鞭打一顿。汤姆已经完全熬过了发牢骚的阶段，那时他总是咕哝着对自己说："唉，岂有此理，校长让我负责阿瑟，真是太不近人情了。他为什么不让老顽固，不让那种只会绕着操场走、接到任务第一天就会完成任务的人，和阿瑟成为室友？"虽然这一切都过去了，但是他经常渴望（而且认为这种渴望是对的）有更多时间在允许的范围内进行正当的娱乐活动，比如玩板球、墙手球、游泳和钓鱼，这些阿瑟还不能同他一起玩。他认为，等到小家伙（他现在通常这么称呼阿瑟）培养了自己的爱好，结交了其他朋友后，他就能够问心无愧多花时间锻炼身体了。

　　现在，愿望终于达成了。他真想说，那么多人，阿瑟挑马丁做朋友，真是天意。（确实是天意，不过理由并不是他给的那些——那究竟是怎样的天意呢？）汤姆认为："老疯子是绝佳人选，他会带阿瑟跑遍半个乡村去找鸟蛋和花，让他像印第安人一样奔跑、游泳、攀爬，不教他一句坏话，不会影响他的学业。多走运啊！"所以他比往常更加热心，伸手从橱柜掏出一只火腿蹄骨、两三瓶啤酒，还有正式场合才用的精美锡制器皿。在他们的共同努力下，阿瑟第一次按照自我意志行动，心里感到很高兴；他带来一瓶咸菜和一罐果酱，还收拾好了桌子。一两分钟后，马丁听到男孩们晚餐后回屋的动静，便带着面包和奶酪过来敲门。三个人满心欢喜地享用美食，不过聊天的速度比吃饭快，因为在汤姆的瓶装啤酒和热情好客面前，所有的羞怯都瞬间消失了。"这是阿瑟，一个害羞的普通城镇少年，对森林有一种天然的喜爱。这是马丁，整天想着爬树，喜欢小蛇。"

"好啦，我说，"马丁急切地说，"要不你俩明天跟我去凯迪克小树林吧？我知道一个茶隼窝，就在一棵冷杉上面。没人帮忙，我取不下来。布朗，说到爬树，可没有人比得上你。"

"好啊，我们一起去吧，"阿瑟说，"我从没见过老鹰窝，也没见过老鹰蛋。"

"以后你可以来我书房，我教你识别五种蛋。"马丁说。

"对，这楼里要数老疯子鸟蛋收集得最好，千真万确。"汤姆说。马丁当时快乐至极，如遇乐土。他开始热心地计划掏鸟窝活动，同时吐露了所有重要的秘密——一只金冠鹟鹩把巢筑在巴特林高地附近，一只黑水鸡在巴比路旁边的池塘孵着九颗蛋，一只翠鸟把巢筑在布朗斯菲尔磨坊那边旧水渠的某个角落。马丁说，他听说还没有人弄到过一个完美的翠鸟窝，只要有人完好无损地交出一个鸟窝和一窝鸟蛋，大英博物馆或英国政府，或者其他什么机构，就会发给他 100 英镑。就在他们听到这个惊人的消息，开始考虑怎么使用这 100 英镑的时候，一阵敲门声传来，接着是伊斯特使劲叫门的声音。

"是哈里，"汤姆说，"让他进来吧——我不会让他乱来的，马丁。我想这个老朋友是闻到了饭香。"

事实上，汤姆内心因为没有邀请他的忠实朋友参加这个临时聚会而愧疚，虽然一开始的谨慎和想让马丁和阿瑟单独见面的念头打消了他的顾虑。现在他高兴地打开门，又开了一瓶啤酒，把那节火腿交给拿着小刀的老朋友处置。

"啊，你们几个贪吃的无赖。"伊斯特说话的时候，嘴里塞满了食物，"我见你们那么快便带着晚饭溜出餐厅，就知道一定有什么事。干得真漂亮，汤姆，你是瓶装啤酒的冠军！"

"我为六学级练过足够多次了，如果我没有为自己积累一两个诀窍，那就太不应该了。"

"喂，老疯子，鸟窝的事进展如何？豪利特那边怎么样？我认为白嘴鸦雏鸟两个星期内就会孵出来，到时候我的机会就来了。"

"这一个月都不会有适合做馅饼的白嘴鸦雏鸟，一看就知道你了解多少了。"马丁回答道。马丁虽然和伊斯特成了好朋友，可是因为伊斯特爱搞恶作剧，马丁并不是特别信任他。

"飞毛腿什么都不知道，也什么都不在乎，他只喜欢食物和恶作剧，"汤姆说，"不过白嘴鸦雏鸟馅饼真的非常好吃，尤其是自己亲自爬树捉到的白嘴鸦做成的。可是，飞毛腿，我们三个明天打算去凯迪克小树林掏老鹰窝，你要去的话，就得规矩一点，我们要爬树，绝对让人惊叹。"

"然后去池塘洗澡。万岁！我都听你的！"

"不，不，不去池塘洗澡，那是学长去的地方。"

"好，好，不要担心。我只负责掏老鹰窝，或者干点别的事情也行。"

喝完瓶装啤酒，伊斯特也吃饱了，就回了书房。他告诉汤姆等人，琼斯刚刚升到六学级，现在用着隔壁的书房，而且"鬼鬼祟祟的琼斯"每晚都会视察伊斯特和他的室友，给他们带来不少困扰。

伊斯特走后，马丁也起身准备离开，汤姆拦住了他。"没有人敢靠近新街，"他说，"索性你就留在这里作诗，我们还可以再聊一聊。我们会非常安静。而且，学级长现在不会过来——这学期他们一次都没有来过。"

就这样，桌子收拾完，重新铺上桌布，三个人便捧着希腊语和拉丁语词典，开始准备明天早晨的作诗作业。

在普兰库斯治校期间，拉格比公学的学生是如何完成这类作业的，这三个人是很好的例子。毫无疑问，方法没有多大改变，毕竟太阳底下无新事，特别是在学校。

现在，你们这些不喜欢作诗制度（该制度历史悠久，一般认为是由威克姆的威廉在温彻斯特公学制定[1]，再由阿诺德带入拉格比公学的；就像我一直理解的那样，更多的是为了背诵练习，而不是为了诗本身的价值）的学生要知道，它是一种简短的希腊文或拉丁文诗歌练习，主题固定，每个年级作诗的最少

---

[1] 威克姆的威廉（1320/1324—1404）是中世纪温彻斯特主教和大法官，1382年创建了温彻斯特公学。

行数也是固定的。

　　任课教师在前一天第四堂课上公布第二天上午的作诗主题，同学们要在第一节课带来自己准备好的诗作，供老师检查；同时，学生还需要背诵当时班级正在学习的拉丁或希腊诗人的一定数量的诗句，并进行翻译。第一堂课，老师挨个把学生叫起来，排好队逐一过关。如果某个学生没有说出诗句，或者疑似偷看了老师或邻近学生的书本，老师就让他回去，站到最后面再来一遍。但是无论哪种情况，老师都会检查他作的诗，在名册上写下批评或表扬的话并打分。在拉格比公学，一周中每隔一天（即周二、周四和周六）的第一堂课就会有作诗练习。一学年有三十八个星期，不难算出，每个班级的老师每年必须设定一百一十四个主题，以此类推，两年就是二百二十八。这对即使拥有一定的创作想法的人来说，也是项艰巨的挑战，何况人的本性是重复自我，所以一段时间之后，老师们出的题目会重复，这一点也不奇怪。为了对付或非难老师们的这个坏习惯，学生凭借一贯的聪明才智发明了一套精细的传统。几乎每个学生都会把自己的诗歌习作写在本子里，本子按期从一个人传到另一个人手上；（如果传统还在的话）最受欢迎的男孩手上有写着传承下来的所有诗的本子，我想，他们可以围绕任何主题——不管是天堂、尘世，还是倒霉的老师选中的"不止一个世界"——准备三四首诗。至少在我那个年代，这些幸运的家伙通常会给自己和朋友各找一首。用传统方法完成诗作的唯一缺点是，在不断传承与创新的过程中，迟早会出纰漏。某个晴朗的早晨，你和另一位遵循该传统的人"作"的诗可能完全相同。一旦发生这种情况，后果相当严重。但即便存在这种风险，也阻挡不了男孩或男人们抄近路、走捷径。

现在回到那天晚上的书房，汤姆是这种传统作诗方法的拥护者。他细心整合了两大本诗集，开始钻研，这里挑一行，那里再选一句结尾（俗称 tags），直到找到所有他认为合适的诗句。接着，他借助词典拼凑金句，勉强凑出八行（他所在年级规定的最少行数）挽歌诗句，以另外两行寓意高远的诗句结束，共凑成十行。这十行完全是他从一本诗集里抄的，开头就是"O genus Humanum"（人类啊）。每当主题是一个不幸的或邪恶的主人公，不论他是哪个民族、说哪种语言，他都用这一句，至少有十几遍了。事实上，他开始严重怀疑老师是不是记得这些诗句，所以只是把它们作为额外诗行加进去。它们无论如何都会分散老师对其他金句的注意力，如果被识破了，由于是额外加的，老师不会让他在那个位置重新创作两行；如果通过了，他便能通过这首诗赢得分数。

马丁采用的第二种方法可以说很缺乏创意。他和汤姆一样不喜欢这项作业，但是他没有积累诗歌集，也没有得到别人的习作，所以不能沿用传统方法，而且用汤姆的话说，他也没有那种天赋。马丁当时凭借脑海中出现的第一个念头，用英语写下八行平淡无奇的诗，然后借助诗韵典和词典，把诗句逐行翻译成符合韵律的拉丁文。他只关心一点，创作出的八行诗不要出现长短音节错置、词语搭配不一致的错误；至于措辞是否恰当，诗的主旨和大意是什么，这些都不重要。既然是全新的，沿用这一方法的人从来只是满足最低标准，不会多创作一行。

第三种是艺术型方法，也就是阿瑟的方法。他首先考虑的是一首诗最能巧妙表达主题的人物或事件的关键点。他总是努力用八行表达自己的想法，但是如果做不到，他不会局限于十行甚至十二行。接着，他尽量不借助诗韵词典等工具书，用合适的拉丁文或希腊文来表达思想；直到将诗句润色成他能想到的最贴切、最有诗意的词句，他才会满意。

其实，还有人使用第四种方法。这种方法很简单，完全不需要解释。我们可以称它为代笔法，使用者是懒惰或喜欢恃强凌弱的大个子男孩，简单说就是：这些人让受他们欺凌的聪明男孩代自己作诗，并翻译出来。最后这种方法不值得提倡，我奉劝你们不要这么做。至于其他方法，你们会发现传统方法最麻烦，除非能够完整地剽窃作业（请相信过来人的话）；艺术型方法的回报最大，无论是在分数还是其他方面。

作诗作业到 9 点钟完成了，马丁很高兴有丰富的灵感、词典，甚至其他没听说过的便利工具来完成诗歌习作，而且阿瑟欢迎他随时与之探讨。之后，三个男孩一起去了马丁屋里，阿瑟接触到了鸟蛋的学问，非常高兴。他以前只见过鸡蛋和鸵鸟蛋，鸟蛋精致的颜色和形状令他惊讶和着迷，到依依不舍地准备上床睡觉的时候，他已经知道了二十几种鸟蛋的名字。那天夜里，他梦见自己冒险爬树，在岛上找到了一种巨鸟的蛋，那颗蛋和《天方夜谭》里辛巴达的蛋一样大，像云雀的蛋一样灰蒙蒙的，一阵风刮过，他和马丁差点儿被吹进蛋黄里。

第四章

**掏鸟窝**

我为心上人寻得一样礼物，
找到了林鸽筑巢之处。
但我放弃了抢夺的念头，
她会说那是野蛮的行为。

——罗

听我说，小伙子，拿上这五先令，
以后要好好想想我的建议。
于是比利高兴地塞进兜里，
当晚大醉后离去。

——民谣手稿

　　第二天上午第一堂课，汤姆没能在第一轮背诵并翻译出诗句，不得不等第二轮。马丁和阿瑟第一轮说出诗句后，马上出了教室。等汤姆跑出教室，去哈罗维尔店里吃早餐的时候，两人早已消失无踪。斯顿普斯告诉他，两个人狼吞虎咽地吃完就一起走了，不知道去了哪儿。汤姆匆忙吃完早餐，先后去了马丁和他自己的书房，都没有发现两个男孩的踪影。他既生马丁的气，又有些嫉妒他——他们能去哪儿呢？

　　他心情不是很好，和伊斯特等人一起去方庭上第二堂课。上课前十分钟左右，马丁和阿瑟才气喘吁吁地赶到。阿瑟看见汤姆，整个人立即容光焕发，激动地冲了上去。

　　"哦，汤姆，看这儿！"阿瑟一边喊，一边掏出三颗黑水鸟蛋，"我们刚才去了巴比路那边的池塘，马丁昨天晚上跟我们说过的，看看我们弄来了什么。"

　　汤姆并不开心，只想着伺机找碴儿。

　　"什么，小家伙，"他说，"你刚才找什么去了？你不是想说你刚才蹚水了吧？"

　　责备的语气让可怜的小阿瑟马上畏畏缩缩，惹人怜惜。汤姆耸了耸肩，开始冲马丁发火。

　　"好啊，疯子，没想到你竟然这么蠢，这种时候让他弄湿衣服。你自己下水就行了。"

　　"我当然下去了，真的，只是他也想到水里看那个鸟窝。我们在里面留了六颗蛋，再过一两天就孵出来了。"

　　"别管什么鸟蛋了！"汤姆说，"说话做事要考虑后果，不能只顾一时冲动。我敢肯定，这宝贝的玩意儿会让他卧床一个星期。"

　　"听我说，汤姆，"阿瑟恳求道，"我的脚没有湿，马丁让我脱了鞋子、袜子和裤子。"

　　"可是你的鞋子、袜子和裤子明明又湿又脏，难道我看不见吗？"汤姆答道，"如果老师看到你现在的样子，准会把你叫起来让你难堪的。你要知道，第二节课的内容你还没看。"

　　汤姆啊，你这个大骗子！你只是训斥别人，却不学习别人的经验！如果这次没有在第一堂课上被难住而罚站，你能保证自己不和他们一起去吗？可怜的小阿瑟第一次掏到鸟蛋，你却夺走了他的欢乐和骄傲。阿瑟去书房放下鸟蛋，唉声叹气地取下书本，心想自己犯了大错，而实际上第二堂课的内容他早已预习过，甚至还多准备了。

　　但是老疯子没有预习，被叫起来后表现得不尽如人意，结果丢了十分，还差点被罚站。汤姆的怒气稍微平息了，到下课时他的情绪已经平复。后来回到书房，他开始恢复正常，因为他注意到阿瑟看马丁把蛋液吹出蛋壳，再小心翼翼地把蛋壳粘到纸板上时非常开心，还注意到小家伙用眼睛瞟他时焦虑又充满爱的模样。当时他想："我真是个脾气暴躁的家伙！这正是我昨天晚上期盼的啊，我全搞砸了。"又过了五分钟，他的最后一丝怒火也烟消云散，他的"小含羞草"伸展开来，露出阳光般灿烂的笑容。

　　晚餐后，疯子忙着为探险做准备。给助爬钉绑上新皮带，往大药盒里塞满棉花，还把伊斯特的小斧头磨得锋利。他们带着物资去了点名处，然后直接躲开板球场上寻找杂务生的学级长，沿着劳福德小路一溜儿小跑，直奔凯迪克小树林和老鹰窝。

　　马丁兴高采烈地在前面带路，结伴同行对他来说是一种全新的感觉，他觉得非常愉快，想用各种方式向同伴展示自己的科学知识和技能。他心想，布朗和伊斯特可能更擅长板球、足球等游戏，但是到了田野和森林，说不定自己能成为他们的老师。他担当起领队的角色，大步走在前面；助爬钉和装满石弹的袋子系在腰间，口袋和帽子里全是些药盒、棉花等杂物。其他人也带了一个装满石弹的袋子，伊斯特还带了短柄小斧。

他们连着穿过三四片田野，这时阿瑟开始掉队了，汤姆看在眼里，大声叫马丁停下来等等："我们又不是在玩猎狗抓兔子的游戏，何必这样快地赶路？"

"小树林快到了，"马丁停在劳福德河河堤的斜坡上，指着对岸的斜坡顶说，"老鹰窝就在那头一棵很高的冷杉上。沿着小河往下走，我知道还有一个苇莺窝，我们回头可以去看看。"

"快点啊，别停啊。"阿瑟说。他一看到树林就兴奋不已。于是他们又小跑起来，很快就过了河，上了斜坡。进了小树林，尽量放轻脚步，免得招惹看守人或者其他对手。他们停在一棵高大的冷杉跟前，马丁骄傲地指出此行的目标，树梢上那个茶隼窝。

"在哪里？是哪个啊？"阿瑟张大嘴巴望着天空问，努力想象那个鸟窝的模样。

"那儿，看到了吗？"伊斯特指着旁边山毛榉上的一簇槲寄生说。他看到马丁和汤姆忙着准备助爬钉，忍不住想捉弄阿瑟。阿瑟盯着看了一会儿，愈发纳闷了。

"噢，真是奇怪！跟我预想的一点儿也不像。"他说。

"茶隼这种鸟是很奇怪。"伊斯特看着阿瑟说，一脸坏笑，被他戏要的阿瑟还在仰头观望。

"可是我记得它的窝在冷杉上啊？"阿瑟反问道。

"呀，你不知道吗？这是一种新冷杉，是老凯迪克从喜马拉雅山带回来的。"

"真的吗！"阿瑟说，"这回我知道了。和我们那边的冷杉真不一样！它们在这儿长得也很好，对吧？小树林里到处都是。"

"这个骗子在跟你说什么呢？"汤姆抬头喊道。他刚好听到了喜马拉雅山这个词，怀疑伊斯特没安好心。

"只是在说这棵冷杉。"阿瑟伸手摸摸那棵山毛榉的树干说。

"冷杉！"汤姆叫道，"什么，小家伙，你不会真不知道眼前是一棵山毛榉吧？"

可怜的小阿瑟看起来特别尴尬，伊斯特放声大笑，整个树林里都回荡着笑声。

"我以前很少见到树。"阿瑟支支吾吾地说。

"捉弄他真是可耻，飞毛腿！"马丁喊道，"不要放在心上，阿瑟，只要一两个星期，你就会比他更了解树。"

"所以说，那不是茶隼窝？"阿瑟问道。

"那个！哎呀，那是一株槲寄生。窝在那里，就在这棵冷杉顶部树枝上。"

"别相信他，阿瑟，"死不悔改的伊斯特插嘴道，"我刚刚看到那里飞出了一只老喜鹊。"

马丁不屑于回应这种俏皮话，只是哼了一声，扣上了助爬钉的最后一个扣子。阿瑟用责备的目光看着伊斯特，没有说话。

现在迎来了一场拉锯战。那棵冷杉的第一根树枝离地面大概 14 英尺，在够到树枝之前，树很难爬，因为树干底部太粗，抱不住。事实上，两个男孩张开双臂都抱不住树干的一半。马丁和汤姆都穿了助爬钉，试了试没成功。刚把重心放在脚上，助爬钉卡住的树皮就会脱落。他们抱紧双臂，可还是会往下滑。

刚往上爬三四英尺，就滑到了地上，手臂和脸上的皮都磨破了。他们大为恼火，伊斯特坐在一边，每次失败之后都会嘲笑一番："十有八九是喜鹊窝！"

"我们必须试试叠金字塔，"汤姆最后说道，"听着，飞毛腿，你个懒鬼，靠着树站好！"

"才不呢！让你踩着助爬钉站在我肩膀上，你以为我是铁打的吗？"不过他还是起身站在树边，低下头，奋力张开双臂抱紧了树。"喂，疯子，"汤姆说，"现在该你上了。"

"不，我比你轻，你先上。"于是汤姆站在伊斯特肩上，抓住树的上段，马丁顺着摇晃、呻吟的"金字塔"，爬上汤姆肩头。他奋力一跃，抓住了大概10英尺高的树干，然后死死抱住；支撑他的伊斯特和汤姆一声哀号，摔倒在地。有那么一会儿，他们以为马丁爬不上去了，可他咬牙坚持，双臂往上抱紧树，助爬钉一只一只牢牢卡进树皮里。就这样过了一会儿，他抓到了最低的那根树枝。

"老喜鹊现在完蛋了。"伊斯特说。马丁休息了一会儿，双手交互着往上爬，看得阿瑟心惊肉跳。

"是不是很危险？"他说。

"不危险，"汤姆回答道，"只要找准着力点，就不会受伤。每次要用力拉一下树枝，确定没有问题以后，再往上爬。"

马丁身在靠近鸟窝的小树枝之间，大鸟匆忙飞走，在树林上空盘旋，注视着入侵者。

"很好——四颗蛋！"他叫道。

"全拿走！"伊斯特叫道，"等会儿每人一颗。"

"不，不行！留一颗，这样茶隼才不会察觉。"汤姆说。

这几个孩子以为鸟不会算数，只要留下一颗蛋，它们就会心满意足。但愿这是真的。

马丁小心翼翼，往两个盒子分别放了一颗蛋，第三颗含在嘴里——只剩这个位置安全，然后像点灯人一样从树上下来了。他顺利下到离地不到10英尺高的地方，随着树干变粗，越来越不好抱紧树身了。突然，他掉下来，四脚朝天倒在了草地上。落地时的震动打破了嘴里含的蛋，他连忙吐出那颗巨蛋的残骸。

"啊，呸！我喝的——呸！是颗臭蛋。"他边吐边说，树林中再次响起伊斯特和汤姆的笑声。

随后他们检查了战利品，收拾好随行物品，往河边走。为了除去那股味道，马丁大口大口地喝水。他们还找到了那个苇莺窝，一行人兴高采烈地穿过田野，边走边拍打着路边的篱笆和灌木丛。最后，有件事让阿瑟高兴极了：他们允许他和汤姆一起爬上篱墙里的一棵小橡树，上面有一个喜鹊窝。汤姆像妈妈一样护着他，告诉他该抓哪里，该如何运用自己的重量。阿瑟心里很害怕，不过表现得很镇定，所有人都为他的敏捷身手鼓掌。

后来，他们穿过马路，在附近发现了一堆好看的鹅卵石。

"看这儿，"伊斯特叫道，"真是幸运！这半个钟头我一直想要一些上好的石子。快点把袋子装满，再也不用愚蠢地爬树去掏鸟窝了。"

没有人反对，每个人都用随身带的布袋装满石子。走到另一块地里，汤姆和伊斯特在树篱一侧，马丁和阿瑟在另一侧。他们

弄出的动静当然够大，不过这个季节的雏鸟飞不起来，展翅高飞的大鸟对我们的小射手来说又太强大了，才扔了一次石子，大鸟就飞出了射程。他们沿着篱墙追赶，不断朝乌鸫和苍头燕雀扔石子，虽然最后一只鸟都没有猎到，但玩得很开心。阿瑟很快参与其中，拼命追赶大鸟，边喊边扔石子，最后跌进沟里，在树篱里翻来滚去，简直和疯子一样疯狂。

眼下四人正全力追一只乌鸫。这只鸟显然见惯了并且很享受这种场面，因为它会一直等到他们靠近，然后飞行三四十码，肆无忌惮地抖动尾巴，快速扑进树篱深处。他们跑到一段高高的树篱跟前，一边两个人，开始发动攻击。

"它又出来了""追啊""快打""我扔到它了""看准了再扔，疯子"——也许几百米外都听得见喊声，结果惊动了一两百米开外的农民和他的两个牧羊人，三人正在隔壁田野的羊圈里给羊治病。

这位农民当时租了一个带院子的房屋，就在几个小家伙追鸟的田野尽头。农民没有住在那个房子里，也没有让别人住。不过，他像一个愚蠢而不讲理的英国人一样，坚持在里面养了一大群公鸡、母鸡和其他家禽。当然，各种掠夺者时常登门造访：狐狸和流浪汉在夜里大搞破坏；而在白天，我不得不遗憾地承认，拉格比男孩时不时过来，很多家禽都不见了。在违规离校期间，汤姆和伊斯特不怀好意地去过那里，有一次还打死了一只鸭子，用手帕包住尸体，得意洋洋地带走了。可是那只倒霉鸭子的尸体给他们带来了麻烦和焦虑。他们把鸭子带回去交给萨莉·哈罗维尔，希望吃一顿美味的晚餐，萨莉检查后却拉下脸，拒绝开膛处理鸭子，不愿和这件事有任何牵连。他们带回书房，自己动手拔毛。可鸭毛怎么处理，要藏在哪里呢？

"天哪，汤姆，鸭子怎么有这么多毛！"伊斯特抱怨道，手里满满一袋鸭毛。他惘怅地看着鸭子尸体，还有一半的毛没拔。

"我想它要腐烂变臭了，"汤姆小心地闻了闻说，"必须速战速决。"

"终于拔完了，可是怎么烹饪呢？我肯定是不会在餐厅或走廊做的，我们又没有条件做烤鸭，条件十分有限。"

"我想我们应该扔掉这只畜生。"汤姆说着厌恶地把鸭子丢在桌上。一两天后，他很清楚，必须丢掉鸭子了。他们用牛皮纸包住鸭子，密封好，放进一间空书房的橱柜里，女舍监在假期里发现了这具令人恶心的尸体。

后来他们再没有到那里猎过鸭子，但是其他人去过。那位冒失的农民对此非常恼火，决心先逮到谁就好好惩罚，以儆效尤。他带着牧羊人蹲在树篱后面，看着汤姆一伙人毫无察觉，步步逼近。

老珍珠鸡为什么偏在一年中的这个时刻卧在树篱里面？谁能说得明白？珍珠鸡总是这样——所有其他事物、动物和人也总是准备好让人陷入麻烦，总是在问题可能发生的时候随时准备着。无论如何，就在伊斯特的眼皮底下，老珍珠鸡突然出现了，一边蹦蹦跳跳地向前跑，一边扯着嗓子尖叫："回来，回来。"其他三个男孩原本能禁得住诱惑，可是伊斯特先把手里的石子朝珍珠鸡扔过去，又冲上去把鸡赶进树篱里。他成功了，随后一行人拼命在树篱里来回穿梭，全力追击，"回来，回来"

的声音越来越尖锐，越来越微弱。

　　这时，那位农民带人偷偷越过障碍，蹑手蹑脚地顺着树篱摸向事发地点。汤姆看到他们的时候，马丁正全力追赶那只倒霉的珍珠鸡，和他们只有一步之遥。汤姆高声喊道："村民，小心村民，在你身边！疯子，看前面！"然后一把抓住阿瑟，迅速穿过那片田野，拼命往拉格比公学跑。如果只有他自己，他会留下来和其他人并肩作战，但是那一刻他心里一沉，勇气全失。一想到他和阿瑟因偷鸡而被带到校长那里，他就退缩了，泄了一半的气。

　　然而，没有哪个男孩比伊斯特和马丁更懂得保护自己了。他们躲开追赶者，从树篱空隙溜出去，往汤姆和阿瑟的方向飞奔，很快就赶上了。农民带人在身后那块地里东奔西撞。汤姆真心希望伊斯特和马丁朝别的方向逃，不过现在所有人都聚在一起了，必须坚持到底。"你们不会不管小家伙，对吧？"汤姆说。他们拉着可怜的小阿瑟穿过了第二道树篱，他吓得魂都快没了。"不会的。"伊斯特和马丁同声答道。下一道树篱密集而坚硬，追赶者已经非常近了。跑在最前面的牧羊人从另一边追了过来，他们只好拽着阿瑟走，扯得他的裤子破了两个洞。跑到下一块田地时，田间小路上出现两个身影，定睛一看，是霍姆斯和迪格斯在散步。那两个温厚的人立刻喊道："嘿，快过来，到这边来。""我们去找他们，向他们投降吧。"汤姆气喘吁吁地说。提议通过。不一会儿，四个男孩上气不接下气地跑到霍姆斯和迪格斯跟前，这两位可敬的人大为吃惊。两人停下来，看看究竟发生了什么，见农民带人追过来围住男孩们，心里就明白了。

来不及解释了，汤姆的心跳得非常快，他在琢磨："他们会站在我们这边吗？"

农民一个箭步，冲到伊斯特面前截住他。这个小绅士异常镇定，没有拔腿就跑，而是恳切地看着霍姆斯，站着不动。

"喂，别着急！"霍姆斯说。在证明伊斯特等人有错以前，他一定会支持他们。"这都是怎么回事？"

"我终于抓到这帮小兔崽子了，"农民气喘吁吁地说，"他们在我院子里鬼鬼祟祟，偷我的鸡，事情就是这样；如果我不抽他们——他们每一个人——一顿，我就不叫汤普森。"

霍姆斯表情严肃，迪格斯脸色一沉。他们做好了打架的准备，学校里没有比他们更喜欢打架的男孩了；可他们是学级长，十分清楚自己的职责，绝不能有失公允。

"这学期我没有去过他的旧畜棚。"伊斯特喊道。"我也没有。"汤姆和马丁齐声附和。

"威勒姆，难道你上星期在那里见过他们？"

"对，我肯定见过。"牧羊人说着抓紧他的耙子，跃跃欲试。

四个男孩坚决否认，威勒姆被迫承认，"即使不是他们，也是和他们一样的家伙"，"我敢发誓，至少去年圣马丁节，我在院子里见过他们两个"，他指的是伊斯特和汤姆。

霍姆斯有思考的时间。"先生，"他对威勒姆说，"你看，你不记得当初看到的是谁，我相信这些孩子。"

"我不管，"农民气势汹汹地说，"他们今天抓了我的鸡，我看这就够了。威勒姆，抓住另一个家伙。我跟你讲，这两个小时他们一直鬼鬼祟祟的。"他大声喊道，这时霍姆斯站在了马丁和威勒姆之间，"还弄死了附近的十几只小鸡。"

"哦，这是弥天大谎！"伊斯特喊道，"我们离他的畜棚有100码远，我们到这儿还不到十分钟，只见过一只强壮的珍珠鸡，跑起来像条灰狗。"

"真的，句句属实，霍姆斯，我用名誉担保，"汤姆补充道，"我们没有追他的鸡，是那只珍珠鸡从旁边的树篱里跑出来的，我们没有见过其他东西。"

"满嘴胡话，威勒姆，给我抓住另一个，带走那个小家伙。"

"农民汤普森，"霍姆斯说着，拿起手杖警告威勒姆和他的耙子老实点。迪格斯则面对着另一个牧羊人，手指像手枪一样

啪啪作响，"要讲道理。这几个孩子没有追你家的鸡，这是肯定的。"

"跟你说了，我看到他们了。我倒想知道，你又是谁啊？"

"这不关你的事，农民，"霍姆斯回答道，"现在我来告诉你真相：那里离学校那么近，你把所有家禽都丢在那里，却没有让人看管，你应该感到羞耻。就算被偷完了，你也是活该。如果你决定带他们去见校长，我就和你们一起去，告诉校长我的看法。"

农民开始以为霍姆斯是位老师，此外，他要去找回羊群了。体罚是不可能的，概率不大，所以他暗示要赔偿损失。阿瑟欣然接受，愿意如数赔偿，农民立即给那只珍珠鸡要价半英镑。

"半英镑！"伊斯特喊道，这时农民已经放了他，"真会算账！那只老母鸡没受一点儿伤，我知道它七岁了，像鞭子一样结实，根本不会下蛋了，迟早要挨刀。"

最后，他们决定赔偿农民两先令，赔偿他的雇工一先令。事情就这样结束了，汤姆如释重负，却一句话也说不出来，一想到校长会怎么看待他，心里就惴惴不安。现在，男孩们沿着小路往拉格比公学走。霍姆斯是学校优秀的模范生，他开始趁机教育他们。"听着，你们几个小孩，"当时他走在中间，"下不为例，还好你们没有惹上麻烦。别再靠近汤普森的畜棚，听到了吗？"

所有人都满口答应，特别是伊斯特。

"注意，我这不是在问你们问题，"霍姆斯继续说道，"我想以前你们肯定有人去赶过他的鸡。听着，打晕别人的鸡再偷偷带走，就是偷窃。这个词很难听，但那就是它的实际意思。如果鸡死了躺在商店里，我知道你们不会去拿，就像你们不会从格里菲思的篮子里拿苹果；不过满地跑的鸡和长在树上的苹果，其实和商店里的物品没有差别。我希望在这些问题上，我们的道德能更健全。这些区分非常糟糕，因为它混淆是非，为我们的行为辩护，而穷人家的孩子却会因这些行为被送进监狱。"回学校的路上，善良的大男孩霍姆斯真心诚意地说了许多至理名言，就像歌里说的一样："给了他们许多好建议。"

　　他们被这番训诫打动了，反省了好几个小时。但是事实迫使我承认，至少伊斯特，不出一个星期就把这些忘得一干二净，只记得农民汤普森对他的侮辱。不久，他带上蝌蚪和几个莽撞的孩子袭击了畜棚，结果被牧羊人抓到，又被狠狠教训了一顿；还要支付八先令（这是他们所有的钱），否则就要被带去见校长。

　　从此以后，马丁成了共有书房的常客。阿瑟对他非常友好，汤姆忍不住有些妒忌，不过没有表现出来。说来奇怪，最后两颗茶隼蛋没有打碎，成了阿瑟最重要的收藏品。马丁尽心尽力，介绍阿瑟认识豪利特的鸟商，还教他填充物艺术的入门知识。为了表示感谢，阿瑟允许马丁在自己手腕上文了一个小小的船锚图案，不过他小心瞒着汤姆。这学期还没结束，他已经成为一个勇敢的攀爬者和优秀的跑步者，而且正如马丁预言的那样，他对花鸟树木等众多事物的了解程度，是我们好心肠、爱开玩笑的年轻朋友哈里·伊斯特的两倍。

第五章

为朋友打架

麦克尼斯站了起来，

很快就自吹自擂：

我会为了你的支持而战，

对抗凶猛的麦特沃特罗。

——伊顿学子

　　我们这些经常研究男孩的人都很清楚，有一类学生，入学一个月后，你差不多就能断定他们迟早会跟人打架，而且只会打一场。汤姆·布朗就是这类人。经过深思熟虑，我们打算以老朋友《贝尔的伦敦生活》①的风格，完整、真实、准确地讲述汤姆和一名同学唯一的一场战斗。如果有小读者耐受力不强，或者认为用上帝赐予所有人的武器斗殴是不文明、粗野、缺乏教养的行为，请直接跳过本章，因为这一章不符合你们的口味。

　　当时，两个校寄宿楼的孩子打架并不常见。当然也有例外，比如来了一个性格倔强、固执己见的家伙，不和左邻右舍吵一架就不舒服；或者五学级和杂务生之间的班级纠纷，有时需要

---

① 即《贝尔的伦敦生活和体育纪事》，是一份面向男孩发行的体育杂志。

血拼，这时双方会心照不宣，各选一名战士，通过一场激烈的拳击比赛来解决问题。但是大多数情况下，拳击手套这种最可靠的和平维护工具能让校寄宿楼的孩子们互相不打架。每周有两三个晚上，拳击手套要么在餐厅，要么在五学级教室里。每个可能打架的男孩都对邻近室友的实力了如指掌，能精确地说出他和其他男孩当面搏斗时能有多少胜算。但是别的寄宿楼的男孩就没办法得到这种经验了。别的寄宿楼大多有点儿嫉妒校寄宿楼，所以冲突时常发生。

我想知道，没有战斗的生活会变成什么样？真正说来，从摇篮到坟墓，战斗是每个人的事业，而且是最崇高、最正直的事业。每个称职的人都有必须要打败的敌人，也许是自身的邪念和恶习，也许是恶魔、边境匪徒，或是像比尔、汤姆和哈里一样的普通人。在彻底打败敌人以前，任何人休想过上平静的生活。

贵格会等群体高声反对战斗是没有意义的。人性太强大了，他们也没有遵循自己的戒律。他们每个人都在某个地方以某种方式进行战斗。据我所知，没有战斗的世界也许更美好，可那不是我们的世界。因此，我坚决反对在没有和平的时候呼喊和平，那不是真正的和平。看到有人为了错误的事情同错误的人作战，我和所有人一样感到遗憾，但是我宁愿看见他们这么做，也不希望他们没有战斗精神。如前所述，也如读者将看到的，我们的小主人公和各种各样的敌人战斗过，我将继续讲述他面对的一场真实战斗，就是以前面所描述的这种方式，他与一位同学进行了生平唯一的一场决斗。

5 月，夜越来越长了，阿瑟的第一学期快要接近尾声。关门时间推迟到了 8 点，大家都说起自己在假期的打算。我们故事的小主人公们正在阅读荷马的《伊利亚特》最后一卷，读到了女人们在赫克托尔的遗体前哭诉的部分。这天全天有课，四五个男孩（有阿瑟、汤姆和伊斯特）在一起准备第三堂课，读完了规定的四十行诗。虽然海伦的悲痛令人动容，可是他们都很疲惫了。随后，几个四音节的长单词一起出现，查词典的男孩罢工了。

"我不想再查单词了，"他说，"我们查得够多了。十有八九学不到那个地方。我们到操场上去吧。"

"一起来吧，兄弟们！"伊斯特喊道。他早就厌倦了这种单调乏味的苦差事。"你们知道的，原来的指导老师卧床不起，会来一位新老师，他肯定会放慢速度，让我们轻松好过点。"

于是，大家一致同意去操场。小阿瑟对刚才读的内容非常感兴趣，但是不敢大声发表意见，就悄悄留下来，自个儿津津有味地学。

伊斯特说过，班级的正式老师生病了，现在负责听他们读诗的是一名年轻的新老师，刚刚大学毕业。当然，如果男孩们用尽各种方法（磨磨蹭蹭地进教室，慢悠悠地坐在座位上，长篇大论地解释正式老师通常的课程内容，再加上消磨时间的其他惯用伎俩）都不能拖延课堂，让新老师没有时间听完超过四十行诗的内容，那就很难办了。至于诗歌的行数，老师和学生一直争执不休，学生消极抵抗，坚持认为低四学级诵读荷马史诗的规定行数应该是四十行，老师坚称不存在固定行数，只要一个小时内时间充裕，就必须准备好读到五六十行。虽然男孩们尽力拖延，但是新老师课上得非常快。他的品位似乎很糟糕，竟然真的对课堂感兴趣，试图引导学生鉴赏课文，教给他们生动有力的词汇，以代替他们用来描述可怜的老荷马的那些乏味词句；还在每个男孩读完后亲自示范，逐句翻译给他们听。

现在四十五分钟过去了，离下课还有十五分钟，但是四十行诗已经读完了。被叫起来的男孩越来越卡壳，翻译得越来越粗陋。可怜的年轻老师快崩溃了，感到非常沮丧和愤怒，恨不得用头撞墙或打人。所以他干脆放弃了坐在低排和中间的男孩，绝望地环顾坐在高排的男孩，看看有没有人能和自己撞出一点火花，有没有学生能展现出优雅风范，不会糟蹋古代最美丽的女人海伦说的最美丽的话语。他的目光落在了阿瑟身上，叫阿瑟起来翻译完海伦的话。这时所有孩子都长舒一口气，开始东张西望，放轻松了。他们都安全了：阿瑟是班级的优等生，肯定能翻译好，下课钟声响起前，一定会风平浪静。

按照惯例，阿瑟先用希腊语朗读这一段，再进行翻译。汤姆本来没怎么注意，突然听到阿瑟的声音支支吾吾，当时他在读这两行诗：

ἀλλὰ σὺ τὸν ἐπέεσσι παραιφάμενος κατέρυκες,
Σῇ τ᾽ ἀγανοφροσύνῃ καὶ σοῖς ἀγανοῖς ἐπέεσσι.[①]

① 这两行诗意为：你就苦口婆心，对他们再三劝说，用温和态度、温和语言阻止他们。

他抬头看了看阿瑟。"哎呀，上帝保佑我们，"他心想，"小家伙怎么了？他可从来没有被难倒过。他肯定早就读完了。"接着，阿瑟开始翻译了，语言生动。他放心了，在笔记本上画狗头。新老师显然很欣赏阿瑟的表现，他背对着中排，站在阿瑟面前，一边用手和脚打节拍，一边说着"对，对""非常好"。

但是阿瑟说到那致命的两行时，汤姆听到了颤抖的声音。他抬头一看，知道出问题了，阿瑟快说不下去了。到底出了什么问题呢？

就在这时，阿瑟突然完全失控，放声大哭。他满脸通红，不断用袖口抹眼泪，仿佛随时要瘫倒在地。全班人大吃一惊，大部分人直愣愣地盯着他，而那些有眼力的人赶紧把书翻到已念的地方埋头看起来，免得老师注意到他们，叫他们接着阿瑟往下念。

老师一时困惑不解，不过很快就明白，阿瑟确实是被荷马史诗最动人的内容——也许是所有世俗诗歌中最动人的部分，感动得落泪了。他走过去，把手轻轻放在阿瑟的肩上："不要紧，小家伙，你翻译得非常好。歇一会儿，不着急。"

那天汤姆坐在中排，他旁边那个大男孩碰巧是班里也是五学级以下公认的小霸王——威廉姆斯。年龄小的男孩喜欢吹嘘大孩子多英勇，常常互相谈论威廉姆斯力气很大，伊斯特或布朗会不会挨他的揍。大家称他"重拳威廉姆斯"，因为他出拳力大无比。他算是个粗犷但和善的人，只是非常在意尊严；自认为是班级的王者，用铁腕维持地位，尤其是在诗歌翻译方面，强迫同学们不得超过常规的四十行。阿瑟读到四十行没有停下来时，他已经嘟哝着抱怨了。偏又在长单词部分出了问题，他彻底怒了。

"卑鄙的小畜生，"他破口而出，嘀咕着，"偏偏在最难的地方掉眼泪，看我不在第四堂课后敲破他的头。"

"谁的头？"汤姆说，仿佛那句话是冲他说的。

"还要我再说一遍吗？那个卑鄙小人阿瑟的头。"威廉姆斯答道。

"不！你可不能这么做。"汤姆说。

"我说小子！"威廉姆斯喊道。他惊讶地看了汤姆一会儿，突然用手肘捅了汤姆的肋骨，把汤姆的书扔到地上。老师听到动静，突然转过身，看到了当时的情况，说道："威廉姆斯，往下三个座位，接着上课。"

重拳慢慢地站起来，从汤姆和另外两个男孩身边往下走，满脸厌恶。他转身对老师说："我就学了这么多，先生，我们只需要在课堂上翻译四十行诗。"

"是这样吗？"老师问前排。结果无人应答。

"谁是班级的学生代表？"他勃然大怒。

"阿瑟，先生。"三四个男孩指着我们的朋友说。

"哦，你的名字叫阿瑟。那我问你，你们正常要求翻译多少行？"

阿瑟犹豫了片刻，说道："说的是要求四十行，先生。"

"你的意思是，这是你们要求的？"

"是的，先生，格雷厄姆先生说，如果还有时间翻译的话，我们可以继续。"

"我明白了，"老师说，"威廉姆斯，再往下三个座位，给我用希腊语和英语誊写一遍课文。阿瑟，现在完成翻译。"

"哦！第四堂课我也会像阿瑟那样倒霉吗？"小男孩们交头接耳。阿瑟顺利完成了海伦的部分，钟声响了四下，第三堂课结束了。

孩子们有一个小时准备第四堂课的内容，这期间威廉姆斯一直抑制着心中的怒火。5点，钟声敲响，当天的课程结束，他立即准备去报复无意间惹怒他的无辜的阿瑟。

下课后，汤姆被扣留了几分钟。刚从教室走到方庭，就见威廉姆斯抓着阿瑟的衣领，一群男孩围着喝彩。

"听着，你个卑鄙小人，"威廉姆斯朝阿瑟头上打了一巴掌，说道，"你为什么说——"

"干什么！"汤姆边说边挤进人群，"住手，威廉姆斯，不要碰他！"

"谁敢拦我？"重拳又抬起手说道。

"我！"汤姆说到做到，狠狠地打了抓住阿瑟手臂的那只胳膊。重拳吓一跳，松了手，把满腔怒火都撒向了汤姆。

"你想打架吗？"

"是的，来吧。"

"万岁！重拳威廉姆斯和汤姆·布朗要打一架了！"

消息不胫而走。很多人本来要去宿舍吃茶点，这时都往回走，寻到小礼拜堂的背后，也就是战斗的地方。

"快去叫伊斯特来支援我。"汤姆对一个小个子说。那个小男孩像离弦的箭一样奔向哈罗维尔店里，只停留了一会就探头

进了校寄宿楼餐厅，对着已经开始进餐的低年级学生大喊："打架了！汤姆·布朗和重拳威廉姆斯打架了！"

有一半男孩马上起身，扔下面包、鸡蛋、黄油、鲱鱼等食物就跑。剩下的人大多狼吞虎咽地喝完茶，拿着食物边走边吃，不一会儿也跟上了。只有三四个人留下来，偷走了那些冲动的男孩的黄油，享受了一顿油腻的盛宴。

又过了一会儿，伊斯特和马丁拿着一块海绵，飞快地穿过方庭。赶到现场时，战斗双方正好开始脱衣服。

汤姆脱完外套、马甲和背带，感觉自己准备好了。伊斯特帮他把领巾系在腰间，卷起衬衣袖子。"听着，老朋友，不要浪费力气张嘴说话，不要担心任何事情，全部交给我们；把你的力气都留给重拳。"马丁把衣服叠好，放在了小礼拜堂的围栏下面。有伊斯特和马丁在两个回合之间提供援助，汤姆踏上草坪，准备迎接一切可能。重拳也上场了，他脱了衣服，斗志高昂。

乍一看，这不是一场公平的较量：威廉姆斯比对手高近两英寸，可能大了整整一岁，而且他的双臂和肩膀都很结实；用五学级一小群爱好拳击的大个子（他们站在小男孩围成的圈子外面，得意地观战，但没有积极参与）的话说，威廉姆斯"上肢强壮有力"。但是他的下肢不太有力量，腰部以下没有弹性，膝盖有点弱，甚至可以说是像遇难的船一样不稳。汤姆则正好相反，虽然双臂不及他一半强壮，但是全身从头到脚力量都很好。修长、硬朗、富有弹性，也许腿部比其他部位都要结实。此外，他眼睛清澈，皮肤有光泽，不难看出接受过一流的训练，能驾驭自己掌握的所有技术；而重拳看起来软绵绵的，好像吃了不少甜食，却不怎么运动。计时员选出来了，男孩们围成一个大圈，两个人面对面站了一会儿，让我们有时间稍作观察。

"只要汤姆打的时候灵活运用腿部，肯动脑筋，"伊斯特小声对马丁说，"我们就一定会赢。"

可是汤姆似乎不想这样做，刚一上场就用手。可以说，这是一场硬仗。两人像男人一样迎面而立，随后是几个回合的快速对打，每次出拳似乎都想马上分出胜负。"照这样下去持续不了多久的。"懂行的人说道。然而双方拥护者的欢呼和喝倒彩的声音响彻天空，表达着鼓励、赞许，还有蔑视。

"别急，别急，走位，让他来追你。"伊斯特恳求道。当时第一回合结束了，他正在用打湿的海绵给汤姆擦脸。马丁单腿跪下，汤姆坐在他腿上；他用手扶着汤姆，兴奋得两条胳膊有些颤抖。

"时间到！"计时员喊道。

"他还是老样子，该死！"伊斯特吼叫的原因是，汤姆依旧用手死缠烂打。接下来这个回合非常激烈，汤姆输得很惨，重拳一记右勾拳把他放倒在了草地上。

重拳宿舍楼的男孩爆发出一阵欢呼声，校寄宿楼的男孩则沉默不语，看上去满腔愤怒，随时准备找碴儿。

"二比一，半克朗押大块头赢。"拉特尔说。他是拳击爱好者，个子很高，穿着鲜艳夺目的马甲，脸胖乎乎的，看上去很和善。

"好的！"格鲁弗说。格鲁弗也是拳击爱好者，看起来很安静。他拿出笔记本记下比分，因为我们的朋友拉特尔有时会忘记这些小事情。

与此同时，伊斯特正在用海绵给汤姆擦汗，准备迎战下一回合，还安排了两个男孩给汤姆揉搓双手。

"汤姆，我的老朋友，"他低声说，"你可能认为这是开玩笑，但我是说真的。接下来五分钟他很快就会让你招架不住，如果不是，我就去跳河。你要佯攻他——用腿！用腿的力量拖垮他！他很快就会喘不过气，你趁机走近。猛攻他的身体，时刻注意他的正面。"

汤姆觉得这个忠告很有道理，明白单凭拼尽全力是打不垮重拳的，所以在第三回合彻底改变了战术。现在他打得很谨慎，不再想着回击，而是避开重拳的直接进攻，带着他在圈内满场跑。"他害怕了，进攻，威廉姆斯""跟紧他""干掉他"，支持重拳的小男孩们尖叫道。

威廉姆斯因为尖叫声而激动，以为自己胜券在握，便竭尽全力，想要再次短兵相接，而汤姆轻松地躲开了。伊斯特见状暗喜："正合我意。"

他们在全场打了好几个来回，汤姆始终在防守。

重拳终于停了一会儿，整个人气喘吁吁。

"就是现在，汤姆！"伊斯特大喊，高兴得手舞足蹈。汤姆立刻进攻，狠狠打了两拳；对手还没喘过气来，他又跑开了。等重拳恢复气息，愤怒地冲向汤姆，汤姆熟练地避开——重拳反而弄巧成拙，脸朝下摔倒了。校寄宿楼男孩开始高声欢呼。

"你押的二比一翻倍吗？"格鲁弗拿着笔记本对拉特尔说。

"稍等一会儿。"拉特尔不安地看着威廉姆斯。威廉姆斯正坐在帮手的腿上喘着粗气，上气不接下气，但是没有受伤。

又过了一个回合，重拳好像也明白了不可能近身攻击、速战速决，这次遇上劲敌了。他也更加谨慎，想让汤姆失去耐心，率先发起进攻。对决的局势摇摆不定，双方你来我往，势均力敌。

汤姆的脸开始有些变形——他的额头鼓起奇怪的小包，嘴角还在流血。不过，伊斯特使用湿海绵的方式十分科学，汤姆看起来还是神采奕奕。威廉姆斯脸上只有轻微伤痕，不过从他肘部的紧张动作可以看出，汤姆对他身体的重击奏效了。事实上，重拳的击打能力被削弱了一半，因为他不敢随意猛攻，唯恐暴露自己的侧身。这个时候局面太有趣了，没有人大喊大叫，围观人群很安静。

"非常好，汤姆，"伊斯特低声说，"继续保持。我们赢定了。保持冷静，好伙计。"

这段时间阿瑟在哪里？这个可怜孩子此刻的痛苦已无法用语言来形容。他没有勇气加入围观的人群，只好在墙手球馆和小礼拜堂的围栏边走来走去。现在他决定冲过去阻止他们；又想跑去告诉他的朋友玛丽，他知道玛丽会立即报告给校长。他想起了之前听说的职业拳击赛上打死人的故事，感到毛骨悚然。

只有一次，他听到"干得好，布朗！""校寄宿楼万岁！"的叫喊声比以往更高，以为汤姆已经胜利了，便壮着胆子走到人群中。一见到汤姆的脸，也就是我刚才描述的样子，他便抛下所有顾虑和后果，径直冲到女舍监的房间，请求她终止决斗，否则汤姆会死的。

我们还是赶紧回到战场吧。人声喧嚷，场面混乱，这是怎么回事呢？人群散了，四处充斥着愤怒的争吵声："完全公平""不公平""不准缠抱在一起"。战斗停了。双方安静地坐在那里，由助手照料着，他们的拥护者在中间吵个不停。伊斯特忍不住放话，向对面的两三个人发起挑战，不过他一刻也没有离开汤姆，像之前一样用海绵迅速地擦拭着。

事实是这样的。上个回合结束的时候，汤姆看到一个好的开局机会，便靠近对手。缠斗了一会儿，他借助从家乡白马山谷的对手那里学会的摔跤经验，将对手重重摔倒在地。和汤姆比摔跤，威廉姆斯根本没有机会，支持他的男孩立即断定：如果允许这样打的话，重拳肯定会败的。学校里特别抵触抱摔，尽管在一定范围内这一技法通常是合规的。于是战斗中断，人群散开了。

校寄宿楼这边的打法被否定了——战斗重新开始，但是不准再摔人。伊斯特火冒三丈，威胁说打完下一回合就带走汤姆（顺便说一下，他只是说说而已）。这时，小布鲁克突然从小礼拜堂尽头的小门过来了。校寄宿楼的男孩冲过去。"好啊！现在我们要讨回公道。"

"布鲁克，请过来一趟，他们不让汤姆·布朗摔他。"

"摔谁？"小布鲁克走过来说，"哦，威廉姆斯！我明白了。胡扯！如果布朗抓在他腰以上部位，当然可以摔他啊。"

听着，小布鲁克，你要知道你是六学级的，应该制止所有打架斗殴。他认真看了看两个男孩。"有问题吗？"他对伊斯特说，朝汤姆点点头。

"没有问题。"

"打输了吗？"

"没有，放心！他充满斗志呢，对吗，汤姆？"

汤姆看着小布鲁克，咧着嘴笑。

"他怎么样？"小布鲁克朝威廉姆斯点了点头。

"就那样吧，我想刚才摔得不轻，他挺不过两个回合。"

"时间到！"两个男孩再次起身，面对面站着。小布鲁克是真心不想阻止他们，于是比试继续。重拳在等汤姆行动，如果汤姆再近身摔跤，他就狠狠地把汤姆打倒在地；因为他觉得必须化解这一招，不然他的海绵很快就会飞到空中，宣告他认输。

这时又来了一个人，是门房。他胳膊下夹着长柄刷子和装灰尘的大木桶，正在打扫学校。

"你们最好停手，绅士们，"他说，"校长知道布朗在打架——他一会儿就过来。"

"少管闲事，比尔。"那个优秀仆人的忠告只换来这么一句答复。不过，身为校寄宿楼的忠实拥护者和拳击好手，他忍不住停下脚步，看着宠爱的能手汤姆·布朗打一回合。

比赛现在变得非常激烈，不能犯错。两个男孩都感觉到了这一点，开始使出浑身解数。任一方走点儿运，脚下一滑，一拳打到家，或者再摔一次，胜负可能就定了。汤姆慢慢寻找突破口，他步法灵活，可以选择自己的时机；重拳在等待进攻机会，希望用几记右手重拳结束战斗。就在他们在场上慢慢来回移动时，落日余晖从后面的一朵云中浮现出来，正好照在威廉姆斯的脸上。汤姆突然冲上去，送出一记重重的右拳，不过只

擦到了威廉姆斯的头。双方在近距离下展开短暂的对打，然后
缠在一起；转瞬间，重拳又被狠狠地摔倒，这是第三回了。

"我现在押小个子三比二赢，还是半克朗。"格鲁弗对拉特
尔说。

"不了，我不押了，谢谢。"拉特尔答道，两只手又往衣
服后摆里伸了伸。

就在这个时候，通往校长书房的角楼的门突然开了。校长
来到操场，径直走向围观人群，圈里的布朗和重拳都坐在自己
助手的腿上，进行最后的休整。

"校长！校长！"一个小男孩见到他就喊起来，几秒钟的工
夫，围观人群就消失了。小男孩们一哄而散；汤姆抓起外套和
马甲，和支持者们从小礼拜堂的小门溜了出去，拐弯直奔向哈
罗维尔的店，要多迅速有多迅速；威廉姆斯和他的支援者也快
速穿过操场，不过没有汤姆那么快；格鲁弗、拉特尔等大孩子
想要用一种幽默的方式同时做到体面和谨慎，他们希望走得够
快，免得被认出来，又不能快到像是在逃跑。

校长到的时候，只有小布鲁克还留在那里，他摸摸帽子，
心里有一丝不安。

"嘿！布鲁克。在这儿见到你真让我惊讶。你不知道我希望
六学级能制止打架吗？"

小布鲁克比自己所料想的还要不安。但是他讲话坦率，深
得校长喜爱。校长转身回去的时候，他走在一旁脱口而出：

"先生，通常是要制止。但是我以为您也希望我们遇事要谨
慎——不要过早干预。"

"可是他们已经打了半个多小时了。"校长说。

"是的，先生，但是两人都没有受伤。不打不成交。还没分胜负呢，现在就制止的话，会影响他们的友谊。"

"是谁在和布朗打架？"校长说。

"汤普森宿舍的威廉姆斯，先生。他个子比布朗大，起初占尽上风，不过在您过来的时候落了下风。我们宿舍楼和汤普森宿舍楼之间经常互相猜忌，如果不干脆让他们打下去，分出个胜负，往后肯定还会打架。"

"嗯，但是布鲁克，"校长说，"是不是这样，你谨慎行事，只有在校寄宿楼男孩要吃败仗时才出面阻止？"

必须承认，小布鲁克开始感到局促不安。

"记住，"校长站在角楼大门口，补充道，"不能让他们再打下去了——你要负责善后。还有，我希望你以后发现有人打架，马上制止。"

"好的，先生。"小布鲁克摸摸帽子，见校长身后的角楼大门关上了，松了一口气。

这时，汤姆和他的坚定拥护者已到了哈罗维尔的店里。萨莉忙着给他们提供迟到的茶点，又让斯顿普斯去找屠夫要一片生牛肉，立刻给汤姆的眼睛敷上，这样明天早晨才会没事。汤姆的伤并不严重，只是视力有点模糊，有些耳鸣，一只拇指扭伤了。他用冷水绷带缠着拇指，一边喝茶，一边听周围七嘴八舌，都是在讨论刚才的战斗，猜想威廉姆斯再被摔一次就会投降（他本人绝不相信这句话），还有校长是怎么知道消息的——真是倒霉！他不禁暗自庆幸还好没有赢。他更喜欢现在的局面，而且他对重拳非常有好感。不一会儿，可怜的小阿瑟蹑手蹑脚地走进来，悄悄地坐在边上，看着汤姆和那片生牛肉，一脸悲伤。汤姆终于忍不住笑起来。

"不要这样看着我，小家伙，"他说，"没什么事。"

"哦，可是汤姆，你伤得重吗？想到这一切都是为了我，我就难受。"

"根本不是为了你，别自作多情。我和他迟早会一决高下。"

"好吧，你不会再打了，对吧？你能不能答应我不再打了？"

"这可说不定——一切都取决于宿舍。我们与舍友患难与共，你知道的。如果有必要的话，还是得为了校寄宿楼的荣誉而战。"

然而，拳击爱好者这次注定要失望了。锁门之后，一个夜间执勤的杂务生敲响了汤姆的房门。

"布朗，小布鲁克让你去六学级房间。"

汤姆过去之后，发现那帮高年级学生正坐着吃夜宵。

"喂，布朗，"小布鲁克向他点点头说，"你感觉如何？"

"哦，非常好，谢谢你，我想只是扭伤了大拇指。"

"打架少不了会这样。我看得出，你没有落败。你从哪儿学的摔跤？"

"小时候在乡下学的。"

"噢！真是让人刮目相看啊。听我说，不用在意，你是个勇敢的家伙。坐下来吃点夜宵。"

汤姆心甘情愿地坐下了。他身边的五学级男孩给他灌了满满一杯瓶装啤酒，他吃着、喝着，听他们说说笑笑，想着自己要多久才会上五学级，成为这个很受羡慕的团体中的一员。

他起身离开时，小布鲁克说："明天上午你们俩要握手言和，第一堂课后，我会去看你们和好。"

汤姆照做了。他和重拳互相尊重，满意地握了手。在接下来一两年里，每当谈到打架，当初在场的小男孩都会明智地摇摇头说："啊！你们真该看看重拳威廉姆斯和汤姆·布朗之间的对决！"

孩子们，在话题结束之前，我再说几句。我特意在这章谈论打架，部分原因是想给你们描绘我那个时代真实的校园日常生活，而不是过分文雅和粉饰太平的景象；部分原因是当今社会对拳击和打架的讨论都是些毫无意义的废话。即便是萨克雷也未能免俗，就在几个星期前，《泰晤士报》上有一篇关于野外运动的文章，还就这个话题大放厥词。

男孩们免不了会争吵，吵着吵着，有时候就会打架。用拳头打架是男孩解决争执的一种自然的方式。古往今来，有哪个民族找到了替代的方式吗？你们期望看到什么替代它呢？

所以学习拳击吧，就像学习打板球和踢足球一样。学好拳击，你们不仅不会变坏，还会变得更好。也许你永远都不会真正用到拳击，不过它是世界上最有利于培养性情，最能锻炼背部和腿部肌肉的运动。

至于打架，一定要尽量避免。如果必须回应挑战者"打"还是"不打"，请尽量说"不打"——只是请注意，你自己要明白拒绝的原因。如果是出于真正的仁慈动机，拒绝就是最有勇气的行为；或者，哪怕只是单纯出于对身体疼痛和危险的厌恶而拒绝，也完全是正确和有道理的。但是，不要因为害怕挨揍而说"不打"，也别说自己是因为敬畏上帝才拒绝的，因为那样既不合教义，也不诚实。还有，如果你们决定打架，就一决雌雄；只要还能坚持，还能保持清醒，就决不屈服。

第六章

学校暴发热病

这是我们对凡人的希望，

我们也渴望突破约束。

死神守在门旁，

但生命在来世延续。

——约翰·斯特林

距离上一章记载的事情已经过去两年，夏季学期又临近尾声了。马丁离开了学校，乘他叔叔的船去游历南太平洋了；那只脏兮兮的老喜鹊，马丁最后留给阿瑟的礼物，留在了共用书房。阿瑟快十六岁了，在二十人的班级中名列前茅，一学期升一级。伊斯特和汤姆的进步要慢得多，只是刚升到五学级。他们如今身材魁梧，接替了小布鲁克之前在宿舍的角色（也是他那种类型的人），但还是乳臭未干的男孩。与阿瑟的不断交往对他们两个人都有很大的帮助，尤其是对汤姆；但是如果这个时候他们想充分接受拉格比的浸淫，还有许多要努力的事。阿瑟仍然很脆弱敏感，精神比身体要好一些；不过多亏亲近了他们俩和马丁，阿瑟学会了游泳、跑步、打板球，并未因读书太多而使自己受到负面影响。

　　一天晚上，大家坐在五学级的房间里吃夜宵，有人说据称一个寄宿楼暴发了热病。"他们说，"他补充道，"汤普森病得很重，学校已经从北安普顿请了罗伯逊医生。"

　　"到时候学校会把我们都送回家，"另一个人喊道，"万岁！五个星期的额外假期，还免除了五学级的考试！"

　　"我不希望这样，"汤姆说，"否则到了期末，马里波恩比赛①也会取消。"

　　每个人都有自己的想法，许多人并不相信传闻。可是第二天（星期二），罗伯逊医生到学校待了一整天，和校长聊了很久。

　　星期三早上，祷告过后，校长对全校师生发表了讲话。他说，有几个宿舍出现了病例，但是罗伯逊医生仔细检查之后，确定热病不会传染，只要处理得当，目前就没有理由停止学业。眼看就要期末考试了，现在非常不适合放假。不过，想放假的孩子可以给家里写信，如果父母愿意，就可以马上离校。万一热病扩散了，他会让全校师生回家。

　　第二天，阿瑟生病了，除此之外没有发现其他病例。不到周末，已经有三四十个男孩走了，但是其余人留了下来。他们都想让校长高兴，同时觉得逃跑是懦弱的行为。

　　星期六，汤普森去世了。那是一个阳光明媚的午后，板球比赛照常在大操场进行。校长离开汤普森临终的床边，沿途走过场地旁边的碎石小路，不过直到第二天大家才知道发生了什

----

①　世界领先的板球俱乐部马里波恩俱乐部举办的比赛。

么。上午课堂上开始出现传言，下午在小礼拜堂，大家都知道了。死亡真正来到他们身边了，全校弥漫着一种严肃的、令人敬畏的气氛。在多年的牧师生涯中，校长讲过很多话，也许都没有那天深入人心。

他离开我们了。我昨天过去探望的时候，他已在弥留之际。回来的路上，当我看到周围熟悉的事物和景象，看到你们在操场上像往常一样玩耍，一样地欢乐、充满活力时，我觉得目睹死亡并不痛苦，也不觉得这样的场景和看到一个基督徒离开人世必然会有的那些情感格格不入。人在面对哀伤的场景和活泼的场景时产生的自然情感，并无不合宜之处。但是，我由衷地觉得，如果那时我听到谁犯了你们时不时会犯的错误，比如，你们谁说谎、醉酒或犯了其他罪，如果我从某个宿舍听到了渎神、刻薄或下流的言语，如果我听到或看到有人欲假装不怕恶、不关心善以博得蠢人的欢笑，那么，这些事情和我刚离开的那个热闹场景的不和谐，事实上才是最令人痛心的。这是为什么？不是因为这些事情真的比其他时候更加恶劣，而是因为这个时候人的双眼真正被打开了，理解了善恶；因为这时我们会感觉到这样的生活让死亡成为一种无限的祝福……

进小礼拜堂的时候，汤姆非常担心阿瑟，可是这番意味深长的话鼓舞了他。他脚步坚定，独自回了书房。他坐下来，环顾四周，看见阿瑟的草帽和板球夹克挂在衣帽架上，所有小物

件摆得整整齐齐、丝毫不乱，眼泪便簌簌地顺着脸颊滚落下来。不过这是平静而幸福的眼泪，他反复告诉自己："是的，乔吉[①]的眼睛被打开了，他知道这样的生活让死亡成为一种无限的祝福。但是，我知道吗？哦，天哪，我能承受失去他的痛苦吗？"

　　整个一周都伴随着悲哀过去了。没有人再生病，但是阿瑟的病情一天比一天严重，他的妈妈早在那个星期就赶来学校了。汤姆多次恳求允许他去看阿瑟，还有几次试图接近病房。但是女宿管总是出面阻拦，最后汤姆找到校长。校长很友好，却还

———————

① 乔治·阿瑟的昵称。

是断然拒绝了他的请求。

汤普森是在星期二下葬的。葬礼仪式总是那样令人宽慰而庄严，而当牧师在他的坟墓前为他的同伴念诵时，这种庄严感是无与伦比的。葬礼给汤姆带来了许多安慰，也让他产生许多新奇的想法和渴望。他回归了正常生活，像往常一样打板球、游泳；他认为这是正确的做法，新的想法和渴望则因此而更加勇敢和健康。危机出现在星期六，汤普森就是在星期六去世的。在那个漫长的午后，汤姆坐在书房里读《圣经》，每半个小时去一趟宿管室，每次都以为会听到温和又勇敢的阿瑟已经魂归天堂的消息。但是上帝还有工作要他做，危机度过了——星期天晚上，阿瑟终于脱离危险。星期一，他给汤姆捎去消息说自己快好了，现在换了房间，汤姆第二天可以去看他。

傍晚时分，宿管把汤姆叫到病房。阿瑟躺在窗边的沙发上，窗户开着，落日余晖轻柔地洒进来，照亮了苍白的面容和金色的头发。汤姆想起一张德国的天使图画，以前他常想，画中的天使真是空灵、透明、金光灿灿。他意识到阿瑟看起来很像画中的天使，感到不寒而栗，仿佛全身血液都停止了流动，因为他的朋友一定离另一个世界很近了才会如此。直到那一刻，他才感觉到他有多么牵挂这个小室友。他轻轻走进屋子，在床头跪下，伸手搂住阿瑟靠在枕上的头。想到自己脸庞红润，充满活力，每个动作都有力量，他就感到惭愧，有些生气。其实他不必自责，正是他身上这种与众不同的强壮和力量吸引了阿瑟。

阿瑟抬起纤细白皙、青筋突起的手，放在汤姆晒黑了的大拳头上，对他笑了笑，然后又看向窗外，仿佛不忍错过日落的每分每秒。傍晚觅完食的白嘴鸦，成群地飞回来，在枝繁叶茂的榆树树梢周围盘旋，呱呱鸣叫。榆树沙沙作响，窗前常春藤间的麻雀叽叽喳喳，飞来飞去，一会儿吵架一会儿又和好；小白嘴鸦和大白嘴鸦齐声说话；男孩们的欢呼声，板球拍悦耳的打击声，一起从下方传了进来，让人欣喜不已。

"亲爱的乔治，"汤姆说，"我很高兴，终于能来看你了。之前我用尽了办法，可是他们不让我来。"

"我知道，汤姆，玛丽每天都跟我说到你，说她有责任让校长告诉你不要靠近。我很高兴你没有过来，因为你可能会被传染；你还有比赛，绝对不能生病。我听说，你是板球队队员——我真开心。"

"是的，是不是很棒？"汤姆骄傲地说，"我还是第九击球手。我在上次'宴会赛'①中拿到四十分，把三个人赶出局。所以我排在琼斯和塔克前面。塔克非常愤怒，因为他是场上两队中的佼佼者。"

"嗯，我想你的排位应该还会更高。"阿瑟说。他嫉妒汤姆在比赛中的名誉，就像汤姆嫉妒他的学问一样。

"没有关系，我现在不关心板球什么的，你很快就好了，乔吉。我知道，如果他们让我过来的话，我不会被传染的——没有什么会伤到我。你现在病刚好，最好还是走动走动，你说

---

① 即 pie-match。在英国乡村口语中，pie 以前是代表 feast（宴会）的俚语。板球比赛过后，获胜方要在宴会上庆祝胜利，但筹备宴会的工作主要由失败方来做，且只有得分跑最多、三柱门得分最多的两名队员有幸参加宴会。此项传统为拉格比独有。

呢？你肯定不相信我把书房收拾得多么干净。你的东西全都原封未动，我也像你以前一样喂那只老喜鹊，虽然我得从大操场那边走过去。这个老家伙。无论我做什么，它看起来都不高兴。开始进食前，它伸头左顾右盼，眨巴着眼睛看着我，弄得我真想打它耳光。每次伊斯特进来，你都能看见它飞到窗户边，蹦蹦跳跳地飞速逃走，虽然现在伊斯特并不会碰它一根羽毛。"

阿瑟笑了。"老格拉韦记性很好，不会忘记当初在马丁屋里遭到围攻的情形。"他停了一会儿，又继续说起来。"你不知道我生病以后多么想念老马丁；我想，一个人的头脑不得安宁时就会想入非非。我想知道我们的老朋友得到了什么新奇的宠物，一定有无数新的鸟兽虫鱼让他着迷。"

汤姆感到一阵强烈的嫉妒，不过马上排解掉了。"想象他身在南太平洋的一座岛上，周围是切罗基人、巴塔哥尼亚人，或者黑种人！（汤姆的民族学地理知识有误，不过可以满足他的需要。）他们会让老疯子当首席巫医，给他全身上下文身。也许他现在全身涂了蓝色到处乱跑，还有了妻子和一间棚屋。也许他会改进他们的回力镖，也会掌握投掷技巧，再也没有校长派老托马斯跟着他，把回力镖收走。"

阿瑟想起回力镖的往事忍不住笑了，随后又变得很严肃，说道："他会使整座岛面貌一新的。我知道。"

"是的，只要他别一开始就把岛炸了。"

"汤姆，你还记得吗？以前你和伊斯特经常嘲笑他，因为他说关门铃响的时候，白嘴鸦也会有点名或祷告之类的仪式。嗯，要我说，"阿瑟认真地看着汤姆含笑的眼睛，"我认为他说对了。

我自从躺在这里，每晚都在观察；你知道吗？白嘴鸦真的恰好在关门时间过来栖息。先是一场有规律的鸦声合唱，接着停了一会儿，一只老鸦，或者两三只卧在不同树上的老鸦开始独唱；然后它们再次全部起飞，拍打着翅膀，叫个不停，直到最终歇下来。"

"我想知道那些黑鸟是不是真会说话，"汤姆抬头看着白嘴鸦说，"它们肯定在骂我和伊斯特，祈祷校长让我们别打扰它们唱歌！"

"你瞧！快看！"阿瑟喊道，"看到那只没有尾巴的老家伙了吗？马丁以前叫他'牧师'。它自己控制不了方向。你没见过风大的时候它多有趣。它无法控制自己，结果直接被风裹着穿过树林，不得不一次次地承受风的冲击才能找到落脚之处。"

锁门的钟声敲响了，两个男孩默默地听着。汤姆的思绪很快来到河边和树林，回想起他多次听到微风中传来的微弱钟声，这时他必须赶紧收起钓鱼竿，撒腿就跑，赶在锁门之前进学校。阿瑟的声音把他从回忆中唤醒，由于大病初愈，那声音听起来很无力。

"汤姆，如果我跟你严肃地说些话，你会生气吗？"

"不会，亲爱的朋友，我不会。阿瑟，你是不是感到难受，还是有什么别的不舒服的地方？我能为你做点什么吗？现在别说话了，免得伤到自己——你非常虚弱，我改天再来吧。"

"不，不，我没事的。如果你不介意的话，我想现在就跟你说。我已经让玛丽告诉校长你在陪我，所以你不用过去参加点名了；如果现在不说的话，可能就没有机会了，因为我很有可能会回家，换个环境调养身体，也许这学期就不回来了。"

"啊，你觉得期末之前就得离开吗？我很难过。离假期还有五个星期，五学级考试和半数的板球比赛都还没开始呢。那段时间我得一个人待在书房，我该怎么办呢？哎呀，阿瑟，要再过十二个星期我们才能再见。唉，岂有此理，我忍受不了！再说，谁带我温习功课准备考试呢？我肯定会成为年级倒数。"

汤姆喋喋不休，半开玩笑，半认真，因为他不想让阿瑟那么严肃，觉得这对阿瑟有害。不过阿瑟打断了他。

"哦，拜托了，汤姆，停一停，你再说下去，我都快想不起来自己要说什么了。我本来就非常担心会惹你生气。"

"别胡说，小家伙，"汤姆回答道（旧昵称的使用让阿瑟感到开心，让他想起了过去的美好回忆），"你知道你不用担心，从我们成为室友的第一个月起，你就没惹我生过气。现在我要保持一刻钟的冷静，这比我过去一年冷静的时间都要多；所以，抓住这次机会，放心说吧，冲我左右开弓。"

"亲爱的汤姆，我不想攻击你，"阿瑟可怜巴巴地说，"我是想给你提建议，这好像有点自以为是，自从我来到拉格比，你一直是我的支柱，让学校成了我的天堂。啊，我看我永远也说不出口了，除非我像你教我学游泳那样，一下子跳进去。汤姆，我希望你不要再用诗歌抄本中的诗句，不要再用对照本 ① 了。"

阿瑟叹了口气，又倒在枕头上，仿佛用尽了力气。最刺耳的话现在说完了，他直直地盯着汤姆。汤姆明显吓了一跳，脸

---

① 指拉丁文的英文对照本。

膊肘支在膝盖上，双手揉搓着头发，吹了一段《比利·泰勒》口哨，有一会儿没说话。他没有翻脸，但是明显很困惑。最后他抬起头，看到阿瑟焦躁不安的样子，抓住阿瑟的手说：

"为什么，小家伙？"

"因为你是拉格比最诚实的男孩，那样做不诚实。"

"我不这样认为。"

"家人送你来拉格比是为了什么？"

"我也不是很清楚——没有人告诉过我。我想是因为英国所有男孩都进公学吧。"

"那你自己怎么看的？你想从这里得到些什么，又想带走些什么？"

汤姆想了一会儿。"我想在板球、足球和所有其他比赛中成为一流选手，并且在与任何人（无论莽汉还是绅士）的比赛中都能够保持头脑冷静。我想在离开前进入六学级，让校长高兴；想学点拉丁文和希腊文，足够我体面地考进牛津大学。听着，小家伙，我以前没想过这个问题，不过我的想法差不多就是这样。这一切不够诚实吗？对此你有什么想说的？"

"噢，那么你很有可能得到你想要的一切。"

"嗯，但愿如此。可是你忘了一件事情：我想要在这儿留下些什么。"汤姆说得很慢，看上去很有感触，"我想给自己留个好名声，做个从不欺负小男孩，也不害怕和逃避大男孩的人。"

阿瑟握住他的手，沉默了片刻，继续说道："汤姆，你说你想让校长高兴。那么，你是想通过他认为你会做的事来让他高兴，还是通过你真正做的事让他高兴呢？"

"当然是我真正做的事情。"

"他会认为你使用诗歌抄本或是对照本吗？"

汤姆马上感到被打了个措手不及，但是他不会投降。"他读过温切斯特公学，"他说，"他知道这一切。"

"没错，可是他会以为你也这样做吗？你认为他会赞成这样做吗？"

"你个小坏蛋！"汤姆冲阿瑟挥舞拳头，感到又好气又好笑，"我从没想过这一点。该死——是的，也许他不会赞成。好吧，我想他不会赞成。"

阿瑟知道，汤姆已经明白他的意思。他很了解自己的朋友，善于讲话，同样也善于沉默。汤姆只是说："在这个世界上，我最希望得到校长对真实的我的好评。"

又过了一会儿，汤姆开口说道："听着，小家伙，如果不用对照译本的话，我这学期该怎么匀出时间去打比赛？我们正在学习《阿伽门农》中那段又长又晦涩的念白，只有用对照译本，我才能理解来龙去脉。为了应付考试，除了塔西佗还要学习修昔底德所记载的伯里克利的演讲，还有《鸟》。"想到积累了这么多任务，汤姆叫苦不迭。"我说，小家伙，只有五个星期左右就放假了，我可不可以继续像以往一样？有一天我会向校长坦白的，到时候你去说也行。"

阿瑟望向窗外，暮色降临，万籁俱寂。这个话题到此为止，两个男孩又沉默了。汤姆率先打破了沉默。"你真的大病了一场，对吧，乔吉？"他怀着既敬畏又好奇的心情说（仿佛朋友去过某个他想象不出的陌生场所），满脑子都是上周产生的种种想法。

"是的。我敢肯定校长以为我会病死。上个星期天他为我举行了圣礼，你肯定想不到他会怎么对待病人。他对我说了那么勇敢、温柔、文雅的话，我听后觉得又轻松、又坚强，再也不害怕了。我妈妈把我家的老医生带来了，我小时候体弱多病，就是他照料我的。他说我的体质完全变了，我现在可以做任何事情。要不是体质改变，这次生病我可能熬不过三天。这都要感谢你，还有你让我喜欢上的体育比赛。"

"更应该感谢老马丁，"汤姆说，"他是你真正的朋友。"

"胡说，汤姆，他不可能为我做你所做的事情。"

"嗯，我不知道，我做的太少了。你听说了吗？——我想你现在不介意听一听，可怜的汤普森上个星期病死了。另外三个孩子已经像你一样康复了。"

"哦，是的，我听说了。"

接着汤姆滔滔不绝地跟阿瑟说了小礼拜堂的葬礼，葬礼给他留下的印象，还说他相信所有男孩都印象深刻。"当天是比赛日，休息半天，"他说，"虽然校长没有说过一句话，但是整个下午球场上没有进行一场比赛，大家都像礼拜天一样行动。"

"听了你的话，我很高兴。"阿瑟说，"但是汤姆，最近我对死亡产生了一些奇怪的想法。我从来没有对人讲过，就连妈妈也没有。有时候，我认为那些想法是错误的，不过你知道吗？我打心底里认为，任何朋友去世，我都不会感到悲伤。"

汤姆彻底被搞糊涂了。"小家伙在搞什么鬼呢？"他心想，"他的很多奇怪想法我都能接受，但是这个彻底难倒我了。他的脑子可能还不大正常。"他不想多说什么，便在黑暗中不安地走来走去。可是阿瑟似乎在等待一个答案。最后他说："我想我不大明白你的意思，乔吉。经常听人说要思考死亡，我有时候也想过，特别是最近一个星期。但是我们今天不谈这个。我得走了——你累了，就不打扰你了。"

"不，不，我一点也不累，汤姆。你一定要留到9点钟，只差二十分钟了。你留到9点的话，我会心满意足。哎呀！让我跟你说话吧——我一定要跟你谈谈。我知道你的想法，这也正是我担心的地方。你认为我快要疯了，对吧？"

"嗯，我确实觉得你说的话很古怪，乔吉。"

阿瑟停顿了一会儿，然后很快说道①："我会告诉你为何会这样。我进了病房，得知我真的得了热病，起初害怕得要命。我以为我要死了，一时没办法面对。起先我并不认为这纯粹是懦弱，但是我很难受，因为我刚学会很多东西，才感觉到自己的言行举止像个男子汉，却要永远离开我的妈妈、姐妹，还有你们大家了。没有经历过斗争，没有为了自己的事业努力过，生命还未曾奉献于世界，就这样离开人世，让人难以忍受。我开始焦躁不安，抱怨上帝不公正，努力为自己辩解；但越是想要证明自己，就越感到难以自拔。于是，父亲的形象不断出现在我脑海里，但我选择了逃避。每到这样的时刻，我都感受到剧烈又令人麻木的阵痛，好像有一个声音在说，'死——死——死'。然后我哭喊道：'活着的人，活着的人会赞美你，上帝啊，

---

① 以下较长篇幅涉及宗教体验，请读者以批判的眼光辨识。

死去的人没法赞美你。坟墓里无事可做，没有人能够在黑夜里工作。然而，我会努力工作，我可以做不凡的事，我将创造不朽的功绩。你为什么要夺去我的生命？'就因为这个，我不断与自己斗争，沉思反诘，终于越陷越深，走进了一座活生生的黑色坟墓。我独自待在那里，没有力气动弹和思考，黑暗无边的世界里只有我一人。我想，在我的梦魇里，那儿既没有人类的友谊，也没有基督的圣爱。勇敢、智慧、坚强的你们，完全不能理解这样的痛苦。"

　　阿瑟停下了——是太累的缘故，汤姆觉得。他既担心阿瑟因思虑过度而伤到自己，又心存敬畏，期待听阿瑟继续说下去。他不能阻止阿瑟继续，却又爱莫能助。

　　不久，阿瑟又说话了，但是语气相当平缓。"我不知道自己那种状态持续了多久，只知道至少有一天。我的意识很清醒，我与外部世界的互动也在继续，我吃药，和妈妈说话，听大家说话。但是我没有特别注意时间，我以为我没有多少时间了，黑暗的坟墓就在不远处。嗯，上个星期六的上午，我似乎就要躺进那座坟墓，像我想的一样永远孤独了。这时，黑色的石墙裂成两半，某种巨大的力量，某个强大的生灵紧紧抓住我，强行带我走近光明。汤姆，你记得《以西结书》里的活物和轮子吗？当时的情形就是那样。我们冲过拥有无数生灵的明亮的天空，停在一条大河的边上。那强大的力量将我托起，我知道那条大河就是坟墓所在，死亡就在那儿；然而，这死亡并非我之前在黑色坟墓里见过的死亡——那永远消失的绝境。因为在大河对岸，我看见男人、女人和孩子像星星一样冉冉升起，纯洁而明亮；他们眼中的泪水已被拭去，以荣耀和力量为衣裳，疲劳和痛苦全都消失不见了。远处是一群人，多得数不胜数，正在努力投身伟大的事业；大河边的人过来加入了他们。他们都在工作，每个人的工作方式不尽相同，但都是在做相同的工作。当时我看见了爸爸，还有小时候在城镇里认识的许多人；其中有个人特别苛刻，从来不去教堂，大家说他是无神论者和异教徒。他们站在大河对岸，与爸爸肩并肩，身边还有女人和小孩，我知道爸爸是为他们劳累而死的。所有人额头上都有神秘的标记。我十分想知道他们在做怎样的工作，然而看不见；我想要跳进河里，因为我认为这样就可以加入他们，但是我办不到。然后我四处张望，想知道他们是怎样走近这条大河的，可是我看不见。不过，我看见了大河这边岸上的众多生灵，他们也在工作，我知道他们也在做着相同的工作；他们额头上也有同样的标记。我注意到这些人的工作既繁重又痛苦，大部分工作的人都失明了，还很虚弱，但是我不再渴望跳进河里，而是越来越渴望知道他们在做怎样的工作。在观察的过程中，我看见了我的妈妈和姐妹，我看见了校长，还有你，汤姆，还有我认识的几百个人；最后，我也看见了自己，我正在为那项伟大的事业贡献自己的绵薄之力。然后，这一切都消失了，那紧紧攥住我的力量也随之远去。与此同时，我想我听见了一个声音。我知道当时是清晨，周围非常安静、凉爽，妈妈在我床边的椅子上睡着了；但这不只是我的一个梦。我知道这不是一个梦。后来，我沉沉地睡去，直到下午大家做完礼拜之后才醒；校长过来给我举行了圣礼，就像我对你说过的那样。我告诉他和妈妈，我会康复的——我知道我会康复的；但是我不能告诉他们为什么。汤姆。"过了一会儿，阿瑟轻轻地说："你明白为什么现在我看见最亲爱的朋友过世也不悲伤了吗？那个异象不只是热病这么简单——难道不是吗？如果异象不是真的，我不会看得这么清楚。我还不完全明白那个异象，不明白异象中的人所做的是怎样的工作——也许需要一生甚至更长的时间去理解。"

阿瑟说完以后，很长一段时间两人都不说话。汤姆说不出，他甚至不敢呼吸，生怕会打断阿瑟的思路。他很想听到更多，很想提问。又过了一会儿，9点的钟声响了，轻轻的敲门声又把他们俩唤回了现实世界。然而，他们一时没有理会，门打开了，一位女士拿着一根蜡烛进来。

她直接走到沙发边，握住阿瑟的手，俯身亲吻他。

"我最亲爱的孩子，你又有点发烧。怎么不点灯呢？你说得太多，在黑暗中又激动起来了。"

"没事，妈妈，你不知道我现在感觉有多好。我们明天就动身回德文郡。妈妈，这是我的朋友，他叫汤姆·布朗——你认识他吗？"

"是的，当然，我已认识他好多年了。"她说着，向站在沙发后面的汤姆伸出了手。阿瑟的妈妈身材修长，皮肤白皙，浓密的金色头发向后梳，露出宽大的洁白前额；那双平静、深邃而坦率的眼睛与汤姆的视线相遇——这双眼睛汤姆太熟悉了，因为他的朋友也有一双。汤姆看着她的时候，她那可爱温柔的嘴唇微微颤抖着。她站在那里，一个三十八岁的女人，年龄足以做汤姆的妈妈了，她脸上的皱纹显示她肯定是一个好男人的妻子和遗孀。汤姆觉得自己从未见过如此美丽的面容。他忍不住想知道阿瑟的姐妹们生得和她像不像。

汤姆握住她的手，直直地看着她的脸，既不放开手，又说不出话。

"喂，汤姆，"阿瑟笑着说，"你的礼貌呢？你再盯下去，我妈妈就不知所措了。"汤姆松开那只小手，一声叹息。"听着，你们两个都坐下。嘿，最亲爱的妈妈，请坐这里。"阿瑟在沙发上给她空出一个位置。"汤姆，你不用走了，我敢肯定明天第一堂课不会叫到你。"汤姆觉得，他宁愿冒险在往后的每一堂课上罚站也不愿意走，便坐下了。"现在，"阿瑟说，"我实现了自己生命中最美好的一个愿望——看到你们两个成为朋友。"

然后，阿瑟带头说起了德文郡的家，鲜红的土壤，墨绿的山谷，烟晶宝石般的泥炭，还有这幅画面的巨大背景——高山耸立的荒野。听着听着，汤姆有点嫉妒了，开始说起林肯郡干净的白垩，翠绿的水草地，高大的榆树和杨柳，还得意地称自己的家乡为皇家郡。妈妈安静地坐着，爱意绵绵，为他们的生活感到高兴。9点45分到了，他们似乎还没来得及好好说话，睡觉的钟声就敲响了。

汤姆长叹一声，起身要走。

"明天早上我能见到你吗，乔吉？"他一边说，一边和朋友握手，"不过没关系，你下学期会回来的，我们还要继续晚间的读书会呢。"

阿瑟的妈妈起身送他，走到门口时又向他伸出手。汤姆的双眼又一次碰到了那深情的目光，好像是对他施了魔法一样。

她的声音微微颤抖着说："晚安——你知道我们的主已经应许了孤儿寡母的朋友。愿他待你，像你待我和我的儿子一样！"

汤姆心烦意乱。他咕哝着说自己的每个优点都归功于乔吉——他再次看着她的脸，亲吻了她的手，然后冲下楼回到书房。他一个人坐在里面，直到老托马斯过来敲门，告诉他如果再不上床睡觉，就拿不到津贴了。（无论如何，他的津贴都将会停止，但这位老绅士非常疼爱汤姆，喜欢下午到球场找汤姆打板球，向他投掷旋转球，讲萨里郡过去的英雄人物的光辉事迹，说他和前几代板球选手打过的比赛。）汤姆回过神，拿起蜡烛走到床边，头一次注意到有一根漂亮的新钓竿，上面有伊顿公学的标志。桌上还放了一本装帧精美的《圣经》，扉页上写着："汤姆·布朗，他感激不尽的朋友弗朗西丝·简·阿瑟、乔治·阿瑟敬上。"

我亲爱的读者，他睡得怎么样，又梦到了什么，留给你们自己想象吧。

第七章

**汤姆最后的比赛**

愿上天及时赐我雄心，

在青春飞逝之前，

应对生命真正的风暴。

幻梦与酣眠过后，

那如果实般丰盈的希望，

化为彻底的绝望。

——克勒夫《谷神节》


　　现在，我们这出小戏的最后一场拉开了帷幕——因为铁石心肠的出版商提醒我，一本书必须要有个结尾。好吧，好吧，好玩的事情总得有个结束。上次长假期间我还没有头绪，当时我动笔写了几页，聊以消磨温泉胜地的闲暇时光。突然之间，脑海深处尘封多年的许多场景又鲜活起来，历历在目，宛如昨日。对我来说，写这本书的过程很愉快，我只希望你们，亲爱的年轻朋友（如果你们看到这里，毫无疑问就是我的朋友了），在阅读完这本书时会像我一样难过。

　　这本书有欢乐和轻松的一面，但也有庄严和悲伤的一面。随着往日场景重现，其中的角色也变得生动起来，在克里米亚和遥远印度的坟墓里，在我们故国安静的教堂墓园里，许多死去的人似乎要打开坟墓走出来，他们的音容笑貌和言行举止就像在学生时代一样，再次浮现在眼前。但这一切并不令人悲伤。如果我们听从教导，一切又将如何呢？假如命运之轮再次转动，我们像新生时那样站在他们身边，向他们学习，又会怎么样呢？

有一些我们曾经非常珍视的老面孔，不知怎的竟消失得无影无踪——他们是生是死？我们不得而知，但是想到他们并不让人觉得悲伤。但是，有没有一些人，我们知道他们住哪里，有时在街上能碰到，如果打算找他们，几乎能在一周的任何一天找到，但实际上我们同他们的距离比我们同逝者和已离开我们的人还远。是的，一定有这样的人，这就是校园回忆的悲哀所在。然而，在这些与我们时空相隔的老伙伴中，我们确信当时间停止时，我们会再次和其中一些伙伴站在一起。我们现在可能视彼此为危险的狂热分子或狭隘的偏执狂，没有和解的可能；如果我们有能力的话，将互相远离，直至生命尽头，我们各自的责任就是关押或绞死对方。只要身体和灵魂还在一起，我们就必须各走各的路。但请让我们拉格比的诗人为这场考验说几句治愈的话吧：

> 转向是徒劳！向前，勇敢的船只！
> 无论身处光明还是黑暗，
> 指南针会指引你乘风破浪。
> 忠于它，也忠于你自己。

可是自在的微风啊！伟大的海洋啊！
尽管他们从未经历过最早的别离，
在你宽阔的原野上，让他们再次相遇，
最后一同回到自己的家园。

我曾以为他们追寻着同一个港口，
拥有同一个目的地。
跳跃的微风啊！澎湃的海洋啊！
最后在那里，他们会再次相遇！

这不仅是憧憬，还是预言。所以，对前面所说的两类不再是朋友的老朋友，我们不会像绝望的人那般悲伤。在我们看来，有一种人失去了方向和目标，无奈地走在礁石和流沙上；他们一生都在为俗世、肉体和恶魔服务，只顾自己，不顾同胞、国家和上帝。只有对这种人，我们才必须在没有切实希望和光明时哀悼和祈祷。

\* \* \*

两年又过去了，又到了拉格比夏季学期的期末。事实上，学校已经放假了。五学级的考试上个星期结束了，考试结束后是演讲和六学级申请奖学金的考核。现在，这一切都结束了。除了本地学生和板球队队员——还有少数板球爱好者，他们申请留在宿舍看比赛结果——之外，其他人已经散布在天南海北。今年韦尔斯本比赛复赛和马里波恩比赛都将在拉格比举行，这让镇上和周边地区的人都很高兴，而那些有抱负的年轻板球队员则感到遗憾，在过去的三个月，他们一直指望到罗德板球场①一展身手。

昨天上午，校长去了英格兰湖区。出发前他找来板球队队长面谈，老托马斯也在场。校长安排了板球队用餐的餐厅，安排了顺利举办庆典所需的一切必要事项。他提醒大家，不准任何烈性酒出现在赛场上，9点钟之前必须关闭所有门。

昨天，韦尔斯本比赛打得非常成功，拉格比公学以三个击球手未出局获胜。今天，板球赛季的盛事——马里波恩比赛即将举行。这真是一场精彩的比赛啊！伦敦板球队昨天下午乘火车到达，正好观看了韦尔斯本比赛的结尾；比赛一结束，他们的主力队员和裁判就检查了场地，毫不留情地批评了一番。拉格比校队的队长，以及一两名在罗德板球场打过比赛、认识大艾斯拉比先生和罗德队几名队员的校队队员，陪伴来自伦敦的客人。校队的其余队员在三棵树下羡慕地看着，互相打听那些著名的陌生人的名字，讲述他们每个人在《贝尔的伦敦生活》杂志所报道的最近几场比赛中得了多少分。他们留着胡须，看起来强壮敏捷，校队的年轻队员对明天的比赛很没有信心。球场终于选定了，两个人开始洒水、整平地面。完成以后离天黑还有半个小时，有人提议在这片草地上跳舞。现场有一半人是

---

① 英国伦敦的一座板球场，有板球圣地之称。

当地居民和他们的家人，这个提议获得热烈响应。短号手还在现场，不出五分钟，校板球队队员，还有韦尔斯本和马里波恩的五六名球员就想办法找到了舞伴，于是，一场欢快的乡村舞会随即开始。大家都围上来，每分钟都有几对男女加入，直到上百人来到场地中央，又从中央向四面八方散开。一排长长的学校建筑物威严地俯视着他们，每扇窗户都沐浴着落日余晖；白嘴鸦在榆树树梢上发出声响，非常激动，决定也办一场自己的乡村舞会；那面大旗则随着温柔的西风轻轻摆动。总而言之，如果我们学校勇敢的创办人劳伦斯·谢里夫 ① 有我所认为的一半好，这个景象一定会让他乐开怀。但是在校队队长看来，这个令人愉快的景象之所以珍贵，是因为他看到他的年轻队员拉着手，在草地上蹦蹦跳跳，摆脱了起初面对罗德队时的害羞和畏惧；陌生人也参与其中，他们扔掉雪茄，像男孩一样舞动、喊叫；此外，大艾斯拉比先生头戴白帽，拄着球板，站在一旁观看，自得其乐。"这场舞会对我们来说抵得上明天比赛的三十个跑位 ②，也会成就拉格尔斯和约翰逊。"年轻的队长心想。当时他反复考虑很多事情，不过始终站在大艾斯拉比先生身边，寸步不离，因为他觉得展示学校文明礼仪的任务落到了自己肩上。

　　当9点差一刻的钟声敲响时，他看到老托马斯开始摆弄手

---

① 与莎士比亚同时代的一位伦敦杂货商，他在遗嘱中为家乡拉格比镇捐赠一所学校。

② 跑位（run），又称"跑分""得分"。板球运动中，跑是得分的基本单位，通常由击球手获得，而防守一方要尽可能减少击球方的跑位（得分次数）。当击球方全部出局后，两队换位，击球手成为投球手。最后，两队跑位（得分）多者获胜。

里的钥匙，这时他想起了校长临别前的忠告，于是不顾周围人群的高声抗议，立刻让短号手停止演奏。人群随即散去，十一名队员全部走进校寄宿楼，按照校长的吩咐，校寄宿楼为他们提供了晚餐和住宿。

晚餐期间，他们仔细商讨了出场顺序，谁来投第一轮，是稳扎稳打还是放手一搏；最年轻的队员声称完全没有必要紧张，还称赞对手是世界上最快乐的人，当然，也许除了他们的老朋友——韦尔斯本的球员。来自长者的一点点善意和鼓励会给这种男孩多大的影响啊！

清晨，天气温暖而明亮。十一个年轻人原本还忧心忡忡，等到起床观察天气后，终于如释重负。早餐前，队员们一起下楼，在赛场的一角洗了个冷水澡。赛场地面非常平整，10点过后不久，观众尚未到齐，一切准备就绪，罗德队的两名队员已经在三柱门就位；校队展现出年轻球队惯有的大度，让对手打第一局。老贝利走到三柱门边喊"开始"，比赛正式开始了。①

\* \* \*

"哦，投杀！好一个投杀，约翰逊！"校队队长边喊边接

---

① 根据板球比赛规则，两队各由十一名球员组成，比赛开始前，两队队长会决定哪方先击球，哪方先防守。开局以后，击球队派两名击球手守在两组三柱门前，一人负责击球，一人配合得分。防守队十一名队员同时上场，其中一人为投球手，一人为后捕手（站在投球手后面），其余九人为外场员（long-stop），站在球场周围，负责接住击球手打出的球，阻止击球队得分。

球，拿到球后把球扔向了白嘴鸦栖息的树林上空。与此同时，马里波恩的第三个击球手从三柱门边走开①，老贝利严肃地重新竖起中间的门柱，放好横木。

"多少跑位？"三个男孩蹦蹦跳跳地到了记分台，不一会儿又回到自己队伍中，其他队员都聚集在两个三柱门之间。"只有十八跑位，而且有三个人出局了！""老拉格比万岁！"外场员杰克·拉格尔斯大声喊道。这群男孩中，杰克长得最壮实，大家都叫他"猛击者杰克"。只见他突然倒立，双腿在空中得意地挥舞，直到有个男孩抓住他的脚跟，把他推倒在地。

"沉住气，杰克，不要做蠢事，"队长说，"我们并没有最好的击球手。"这时，队长看到一个长臂、光头、模样凶猛的球员走向三柱门，于是补充道："听着，注意外场防守位置。还有，杰克，注意你的击球，他可是英格兰拿到跑位最多的人。"

所有队员都感到现在要加把劲了，新来的人击球技术极好，跑起来就像一道闪电。他从不坚守阵地，除非球要击中他的三柱门了。整场比赛中，有一件事让拉格比男孩们最为难堪。开局十分钟，他拿下了三个失误点。② 杰克·拉格尔斯勃然大怒，

---

① 马里波恩即罗德队，为击球方，即攻方。投球手投出的球击中击球手身后的三柱门，击球手出局，此为投杀。一名击球手出局后，击球方派另一名击球手接替他的位置，直到十个击球手都被淘汰，一轮结束。罗德队此刻已有三名击球手出局了。

② 若投出去的球未被击球手击中，或未碰到击球手身体的任何部位，击球手可做跑位得分的动作；而当球穿越守门手防区并一路滚到界绳时，则无论击球手有无跑位，都可以得四分，也就是得到失误点（bye）。失误点属于送分，送分很多的比赛意味着防守（投球方）比较差。

开始疯狂地朝远处的三柱门投球，直到队长过来严厉制止。为了保持球队的稳定发挥，这位年轻绅士只能这么做，他很清楚，稳定的发挥是比赛的关键，因此十分勇敢地做着自己该做的事。击球方的得分攀升到了五十分，拉格比男孩们开始感到沮丧，此刻观众大量聚集，安静地关注比赛的进展。新来的击球手挥板把球击到球场各处，不给任何人喘息和接球的机会。但是，板球运动的魅力正在于它充满变数，守护板球运动的女神喜欢打击技术最强的球员。年轻的投球手约翰逊几乎要发疯了，把球投到了击球手的右边；击球手跨出几步，一个漂亮的切击，球飞到离击球员很远的防守位。球在离地 3 英尺的空中旋转着掠过，约翰逊冲了上去，不知怎么的，球稳稳地停在了他的左手里，他自己和全场的人都无比震惊。这样的捕球近几年来没有人做到过，现场欢声雷动。"好球。"队长说完，深呼一口气，扑倒在了没人看守的三柱门旁边；他觉得一场危机过去了。

容我描述一下整场比赛。队长持球击中门柱，又一名击球手出局；队长高弧线投球击中三柱门，最后上场守三柱门的大艾斯拉比先生也出局了。罗德队在 12 点半以九十八分的成绩全部出局。轮到拉格比队击球时，第一个上场的队长如何漂亮地拿下了二十五分，提振士气，第一个击球局结束时只落后四分；他们在四学级礼堂享用的晚餐多么丰盛可口；外场防守球员唱出了多么无与伦比的喜剧歌曲；后来，大艾斯拉比先生精彩绝伦的演讲多么空前绝后。可是我没有篇幅叙述更多了（这是事实），所以你们必须发挥想象力，继续想象校队在 7 点半再次进场后的情景，只需五次击中三柱门，得到三十二个跑位，他们

就可以获胜。罗德队在他们的第二个击球局打得漫不经心，但是为了挽回局面，现在要拼命比赛了。

　　赛场上下从不缺少健康、充满活力的生命，但是我想请你们特别注意小岛斜坡上面朝板球场坐着的三个人。两人坐在长椅上，一人坐在地上。第一个人身材修长、瘦削，眉毛浓密，看起来很憔悴，脸上挂着幽默而机敏的微笑，显然是一名牧师。他穿着随意，看起来很疲惫，这倒不奇怪，毕竟刚完成六个星期的考试工作。他沐浴着阳光，在夕阳下舒展身体，尽情享受着生活，尽管他不太知道该怎么活动四肢。这个人无疑就是那位年轻老师朋友，我们之前见过他一面，不过他的脸比我们上次见他时胖了许多。

　　坐在牧师身边的男孩穿白色法兰绒衬衫和裤子，头戴草帽，腰上系着队长腰带，脚上是一双和其他队员一样的未鞣制的黄色板球鞋。他身形魁梧，身高近 6 英尺，留着胡须，红润的脸颊晒得很黑，还有一头棕色的卷发和一双带笑的眼睛。他身体前倾，手肘搁在腿上，用有力、黝黑的手摆弄着他最喜欢的球板，今天他用这个球板拿到三四十个跑位。此人就是汤姆·布朗，年满十九，是一名学级长和板球队队长，现在即将度过作为拉格比人的最后一天。希望自我们上次和他愉快相逢以后，他不光身体更强壮，人也更聪慧了。

　　阿瑟穿得和汤姆一样，像土耳其人一样坐在两人脚边温暖干燥的地上，球板横放在腿上。他也不再是小男孩了，事实上，如果只看他沉思的表情，他比汤姆显得还要成熟，脸色苍白得有点超乎想象。他的身形虽然瘦小，却结实有力；

以往的胆怯消失了，取而代之的是恬静而充满兴趣的神情。他听着另外两人断断续续的谈话，时不时插上几句，脸上散发出光芒。

三个人热切地观看着比赛，每次漂亮的击球都和大家一起欢呼。看到师生关系轻松和睦，在交往中恭敬有礼，不拘谨，没有强迫，真让人欣慰。至少在这里，汤姆显然抛弃了之前的"天敌"理论。

现在来听听他们说了些什么，看看我们可以获得哪些信息。

"我并不反对你的理论，"年轻老师说，"我承认你说得挺有道理。但是在阿里斯托芬的著作这类书中，这学期你一直在跟着校长读一部剧作，是吧？"

"是的，读了《骑士》。"汤姆回答道。

"嗯，我敢肯定，如果你在学习上多下功夫，就更能欣赏到剧本中那美妙的幽默。"

"不过，先生，我认为整个年级没哪个男孩比我更能欣赏克里昂和香肠商人①之间的交锋——对吧，阿瑟？"汤姆一边说话，一边用脚碰了碰阿瑟。

"是的，我必须承认这一点，"阿瑟说，"先生，我想你指的是另一本书吧。"

"我没有说错书，"老师说，"为什么呢，面对那些整段整段都在讲述武器的段落，你如果不了解武器，又如何能真正欣赏那些文字呢？武器是一种语言，可是布朗，你在上面没怎么下

---

① 《骑士》中的人物。

功夫；所以就像我说的，你一定注意不到意义的细微差别，这正是最有意思的部分。"

"哦！打得好——好样的，约翰逊！"阿瑟放下球板，疯狂地拍手叫好。汤姆也跟着喊了一声："好样的，约翰逊！"这声音甚至在小礼堂都能听见。

"啊！怎么一回事？我没有看到，"老师问道，"他们只得到了一分，我想？"

"不是，但是在飞过了四分之三的长度后，这个球直奔他腿边的小横木。要不是他转动手腕，就无法躲避了，他把球带到左后方。好极了，约翰逊！"

"不过守方投得非常好，"阿瑟说，"我能看出来，他们不想被打败。"

"就是这个，"老师打断道，"刚才半小时我一直在讲的就是这个意思。微妙的打法才是真实的。我不懂板球，因此我并不能欣赏你所说的那些最佳击球，尽管你或拉格尔斯把球击出界外得到六分时，我会和别人一样高兴。你不明白这个类比吗？"

"不，先生，我明白。"汤姆调皮地抬起头说，"唯一的问题是，我是通过充分掌握希腊语虚词，还是通过完全理解板球运动能获得最大的好处。我太笨了，没有时间兼顾这两件事。"

"我看你是屡教不改，"老师轻声笑着说，"那我用一个例子来反驳你。你看，阿瑟同时学会了希腊语和板球。"

"是的，但这并没有什么值得表扬的。首先，希腊语对他来说易如反掌。他刚来学校的时候，我记得他经常读希罗多德的书来消遣，就像我读《堂吉诃德》取乐一样；如果他读得很吃力的话，肯定不会装作气定神闲。其次，是我教会他板球的。"

"出局！贝利判他出局了——你看见了吗，汤姆？"阿瑟喊道，"他俩跑得太急了，真是愚蠢！"

"算了，没办法，他已经打得非常好了。轮到谁上场了？"

"我不知道，名单放在帐篷那边。"

"我们过去看看。"汤姆说着站起来，但就在这时，杰克·拉格尔斯和两三个人往环岛的河这边跑了过来。

"嗨，布朗，我可以下一个上场吗？"杰克喊道。

"名单上接下来是谁？"队长说。

"先是温特，再是阿瑟，"拿着名单的男孩回答道，"但是还需要二十六个跑分才能赢，而且时间不等人。我听到艾斯拉比先生说，要在 8 点 15 分准时收起门柱。"

"啊，那就让杰克上场吧。"男孩们异口同声地说。于是汤姆放弃了自己心里更好的判断。

"现在我敢说，这句胡话已经害我输掉了比赛。"他又坐下来说道。"他们肯定会在三四分钟内击中杰克身后的三柱门。不过您将有机会看到一两次大力击球了，先生。"他面向老师笑着补充道。

"嗨，别挖苦我了，布朗，"老师回答道，"我开始科学地理解板球运动了。它也是一种高尚的运动啊！"

"是吧！但它不只是一种运动，也是一种制度。"汤姆说。

"没错，"阿瑟说，"板球就像《人身保护法》一样，是不同年龄的男孩与生俱来的权利，而陪审审判就是男人与生俱来的权利。"

"我认为板球运动所传达的遵守纪律和互相信任的理念很有价值，"老师继续说道，"它应该是一种无私的运动。它让个体融入十一人队伍，每个人打球不是为了自己获胜，而是为了自己的队伍获胜。"

"这话一点儿没错，"汤姆说，"只要想一想，就会明白为什么说橄榄球和板球是比墙手球和猎犬追兔游戏等更好的运动。那些运动的目标都是得到第一名，或者为自己赢得胜利，而不是为自己的队伍赢得胜利。"

"还有板球队队长啊！"老师说，"在我们校园里，他的职位多么重要啊，几乎和校长一样重要！需要技巧、温柔和坚定，以及其他我不知道的稀有品质。"

"这些品质哪个不是他想拥有的呢？"汤姆笑着说道，"但他还不具备那些品质，否则不会这么糊涂，没轮到杰克·拉格尔斯就让他上场了。"

"啊！校长从来不会那样做，"阿瑟认真地说，"汤姆，就领导的艺术而言，你还有很多东西要学。"

"嗯，我希望你能这么告诉校长，让我留到二十岁。我不想离开学校，真的。"

"作为一位统治者，"老师打断道，"校长是多么可贵啊！也许我们学校是全国目前唯一得到彻底、明智和强有力管理的小角落。我每天都越来越感激当初能来到这儿，在他手下做事。"

"我也一样，我很肯定，"汤姆说，"马上要离开了，我也越来越感到遗憾。"

"这里的每一个地方、每一件事都让人想起他的睿智行为，"

老师继续说道，"就说这个岛吧——你还记得吗，布朗？当时它被规划在小花园里，每年二三月份由冻伤的杂务生负责耕作。"

"当然记得，"汤姆说，"难道我不讨厌下午花两个小时，用球拍在坚硬泥地里刨草根吗？但是草皮拖车很有趣。"

"我敢说确实有趣，但是它经常导致我们和市民发生冲突。后来，我们为了复活节活动，到拉格比各个花园偷花，这种行为真是糟糕。"

"嗯，是的，"汤姆说着低下了头，"不过我们杂务生当初也没有办法。话说，这和校长的管理有什么关系？"

"我认为大有关系，"老师说，"杂务生的岛上劳作是怎么结束的？"

"哎呀，复活节演讲推迟到了仲夏，"汤姆说，"而且六学级在这里弄了些体操设施。"

"嗯，那是谁改变了演讲时间，又让你们崇拜的六学级学生萌生了建造体育场地的想法？"

"我想是校长，"汤姆说，"以前我怎么就没想到呢。"

"你当然想不到了，"老师说，"否则，你们这些杂务生肯定会和全校学生一起叫嚣着反对废除旧习俗。校长的一切改革都是这样进行的——他独自一人，安静而自然地用好的事物取代坏的事物，让所有坏习俗自然消亡；不动摇，不冒进；做好眼下最好的事，对其他的事耐心等待。"

"这正是汤姆做事的方式，"阿瑟插嘴道，用手肘轻轻推了推汤姆，"把钉子钉到该钉的地方。"对于这个暗示，汤姆狡猾地踢了一脚作为回应。

"一点没错。"老师说，他没有注意到话里的暗示和两人的小动作。

与此同时，杰克·拉格尔斯卷起袖子露出晒黑的大臂（他不屑用护具和手套），走向三柱门。[①] 约翰逊一个前向击球，杰克跑位得一分，现在杰克准备接自己的第一个球了。只要再得二十四分，四次击倒三柱门，再加上稳定的发挥，他们就会赢得比赛。那个球的速度很快，迅速飞升，碰到杰克的大腿外侧后像橡皮一样弹开了，在一片欢呼声和杰克的众多倾慕者的叫喊声中，两个击球手因触身球[②] 得到两分。下一个球投得很漂亮，直奔远处的门柱，无情的杰克不顾一切接住球，把球击到左后方，得到五分，全场掌声雷动；只要四个击球手未出局，同时得到十七分，这场比赛我们就拿下了！

现在一轮结束，杰克肩上扛着球板，大摇大摆地绕着三柱门走。与此同时，艾斯拉比先生和他的球员进行了简短的商讨。新一轮开始，那个狡猾的后捕手接着投出慢速旋转球。杰克朝帐篷那边得意地挥手，等于在说："看我这回不在三击之内完成比赛。"

唉，傻小子杰克！敌人很狡猾，不是你能应付的。杰克跨出几步，接到了第一个球，用全身力量猛击。如果他能考虑到旋转球就好了！可是他失算了，只见那个球旋转着直接升到空中，仿佛再也不会落下来了。杰克大喊着跑起来，希望对方出

---

① 现在是拉格比队为击球方即攻方。

② 如果球击中击球手的身体，且击球手试图避免被击中，或者试图用球板击球，此时击球手可以跑位得分。这种情况即为触身球（leg bye）。

现失误，不料投球手稳步跑到球的下方，准确判断出球每次旋转的位置，喊道"我接到了"。接球以后，投球手开玩笑地把球投到了健壮的杰克的背上，杰克则黯然离场。①

"我就知道会是这样，"汤姆站起来说，"一起走吧，比赛的形势越来越严峻了。"

于是他们从岛上到了帐篷里，经过深入讨论，阿瑟被派上场了。在阿瑟走向三柱门之前，汤姆最后叮嘱他：击球要稳，球拍要直。有人建议说温特是剩下的球员中的最佳击球手。汤姆只回答道："阿瑟是最稳定的，只有守住三柱门，约翰逊才能跑位得分。"

"看到阿瑟也在板球队里，我真是意外极了。"老师说道。这时球场周围的人围成了一圈，他们一起站在拥挤的人群面前观看。

"嗯，单就技术而论，我不太确定是否应该让他加入，"汤姆说，"但我忍不住让他加入了。这对他大有好处，你不知道我亏欠了他多少。"

老师微微一笑。8点的钟声敲响，整个球场都沸腾起来。阿瑟有两次差点被罚下场，之后得到一分；约翰逊击到了球。投球和防守都很精彩，约翰逊的击球也毫不逊色。他一会儿拿两分，一会儿拿一分，设法守住球，阿瑟则配合完美，跑位得分；现在只需要再得十一分就可以赢了，全场几乎都屏住了呼吸。最后，阿瑟再次得球，确切地说是在身前击球得了两分。

① 此为接杀出局，即击球手（杰克）击中球后，球未落地即被投球手接住，击球手出局。

他听到汤姆兴高采烈地喊"打得好，打得好，小家伙！"时，比自己得了三个最佳奖项还高兴。

但是接下来的一个球对新手来说太难应付了，阿瑟身后三柱门上的横木往不同方向飞出去。再得九分，再击中两个三柱门——所有人都紧张到了极点。

在温特上场前，过来接罗德队去火车站的公共马车停在了赛场附近。艾斯拉比先生和汤姆商量过后，宣布整场比赛会在下一轮结束。于是精彩的比赛就此结束了。温特和约翰逊收起了各自的球板，这是单日比赛，裁判宣布罗德队获胜，他们在第一个击球局得分最高。

但是这样的失败也是胜利，汤姆和校队都这样想。他们陪胜利者走到马车边，用三次响亮的欢呼声送别他们。在这之前，艾斯拉比先生和现场所有人握了手，并对汤姆说："我必须向你致以敬意，先生，还有你的十一人队伍。如果你到伦敦来的话，我希望你可以成为我们的一员。"

昨晚的乡村舞会大获成功，在返回赛场的路上，汤姆和队员们纷纷吵着要再办一场。这时，那位年轻老师正准备离开赛场，他叫住汤姆，请汤姆8点半过去喝茶。最后还补充道："我最多耽搁你半个小时，叫阿瑟一起过来。"

"如果你允许的话，我马上过去找你，"汤姆说，"因为我很苦闷，不是很想跟大家一起参加乡村舞会和吃夜宵。"

"没问题，"老师说，"我在这儿等你。"

汤姆赶去帐篷里拿了自己的靴子等物品，跟阿瑟说了邀约的事情，然后告诉副队长：一到黄昏，就停止舞会，关闭赛场。

阿瑟答应跳完一支舞就赶过去。汤姆把自己的物品递给了看管帐篷的人，悄悄地去找在门口等候的老师，两个人一起踏上了希尔莫顿路。

他们发现老师的房门紧锁着。这再自然不过，仆人都去赛场了，这时候肯定在草地上载歌载舞，完全忘了不幸的单身汉——这位孤独的老师，他的美食享受就是晚上的一份"茶碟"（我们祖母这么称呼；这个表达很适合他，因为他总是先把茶倒在碟子里再喝）。这个好人发现进不了自家房子，很是惊慌。假如只身一人，他会觉得理所当然，然后安心地在碎石小路上踱步，等仆人回家；可如今他是主人，客人还是一名学生，他感到很尴尬。不过客人似乎觉得这是个好玩的恶作剧。他们围着房子看了一圈，很快汤姆就爬到了墙上，伸手去够走廊的一扇窗户；窗户没有上锁，所以不一会儿他就爬进屋里，走到前门口，从里面开了门。对于这种像窃贼一样入室的方法，老师轻声一笑，坚持要把大厅的门和两扇前窗打开，让那些偷懒的人回来时吓一跳。然后两个人开始找茶点，老师很茫然，完全不知道东西放在哪里，而且视力很差。但汤姆凭直觉知道茶点在厨房和食品储藏室的哪个橱柜，很快就在桌上摆了一些比老师之前见过的都更好的食物，还让老师了解一种神秘的调味点心——灌心蛋糕的美妙之处。汤姆在厨师的私人橱柜里发现了它们：新鲜出炉，香脆可口，等待着主人归来。作为对她的警告，他们把蛋糕吃得干干净净，只留下最后一点碎屑。屋里的炉台上传来水壶愉快的歌声。他们生了火，把两扇窗户都打开，又把一堆书和纸推到桌子另一边。壁炉台上那幅巨大的国王学院礼拜堂版画此刻看起来不像往常那么呆板了。他们在黄昏中坐下来，认真地品茶。

两人聊了一会儿比赛，还有几个无关紧要的话题，之后自然地回到了汤姆即将离校的事情。说到这事，汤姆又开始哀叹起来。

"嗯，我们所有人都会很想你的，就像你会想我们一样，"老师说，"你现在是学校的'涅斯托尔'①，是不是？"

"伊斯特离开以后，我就是了。"汤姆回答。

"顺便问问，你有伊斯特的消息吗？"

"有，我2月份收到一封信，当时他正要出发去印度的团部报到。"

"他会成为高级军官。"

"没错，舍他其谁！"汤姆开心地说，"没有谁比他更擅长对付男孩了，我想士兵就和学校的男孩差不多。他绝对不会让士兵去他自己都不敢去的地方。这一点毫无疑问，一位勇者从不会扔下自己的伙伴独自离开。"

"六学级那一年会教他很多现在能派上用场的东西。"

"会的。"汤姆盯着炉火说。"可怜的哈里，"他继续道，"我清楚地记得我们读完五学级那天。他适应形势，烧掉他的雪茄烟盒，把射豆枪送人，反复思考了六学级的合法权威，还有他对校长、五学级和低年级杂务生的新职责。是啊，虽然他总是站在杂务生这边，反对权威，但是没有人比他更好地履行了自

---

① 希腊神话中的皮洛斯国王，年长而富有经验和智慧，在《伊利亚特》里是一名长寿的智者。

己的职责。你知道的，他就是这种人。我相信校长应该喜欢他吧？"汤姆说完，抬头露出询问的神情。

"校长能看到和欣赏每个人的优点，"老师坚定地说，"但是我希望伊斯特会碰到一位好上校。如果他没法尊敬自己的上级，他就没法取得良好的发展。即便在这里，他也是花了很长时间才学会服从。"

"嗯，要是我在他身边就好了，"汤姆说，"如果我不能留在拉格比，我想出去工作，而不是在牛津虚度三年光阴。"

"你说的'出去工作'是什么意思？"老师说完打住了，他的嘴唇凑近茶碟，透过茶碟仔细观察汤姆。

"嗯，我是说真正的工作，职业：一个人真正要做的事情，赖以为生的东西。我想要做些真正的好事，这样才不会觉得是在游戏人间。"汤姆回答完，对于自己真正想要表达的更加惶惑不解了。

"布朗，我想你混淆了两件完全不同的事情，"老师边说边放下空碟，"你应该分辨清楚。你刚才同时说到'为了谋生而工作'和'做些真正的好事'。你也许能获得一份职业，过上很好的生活，却对世界没有一点好处，同样，也有可能反过来。把后者作为唯一的目标，不论能否谋生，你都是正确的；但是如果执迷前者，你很可能不知不觉变得只懂赚钱，而不管世界是好是坏。不要急于出去找工作；你还不够成熟，不会自己做判断，不过你要观察所处的环境，要想办法让事情变得好一点、诚实一点。在牛津或其他任何地方，你都会发现有很多事情可以做。不要被人牵着鼻子走，认为世界的这部分重要，那部分不重要。世界的每个角落都很重要。没有人知道到底哪个部分最重要，但是每个人都可以在自己的位置上认真劳动。"这个好人继续明智地对汤姆说起作为大学生他可能从事的工作，提醒他要警惕大学中普遍存在的罪恶，解释大学生活和中学生活的巨大差异，直至黄昏化作黑暗，偷懒的仆人从后门偷偷进屋的声音传入耳中。

"阿瑟怎么还没到，"汤姆最后看了看表说，"哎呀，已经快9点半了。"

"哦，看来他很享受和队友们一起吃夜宵的时光，忘了他的老朋友。"老师说。"要说最让我高兴的事情，"他继续道，"莫过于你们之间的友谊，这份情谊使你们都得到了成长。"

"至少成就了我，"汤姆回答道，"要不是因为他，我绝不会有今天。他来到拉格比，成为我的室友，真是世界上最幸运的巧合。"

"为什么说这是幸运的巧合呢？"老师说，"我不认为世界上有这种所谓幸运的巧合；至少在这件事情上，既没有幸运也没有巧合。"

汤姆疑惑地看着他，听他继续说道："你记得吗？有个学期期末，校长对你和伊斯特进行训话，当时你还很稚嫩，总是卷进各种麻烦事当中。"

"是的，记得很清楚，"汤姆说，"那是阿瑟来学校的前一个学期。"

"一点不错，"老师回答道，"几分钟后我和校长在一起，他表示很担忧你们两个。经过商量，我们一致认为，除去运动与捣蛋调皮，你在学校里必须确立一个目标，因为显然你永远不会把正式学业放在首位。所以下半学期开学的时候，校长挑了一个最优秀的新生，把你和伊斯特分开，然后把这个小男孩安排进你的书房。他希望你在有人依靠你时能稍微稳重一点，变得更有男子气概、审慎周虑。我可以向你保证，从那以后他一直非常满意地观察着这个实验。啊！你们没有人知道你们在学校的生活让他多操心，他是如何关注着你们每一步的成长的。"

直到这时汤姆才彻底臣服于校长，才完全理解他的为人。起初他非常害怕校长。在这些年里，正如我努力揭示的那样，他开始爱戴和尊敬校长，认为校长是一个伟大、睿智、善良的人。但是，提到自己在学校里的地位，汤姆颇为骄傲，认为一切都是自己努力换来的，与他人无关；说实话，在这个问题上，这个年轻绅士非常自大。他常常吹嘘说他靠自己的努力一步步走到现在的位置，从不奉承学长或老师，从不受他们提携，现在的学校与他刚来时已完全不同了。虽然没有明说，但是他内心深处确实相信，学校里的重要改革中，自己的功劳不比任何人少。他承认，阿瑟给了他很大的帮助，教会他很多事情；其他同学也用不同方式帮了他，但他们没有像他一样对整个学校产生同样的影响；至于校长，他是一位杰出的教师，但是每个人都知道，教师在课余时间很少发挥作用。总之，就学校的社会状况而言，汤姆觉得自己和校长是平等的，而且认为如果没有他校长很难继续开展工作。此外，他对学校的态度仍然很保守，对校长也仍有些猜忌，认为校长在变革问题上有些狂热，认为学校应该让一些聪明人（比如他本人）密切监督既定的学校权利，保证在没有经过正当抗议的情况下不会发生有损全校师生的事情。

教师让他重新发现，这位伟大的校长除了教六学级，管理和指导整个学校，编辑古典文学，撰写历史作品外，还在那段繁忙的岁月里抽出时间关注汤姆·布朗和他的朋友们的整个成长历程——无疑，还有其他五十个男孩的成长历程。校长默默地做了这一切，从不居功，似乎没有意识到或不想让任何人知道他全心全意为每个男孩着想。

无论如何，至少从这一刻开始，校长完全征服了汤姆·布朗。汤姆全线屈服，敌人——骑兵、步兵、炮兵、陆地运输部队和军营侍从迎面扑来。校长为此用了整整八年时间，现在大获全胜，汤姆对校长不再有一丝怀疑。假如汤姆再次返回学校，见到校长在新学期开始废除低年级杂务生传统，取消橄榄球和星期六的半日休假，乃至所有最受珍爱的学校制度，他应该都会不假思索地全力支持。他对以前的缺点做了一番忏悔，然后和年轻教师依依惜别。临别之际，教师送给他两卷校长的布道辞，装帧非常精美。就这样，这位连托马斯·卡莱尔 ① 本人都会满意的英雄崇拜者大步走回寄宿楼。

到了宿舍，他发现队员们吃了夜宵，正在狂欢，杰克·拉格尔斯一边高唱喜剧歌曲，一边展示自己的力量。在一阵喧闹声中，迎接汤姆的既有对他缺席的抱怨，也有对他再次露面的欣喜。他很快融入晚会的轻松氛围中，10 点钟，他坐在一把长

① 著名英国作家，逝世于 1881 年，他的代表作品之一是《论英雄、英雄崇拜和历史上的英雄业绩》。

椅上，队员们抬着他，围着方庭齐声高唱《他是个快乐的好小伙》。这时，深受感动的老托马斯和寄宿楼里其他仆人在一旁驻足观看。

　　第二天上午吃过早餐，汤姆结清了所有板球运动账目，顺道走访了他认识的小商贩等熟人，衷心地和他们告别。12 点钟，他登上火车前往伦敦，从此不再是个中学生了。他的思绪分成两半：一半怀着英雄崇拜，真诚地为身后消失不见的那个漫长的人生阶段感到遗憾；一半充满希望和决心，带着一个年轻旅客的全部信心准备迈向新的旅途。

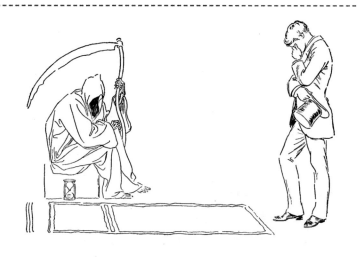

第八章

尾声：校长去世

过去、现在和将来的陌生朋友，
爱得越深，理解得越深。
看呀，我做了一个美梦，
整个世界都是你的身影。

——丁尼生


1842年夏季，我们的主人公又在那个著名的车站下车了。他把包和钓鱼竿交给行李搬运工，缓慢而悲伤地走向城镇。现在是7月。这个学期一结束，他就匆忙离开牛津，跟两个大学朋友赶到苏格兰钓鱼散心。过去三个星期，他们一直待在斯凯岛上最荒凉的地方，靠着燕麦饼、羊肉火腿和威士忌酒生活。一个闷热的晚上，他们在凯尔雷①渡口的小客栈落脚，当时汤姆和其中一个朋友装好渔具，准备在河里钓一条鳟鱼当晚餐，另一个朋友则漫步走进屋里安排消遣活动。不一会儿，这个朋友出门了，他身穿宽松衬衫，脚蹬拖鞋，嘴里叼着短烟斗，拿着一份旧报纸，躺在石楠丛生的矮灌木丛中，旁边就是遍布鹅

---

① 苏格兰高地斯凯岛东海岸的一个村庄。

卵石的河岸，朋友在河里钓鱼。他躺在那儿，俨然一副自由放纵、游手好闲、勉强糊口的青年英格兰保守派[①]的样子。他大声对他们说，他正细读上一位游客留下的两周前的周报"提升思想"。报纸是他从小客栈的厨房里找出来的，纸上还有热甜酒酒杯和烟灰留下的污迹。这个年轻人很健谈，一边读报，一边把内容告诉钓鱼的朋友。

"真烦人，他们正在讨论令人恶心的《谷物法》，有三四条都在说浮动和固定的关税。该死的烟草，又快抽完了！呀，布朗，好消息来了！肯特大战英格兰！肯特队以三名击球手未出局获胜。费利克斯虽然也得到了五十六分，但最终未能赢得比赛，当然，也没有出局！"

汤姆正在专心对付一条咬钩两次的鱼，只是咕哝了一声。

"有古德伍德赛马会的消息吗？"另一个朋友喊道。

"罗里和莫尔平局，紧张的小马驹发挥失常。"读报的同学叫道。

"真不走运。"提问的人一面抱怨，一面猛地从水里提起假蝇鱼饵，重新抛到河里，重重的入水声吓跑了汤姆的鱼。

"哎呀，你不会轻点扔吗？我们又不是在钓虎鲸。"汤姆在河对岸叫道。

"喂，布朗！你注意听，"不一会儿，读报的同学喊道，"哎呀，你的老教师，拉格比的阿诺德过世了。"

汤姆还在抛竿的手顿时停住了，鱼线和假蝇鱼饵乱作一团，

---

① "青年英格兰"是维多利亚时代在剑桥、牛津和伊顿的运动场上诞生的一个政治团体，反对废除限制食品和粮食进口的《谷物法》。

缠住了鱼竿。也许你现在用一根羽毛就能打倒他。

幸亏两个同伴没有注意到，他尽力稳住身形，机械地清理鱼线。他感觉自己的道德和思想支柱被夺走了，仿佛在无形的世界里失去了立足点。除此之外，他对老校长怀着无比深切的爱戴与敬意，这突如其来的噩耗令人难以承受。这似乎是他有生以来遭遇的第一次沉痛打击，是死亡天使在他命里留下的第一道缺口，他痛到麻木，整个人垂头丧气、失魂落魄。唉！不过我相信这对他和其他处在类似情况的人都有好处。他们必须从死亡中懂得：人的灵魂不能以另一个人为支撑，不管那个人多么充满力量、智慧与仁爱。

在疲惫不堪地拉鱼线时，汤姆内心闪过一个念头："也许这纯粹是误会，只是虚假新闻。"于是他大步流星，走向躺着抽烟的朋友。

"让我看看报纸。"汤姆说。

"里面没有别的了。"那个朋友漫不经心地把报纸递给他说，"噢，布朗！出什么事了，老兄——你还好吧？"

"在哪？"汤姆边说边翻，他双手发抖，眼含热泪，根本没法阅读。

"什么？你想找什么？"朋友一边说，一边站起来扭头紧紧盯着汤姆。

"那篇——阿诺德的讣告。"汤姆说。

"哦，在这儿。"朋友用手指着那段文字。汤姆读了一遍又一遍，尽管报道很简短，但是身份不可能弄错。

"谢谢，"他最后扔下报纸说，"我想去散散步。你和赫伯特不用等我吃晚饭了。"说完他大步走开，走到屋后的荒野一个人待着，抑制着悲痛。

朋友望着他，既同情又有些诧异，他敲出烟斗里的灰烬，朝赫伯特走去。简短的谈话过后，他们一起回了屋。

"恐怕那份讨厌的报纸完全破坏了布朗出游的兴致。"

"真是难以置信，没想到汤姆这么热爱他的老师。"赫伯特说。他们也都读过公学，但还是想不通。

他俩没有按汤姆说的做，仍然等着他吃晚饭，在他回来前的半个小时内，把一切都准备好了。不过汤姆没办法强颜欢笑，虽然他们都努力打破僵局，三个人还是很快陷入了沉默。汤姆只决定了一件事情，那就是他不能再待在苏格兰了；他内心充满不可遏制的渴望，恨不得立即奔赴拉格比，然后回家。他很快开口告诉了朋友，两人都很明事理，没有表示反对。

第二天早上天一亮，他便穿过罗斯郡，晚上抵达喀利多尼亚运河，坐上最近一班的轮船，不顾舟车劳顿，用最快的速度赶到了拉格比站。

往城镇走的时候，近乡情怯的他畏畏缩缩，生怕让人看见，就选择了偏僻小巷。他也不明白自己为何会这样，只是跟随直觉行事。到了学校大门，他踟蹰不前；方庭里见不到一个人影，他只能感受到孤独、寂静和悲伤。终于，经过一番挣扎，他大步穿过方庭，走进了校寄宿楼的办公室。

他发现身材小巧的女舍监在自己房间里，沉浸在悲痛之中。汤姆跟她握了握手，欲言又止，紧张地走来走去。显然，女舍监和他在想同样的事情，但是汤姆说不出话来。

"我在哪里可以找到托马斯？"他终于不顾一切地说道。

"我想他在仆人厅堂，先生。你要先吃点东西吗？"女舍监说，整个人看起来相当沮丧。

"不用了，谢谢你。"说完，汤姆又大步流星地去找老门房——他像从前一样坐在自己的小屋里，琢磨难懂的文字。

他透过眼镜抬头看，这时汤姆紧紧握住他的手。

"唉！我想你都听说了，先生！"他说。

汤姆点点头，坐在了鞋柜上。这位老人一边说着事情经过，一边擦眼镜，悲伤之情溢于言表。

等到他说完停下来，汤姆感觉好多了。

"他葬在哪里，托马斯？"汤姆最后说道。

"小礼拜堂的圣坛下面，先生，"托马斯答道，"你一定想要钥匙吧。"

"谢谢，托马斯。是的，我很想要。"老人在钥匙串里摸索一会儿，站了起来，好像要和汤姆一起过去。只走了几步，他突然停住说："也许你想一个人去吧，先生？"

汤姆点了点头，老人递过那串钥匙，嘱咐他记得走后锁门，在 8 点钟前回来还钥匙。

汤姆迅速穿过方庭，进了外面的运动场。内心的渴望一直像古希腊传说中的牛虻一样驱使着他，让他的身心不得安宁；可是突然之间，这渴望不是得到满足，而是要消失了，变得乏味无趣。"为什么要继续往前走呢？没有意义了。"想到这里，他直挺挺地倒在了草地上，冷眼看着熟悉的景象，内心一片茫然。有几个本地男孩在打板球，三柱门搭在大操场中间最好的

土地上，在一位板球队队长的眼里，这简直是在亵渎神灵。汤姆差点起身过去赶走他们。"哼！他们不会记得我。他们比我更有权利站在那里。"他喃喃自语。他第一次深刻感受到他的权杖已经交出，他的印记正在消失，内心非常痛苦。他正躺在以前打架的地方；六年前在这里，他第一次打架，也是最后一次打架。他回想起当时的场景，依稀能听见围观者的叫喊，还有伊斯特的耳语。他转头望向校长房间的便门，很希望看到门打开，他热爱的那位高大的人物穿戴着方帽长袍，在榆树下大步朝他走来。

不，不！这样的景象永远不会重现了。圆塔上没有飘扬的旗帜了！校寄宿楼的窗户都紧闭着，等旗帜再次升起，窗户再次打开，将会迎接一位陌生人。他所尊敬的校长的身体已经冷冷地躺在小礼拜堂的地板下。他想进去再看一眼，之后便彻底离开，不再回头。新人和新方法也许对别人有用，就让别人崇拜明日之星吧，他至少要忠诚于已经西沉的太阳。于是他站起来，走到小礼拜堂门口，用钥匙打开门，心想自己是广阔大地上唯一的哀悼者，独自一人悲伤不已。

他走过门厅，停下来扫了一眼空荡荡的长椅。他仍然感到骄傲，心情激动，走到他上六学级时最后坐过的座位，坐下来整理思绪。

说实话，这些思绪亟须妥当整理。八年来的记忆在他的脑海里翻腾，往事历历在目；回忆的同时，他感触很深，若有所失，感到失去的再也弥补不了。傍晚的阳光庄严肃穆，透过他头顶的彩绘窗户，照得对面的墙壁五彩斑斓，这独特而神圣的静谧一点一点抚平了他激动难安的内心。他转头看着讲台，俯身把头伏在双手上，大声抱怨起来。"要是能让我再见到校长，哪怕只有五分钟，告诉他我心里的想法，我的感恩之情，我多么爱他、尊敬他，会生死追随他，我会毫无怨言地承受这一切。但他竟然永远离开了，而不知道这一切，实在让人难以承受。可是，校长真的一无所知吗？"这个想法令他突然一惊。"他现在是不是可能就在我身边，在这座礼拜堂里呢？如果他在，我是不是正以他所希望的方式哀悼，以我将来再次见到他时自己希望的方式哀悼？"

他坐直身子，环顾四周；过了一会儿，谦卑地走到最底下那条长椅边，坐在他在拉格比公学的第一个礼拜日坐过的那个座位。回忆再次袭来，但是来得柔和而平缓。他任由自己沉浸其中，渐渐镇定下来。他抬头看到那扇巨大的彩绘窗户，想起自己还是小男孩时经常忍不住从窗口看外面的榆树和白嘴鸦（当时还没装彩色玻璃），还有为了订购彩色玻璃募捐，以及他写信给家里请求捐款的事情。那下面有一个男孩的名字，那个男孩第一个星期日坐在他右手边，在橡木嵌板上粗鲁地刻字。

接着他想到了所有老同学；一个个比他更高贵、更勇敢、更纯粹的孩子浮现在他面前，仿佛在斥责他。难道他不能想想他们，想想他们当时和现在的感受吗？他们从一开始就热爱、尊敬那个他花费多年才了解和热爱的人。他不能想想那些与他更亲近的人——那些与他同姓同族、现在没了丈夫或父亲的人吗？当他开始和他们分享悲伤时，悲伤就变得温柔而圣洁了。他再次站起身，沿阶走上圣坛，谦卑而满怀希望地跪下，任泪水顺着脸颊流淌下来。他希望在此卸下心中的块垒，因为他知道仅凭他自己是承受不了那份重担的。

让我们在这儿与他告别吧——还有什么地方比这儿更合适呢？他在此第一次看见了自己最高的男子气概，感受到了那条让所有人成为兄弟的纽带。校长帮助他睁开眼睛看到那份光荣，使他的内心变得柔软，足以感受到那条纽带。

# 读者联谊表

（电子文档备索）

姓名：　　　年龄：　　　　性别：　　宗教：　　党派：

学历：　　　专业：　　　　职业：　　　所在地：

邮箱：＿＿＿＿＿＿＿手机：＿＿＿＿＿＿QQ：＿＿＿＿

所购书名：＿＿＿＿＿＿＿＿在哪家店购买：＿＿＿＿＿

本书内容：满意　一般　不满意　本书外观：满意　一般　不满意

价格：贵　不贵　阅读体验：较好　一般　不好

有哪些差错：

有哪些需要改进之处：

建议我们出版哪类书籍：

平时购书途径：实体店　网店　其他（请具体写明）

每年大约购书金额：　　　藏书量：　　　每月阅读多少小时：

您对纸质书与电子书的区别及前景的认识：

是否愿意从事编校或翻译工作：　　　　愿意专职还是兼职：

是否愿意与启蒙编译所交流：　　　　是否愿意撰写书评：

如愿意合作，请将详细自我介绍发邮箱，一周无回复请不要再等待。

读者联谊表填写后电邮给我们，可六五折购书，快递费自理。

本表不作其他用途，涉及隐私处可简可略。

电子邮箱：qmbys@qq.com　联系人：齐蒙

# 启蒙编译所简介

启蒙编译所是一家从事人文学术书籍的翻译、编校与策划的专业出版服务机构，前身是由著名学术编辑、资深出版人创办的彼岸学术出版工作室。拥有一支功底扎实、作风严谨、训练有素的翻译与编校队伍，出品了许多高水准的学术文化读物，打造了启蒙文库、企业家文库等品牌，受到读者好评。启蒙编译所与北京、上海、台北及欧美一流出版社和版权机构建立了长期、深度的合作关系。经过全体同仁艰辛的努力，启蒙编译所取得了长足的进步，得到了社会各界的肯定，荣获凤凰网、新京报、经济观察报等媒体授予的十大好书、致敬译者、年度出版人等荣誉，初步确立了人文学术出版的品牌形象。

启蒙编译所期待各界读者的批评指导意见；期待诸位以各种方式在翻译、编校等方面支持我们的工作；期待有志于学术翻译与编辑工作的年轻人加入我们的事业。

联系邮箱：qmbys@qq.com

豆瓣小站：https://site.douban.com/246051/